Little Boxes Teil 1

Für Karin.
Auch wenn es nur ein Computerbuch ist.

TEIL 1

2. Auflage

little boxes

Webseiten gestalten mit HTML & CSS

Grundlagen

PETER MÜLLER

Markt+Technik

Bibliografische Information Der Deutschen Bibliothek
Die Deutsche Bibliothek verzeichnet diese Publikation in der Deutschen Nationalbibliografie; detaillierte bibliografische Daten sind im Internet über <http://dnb.ddb.de> abrufbar.

10 9 8 7 6 5 4 3 2 1

11 10 09

ISBN 978-3-8272-4474-1

ein Imprint der Pearson Education Deutschland GmbH,
Martin-Kollar-Straße 10–12, D-81829 München/Germany

Lektorat: Boris Karnikowski, bkarnikowski@pearson.de
Herstellung: Elisabeth Prümm, epruemm@pearson.de
Korrektorat: Marita Böhm, München
Covergestaltung: Marco Lindenbeck, webwo GmbH, mlindenbeck@webwo.de
Satz: text&form GbR, Fürstenfeldbruck
Druck und Verarbeitung: Bosch-Druck, Ergolding
Printed in Germany

Inhaltsübersicht

Inhaltsverzeichnis

Little boxes on the hillside,
Little boxes made of ticky-tacky,
Little boxes, little boxes,
Little boxes, all the same.

There's a green one and a pink one
And a blue one and a yellow one
And they're all made out of ticky-tacky
And they all look just the same.

Malvina Reynolds – *Little Boxes*

readme.txt zur zweiten Auflage

Viele Webdesigner sind Quereinsteiger und Praktiker, die ihr Handwerk durch Versuch und Irrtum gelernt haben. CSS? Hier gesehen, dort gelesen, und *dass* es klappt, ist wichtiger als *warum*.

Mit der Zeit wurden viele CSS-Puzzlestücke gesammelt, die aber nicht wirklich ein Bild ergeben. Dieses Buch zeigt Ihnen das Bild, in das die Puzzlestücke passen.

Die Idee zu diesem Buch

Die Idee zu diesem Buch ist im Laufe der Jahre in zahlreichen Seminaren entstanden, in denen Teilnehmer letztendlich immer wieder über dieselben Steine stolperten. Zwei Gedanken liegen ihm zugrunde:

- Erstens sollte es *kurz* sein.

  Circa 300 Seiten waren angestrebt, und das habe ich (fast) geschafft. Sie sollen möglichst wenig Zeit mit dem Buch verbringen, und möglichst viel mit dem Erstellen von Webseiten.

- Zweitens sollte *nicht alles* drinstehen.

  »Little Boxes« ist als Wegweiser durch das CSS-Labyrinth gedacht und will nicht jede Blume am Wegesrand erklären.

Das Buch enthält viele praktische Übungen, und im Laufe der Kapitel entsteht eine kleine Website, die als Anregung für eigene Ausflüge genutzt werden kann.

Es erklärt aber auch wichtige Konzepte wie *Spezifität*, *Box-Modell*, *Kaskade* und *Vererbung* auf leicht verständliche Weise, damit Sie nicht nur Schritt-für-Schritt-Anleitungen nachklicken, sondern das Gestalten mit CSS begreifen. »Die Energie des Verstehens« nennt Stefan Münz das in SelfHTML.

Für wen ist das Buch?

Die einzigen wirklichen Voraussetzungen zur Lektüre sind Interesse am Web und Spaß am Lernen. Sie sollten idealerweise keine Angst vor Quelltext haben und sich bei einer hexadezimalen Farbangabe wie `#f3c600` nicht erschrecken.

Unter anderem ist dieses Buch gedacht für:

- Einsteiger, die ihre ersten Versuche hinter sich haben und mehr wissen wollen.
- Tabellenbauer, die gehört haben, dass es auch ohne geht, aber nicht wissen, wie.
- Webdesigner, die eine kompakte, strukturierte Einführung in CSS benötigen.
- Blogger, die das CSS in ihren Themes und Layouts verstehen und anpassen möchten.
- Programmierer, die ein mediengerechtes Frontend für ihre serverseitigen Skripte erstellen möchten.

Das Buch vermittelt Ihnen ein solides Grundwissen zu HTML und CSS, mit dessen Hilfe Sie die zahllosen Beispiele im Web und in anderen Büchern besser verstehen können.

So ist das Buch aufgebaut

Das Buch besteht aus folgenden Abschnitten:

- **I: Die Einleitung**
  - Das Web ist nicht aus Papier (Kapitel 1)
- **II: HTML-Grundlagen – Kästchen erstellen**
  - So funktioniert HTML (Kapitel 2)
  - Die wichtigsten HTML-Elemente (Kapitel 3 und 4)
- **III: CSS-Grundlagen – Kästchen gestalten**
  - Schriften, Farben und Hyperlinks (Kapitel 5)
  - Abstände gestalten mit dem Box-Modell (Kapitel 7)
  - Horizontale Navigation und Kontaktformular (Kapitel 9)
  - Skip-Links, Druckversion und Tabellen (Kapitel 10)
- **IV: CSS-Positionierung – Kästchen verschieben**
  - Der Flow und Positionieren mit `position` (Kapitel 12)
  - Positionieren mit `float`: schwebende Boxen (Kapitel 13)
  - *Containing floats*: gefloatete Elemente einschließen (Kapitel 14)
- **V: CSS – Mehrspaltige Layouts**
  - Mehrspaltige Layouts mit `position:absolute` (Kapitel 15)
  - Floatbasierte mehrspaltige Layouts mit fester Breite (Kapitel 16)
  - Floatbasierte mehrspaltige Layouts mit flexibler Breite (Kapitel 17)
  - Fertige Layoutvorlagen (Kapitel 18)
  - Patchwork: Flicken im CSS (Kapitel 19)
- **VI: Wichtige Werkzeuge**
  - Programme, Sites und Bücher zu CSS (Kapitel 20)

Abgerundet wird dieser Aufbau durch einen Exkurs zu »Selektoren, Einheiten und Farben« (Kapitel 6), Anregungen zum »Ordnung halten im Stylesheet« (Kapitel 8) und eine anschauliche Erklärung von »CSS und der Browser: Kaskade, Vererbung oder Standardwert« (Kapitel 11).

Als Einsteiger sollten Sie das Buch in Ihrem eigenen Tempo am besten von vorne nach hinten durcharbeiten. Als Fortgeschrittener können Sie mithilfe von Inhalts- und Stichwortverzeichnis hin- und herspringen.

Die Beispieldateien auf der CD

Auf der beiliegenden CD finden Sie die Beispieldateien nach Kapiteln geordnet im Ordner *Beispieldateien*. Innerhalb der Kapitelordner gibt es für jeden Abschnitt einen Unterordner, in dem dann die Ordner *basis* und *fertig* enthalten sind:

- Der Ordner *basis* enthält die Übungsdateien, wie sie am Anfang des Abschnitts benötigt werden.
- Im Ordner *fertig* liegen die fertigen Übungsdateien so, wie sie am Ende des Abschnitts (nach allen ToDos) sein sollten.

So können Sie buchstäblich an jeder Stelle des Buches einsteigen und sofort loslegen. Außerdem finden Sie auf der CD einige nützliche Programme, Referenzen, Links und Ausschnitte aus den Videotrainings.

Die Website zur Reihe: little-boxes.de

Auf der Website zur »Little Boxes« Reihe erhalten Sie aktuelle Informationen, Tipps & Tricks und Errata:

- *http://little-boxes.de/*

Zum Schluss möchte ich mich noch bei allen Seminarteilnehmern und Lesern bedanken, auf deren Feedback viele Änderungen in dieser zweiten Auflage beruhen. Besonderen Dank gebührt Erika Schiener für ihre detaillierte Auseinandersetzung mit der ersten Auflage.

Peter Müller

Die Einleitung

Kapitel 1

Das Web ist nicht aus Papier

Worin festgestellt wird, dass Papierdenken bei Webseiten zu enttäuschten Erwartungen führt. Sodann wird die Geschichte einer flexiblen Zeitung erzählt und erklärt, was mediengerechte Webseiten auszeichnet.

Die Themen im Überblick:

Wir sind mit gedruckten Papierseiten groß geworden, und Printerzeugnisse wie Bücher und Zeitschriften haben unser Denken und unser Gestaltungsgefühl nachhaltig beeinflusst. Sich dieses Papierdenken bewusst zu machen ist der erste Schritt auf dem Weg zum Erstellen von mediengerechten Webseiten.

Wie heißt es bei *Alice im Wunderland*? – »Fange beim Anfang an und lies, bis du an's Ende kommst, dann halte an.« Folgen Sie dem weißen Kaninchen. Das hier ist der Anfang.

1.1 Papierdenken, Webseiten und enttäuschte Erwartungen

Surfer, Webdesigner und Kunden – fast alle erleben das Web zunächst mit einer durch zwei Erfahrungen geprägten Erwartungshaltung:

- Der Autor einer Papierseite hat die *vollständige Kontrolle über deren Aussehen*, egal ob er eine teure Hochglanzfirmenbroschüre gestaltet oder sich an seiner ersten Einladungskarte versucht.
- Nach der Fertigstellung wird eine Papierseite *unverändert vervielfältigt* und sieht – abgesehen von Kaffeeflecken, Vergilbungen und anderen marginalen Schwankungen – bei jedem Betrachter gleich aus.

Papierdenken erwartet zwei Dinge: *Kontrolle über das Layout und Unveränderlichkeit nach der Fertigstellung*. Aber das Web ist nicht aus Papier, und eine Webseite verhält sich anders als eine Papierseite:

- Der Autor einer *Webseite hat keine vollständige Kontrolle über deren Aussehen*. Letztendlich bestimmt der Benutzer das Aussehen (und das Verhalten) der Webseite in seinem Browser, der Autor kann nur Wünsche äußern.
- Nach der Fertigstellung sieht eine Webseite *bei jedem Benutzer anders aus*.

Diese beiden simplen Tatsachen sind so ungewohnt, dass ich sie im Folgenden kurz erläutern möchte, denn Papierdenken führt beim Umgang mit Webseiten unweigerlich zu enttäuschten Erwartungen:

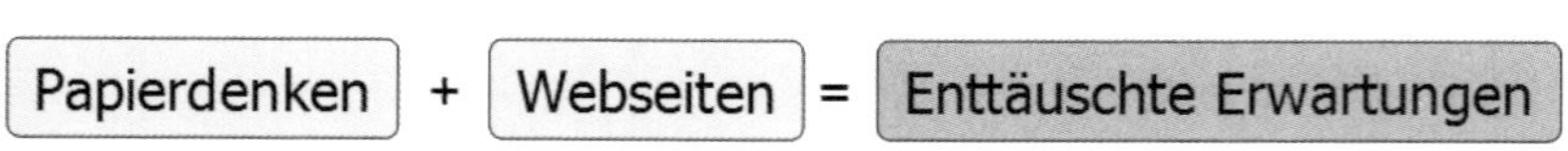

Abbildung 1.1: Papierdenken, Webseiten und enttäuschte Erwartungen

Unterschied 1: Der Autor einer Webseite hat keine vollständige Kontrolle

Der erste grundlegende Unterschied zwischen Papier- und Webseiten besteht darin, dass der Autor einer Webseite keine vollständige Kontrolle über das Aussehen der Webseite im Browser des Betrachters hat. Er kann nur Wünsche äußern.

Klingt übertrieben? Ein einfaches Beispiel:

- Auf Papier definiert der Autor zunächst die für sein Werk zur Verfügung stehende Fläche. A4. Visitenkarte. Poster. Der *Autor* bestimmt.
- Im Web weiß der Autor nicht, wie groß das Browserfenster ist, in dem die von ihm gebaute Webseite dargestellt wird. Der *Benutzer* bestimmt.

Ein weiteres Beispiel ist die Schriftgröße:

- Auf Papier bestimmt der Autor die Schriftgröße.
- Im Web kann der Benutzer die Schriftgröße im Browser ändern.

In fast jedem Webbrowser können Sie mit [Strg] plus Mausrad (und meist auch noch mit einem Befehl irgendwo im Menü Ansicht) die Webseite im Browserfenster zoomen. Probieren Sie es aus. Zoomen ist eine gute Angewohnheit und erleichtert das Lesen von Texten am Monitor erheblich. Eine mit Papierdenken gebaute Webseite fällt dadurch leicht auseinander, eine mediengerechte dagegen passt sich an.

Der Einfluss des Benutzers geht aber noch viel weiter. Im Internet Explorer gibt es zum Beispiel im Menü Extras/Internet-Optionen auf der Registerkarte Allgemein rechts unten eine unscheinbare Schaltfläche namens Eingabehilfen (IE6/7) bzw. Barrierefreiheit (IE8):

Abbildung 1.2: Das Dialogfeld Barrierefreiheit im IE8

Jeder Surfer kann hier einstellen, dass sein Browser vom Autor auf den Webseiten gemachte Angaben zu Schriften und Farben schlicht und einfach ignoriert.

Probieren Sie es. Betrachten Sie Webseiten einmal komplett ohne die vom Autor gemachten Farb- und Schriftangaben. Die Auswirkungen sind sehr unterschiedlich: Einige Webseiten werden dadurch unbedienbar, einige sind sogar besser lesbar als vorher. Aber was auch passiert: Wenn die Webseite danach nicht mehr funktioniert, ist das nicht Ihre Schuld. Sie ist wahrscheinlich mit Papierdenken gebaut worden.

Der Benutzer bestimmt letztendlich, wie die Webseite in seinem Browser aussieht. Er kann die Darstellung von Grafiken unterbinden, JavaScript deaktivieren, die Seite nach Belieben zoomen und in der unteren Hälfte des oben abgebildeten Dialogfelds BARRIEREFREIHEIT sogar ein eigenes Stylesheet (CSS) einbinden. Mit diesem Stylesheet werden dann alle im Browser aufgerufenen Webseiten angezeigt.

Es klingt paradox, aber wenn Sie Webseiten *gestalten* wollen, müssen Sie zunächst aufhören, Webseiten gestalten zu *wollen*. Tao. Lassen Sie los. Sie haben keine Kontrolle über das Aussehen der Seite im Browser des Betrachters.

Tipp

Eingabehilfen? Zugänglichkeit. Barrierefreiheit.

Im IE6 und 7 heißt die Schaltfläche BARRIEREFREIHEIT übrigens EINGABEHILFEN. Das ist das Ergebnis einer kreativen Übersetzung. Im englischen Internet Explorer steht auf der Schaltfläche ACCESSIBILITY, was wörtlich übersetzt *Zugänglichkeit* heißt. Der gängige deutsche Begriff dafür ist *Barrierefreies Webdesign* oder *Barrierefreiheit*, und im IE8 wurde das jetzt, wie Sie in Abbildung 1.2 sehen, korrigiert.

Unterschied 2: Webseiten sehen bei jedem Benutzer anders aus

Der zweite grundlegende Unterschied zwischen Papier- und Webseiten ist, dass Webseiten im Gegensatz zu Papierseiten nicht bei jedem Betrachter gleich aussehen. Das Buch, das Sie gerade lesen, wurde einmal gelayoutet und dann unverändert vervielfältigt. Es sieht bei jedem Leser gleich aus. Bei Webseiten ist das anders.

Webseiten bestehen aus Quelltext

Der Grund liegt darin, dass eine Webseite nicht so ausgeliefert wird, wie der Betrachter sie im Browserfenster sieht. Der Browser erhält vom Webserver lediglich den *Quelltext*, eine Art Bauplan. Dieser Bauplan wird analysiert und so gut wie möglich dargestellt.

Wenn Sie eine Webseite erstellen, erzeugen Sie Quelltext – auch wenn Sie das Wort noch nie gehört und auch noch keinen Quelltext gesehen haben, weil Sie mit einem Homepage-Baukasten oder einem visuellen Editor arbeiten.

Beim Hochladen der fertigen Seite auf den Webserver übertragen Sie nur den Quelltext und nicht die Seite, so wie sie im Baukasten oder im Editor ausgesehen hat. Der Quelltext ist also in gewisser Weise die eigentliche Webseite.

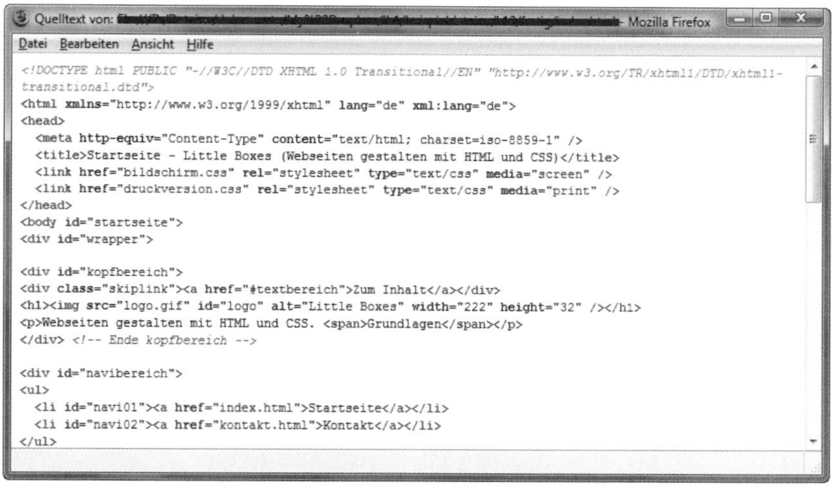


```
<!DOCTYPE html PUBLIC "-//W3C//DTD XHTML 1.0 Transitional//EN" "http://www.w3.org/TR/xhtml1/DTD/xhtml1-
transitional.dtd">
<html xmlns="http://www.w3.org/1999/xhtml" lang="de" xml:lang="de">
<head>
  <meta http-equiv="Content-Type" content="text/html; charset=iso-8859-1" />
  <title>Startseite - Little Boxes (Webseiten gestalten mit HTML und CSS)</title>
  <link href="bildschirm.css" rel="stylesheet" type="text/css" media="screen" />
  <link href="druckversion.css" rel="stylesheet" type="text/css" media="print" />
</head>
<body id="startseite">
<div id="wrapper">

<div id="kopfbereich">
<div class="skiplink"><a href="#textbereich">Zum Inhalt</a></div>
<h1><img src="logo.gif" id="logo" alt="Little Boxes" width="222" height="32" /></h1>
<p>Webseiten gestalten mit HTML und CSS. <span>Grundlagen</span></p>
</div> <!-- Ende kopfbereich -->

<div id="navibereich">
<ul>
  <li id="navi01"><a href="index.html">Startseite</a></li>
  <li id="navi02"><a href="kontakt.html">Kontakt</a></li>
</ul>
```

Abbildung 1.3: Quelltext einer Webseite

In jedem Browser gibt es im Menü Ansicht einen Befehl namens Quelltext oder Seitenquelltext, um sich den Bauplan der im Browserfenster angezeigten Webseite anzusehen.

Der Browser macht aus dem Quelltext eine sichtbare Webseite

Der Browser nimmt diesen Bauplan und setzt ihn je nach Umgebung so gut es geht um. Was Sie im Browserfenster als Webseite sehen, ist also genau genommen nur die *Interpretation* des gerade benutzten Browsers auf dem gerade benutzten Computer mit den gerade aktuellen Einstellungen.

Webseiten sehen also zwangsläufig überall anders aus, weil der Quelltext je nach Umgebung unterschiedlich interpretiert werden muss.

Der Quelltext aus Abbildung 1.3 sieht im Browserfenster übrigens so aus:

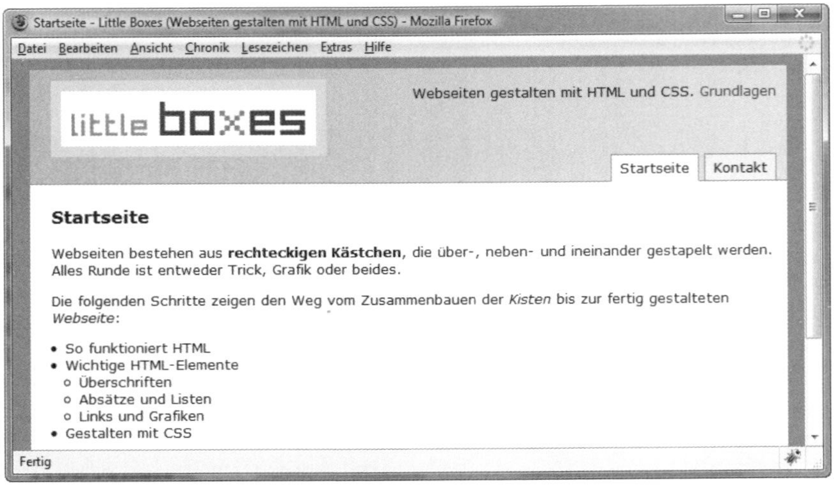

Abbildung 1.4: So sieht der Quelltext im Browser aus

Papierseiten sind starr, Webseiten flexibel

Die folgende Zeitungsgeschichte basiert auf einem Text von Michael Nahrath, den er vor einigen Jahren in einer Newsgroup veröffentlichte, um den Unterschied zwischen traditionellen Printmedien und dem Web zu erläutern:

- Sie gehen morgens aus dem Haus und kaufen eine Zeitung.
- In der Straßenbahn ist es eng, und die Zeitung *verkleinert* sich automatisch: A5 oder so.
- Auf dem Fußmarsch zum Büro genießen Sie die Umgebung und lassen sich von Ihrem MP3-Player einen zuvor markierten Artikel *vorlesen*.
- Im Büro auf dem Schreibtisch *vergrößert* sich die Zeitung von selbst: A2 oder was immer an Platz vorhanden ist.
- Abends geben Sie die Zeitung Ihrer Oma, die den Schriftgrad verdoppelt und als Schriftart Sütterlin einstellt, weil sie das so immer noch am liebsten liest.

Und das alles mit ein und derselben Zeitung. Praktisch, nicht?

Jede Webseite ist von Natur aus so flexibel wie diese Zeitung. Sie verliert diese Flexibilität erst, wenn wir sie falsch gestalten – oder wenn sie ausgedruckt und damit zur Papierseite wird.

1.2 Jenseits von Papier

Kennen Sie Shrek? Den sympathischen Oger, der in Begleitung eines geschwätzigen Esels wider Willen auszog, um eine Prinzessin zu retten, und diese später selber heiratete? Oger sind grün, klobig und gelten eigentlich nicht unbedingt als Sympathieträger.

In einer meiner Lieblingsszenen erklärt Shrek seinem Begleiter das Wesen eines Ogers ungefähr so:

- Shrek: »Ein Oger ist wie eine Zwiebel.«
- Esel: »Du meinst, sie stinken?«
- Shrek: »Nein! Schichten! Zwiebeln haben Schichten, Oger haben Schichten!«

Webseiten auch.

Webseiten haben Schichten

Das Web ist nicht Print, aber es ist auch nicht ausschließlich Bildschirm. Das Web ist das erste Medium, das nach dem Prinzip *Single Input – Multiple Output* funktioniert: Der Inhalt wird einmal gespeichert und in verschiedenen Formaten wieder ausgegeben. Auf einem Bildschirm, gedruckt auf Papier, in einer PDF-Datei, akustisch von einem Screenreader und vielleicht auf Arten und Weisen, die wir heute noch nicht einmal kennen.

Die Trennung von Inhalt und Gestaltung bedeutet, dass Webseiten Schichten haben:

- Der Kern, die innerste Schicht einer Webseite, ist der Inhalt, die Struktur, der Text. Dieser Kern besteht aus HTML, ist flexibel und passt sich den Umständen an.
- Um diesen Kern gibt es eine Design-Schicht mit CSS, die den Webseiten das gewünschte Styling für Bildschirm, Drucker und eventuell andere Geräte gibt.

- In einer weiteren, optionalen Schicht kann der Autor z. B. mit JavaScript das Verhalten der Webseite steuern und so zum Beispiel die Bedienung erleichtern.

Bildlich dargestellt sieht dieser Sachverhalt so aus:

Abbildung 1.5: Der Quelltext besteht aus HTML, CSS und evtl. JavaScript

Die Schichten um diesen HTML-Kern machen die Seite hübscher und besser bedienbar, aber nicht immer werden alle Schichten genutzt.

Beim Erstellen von mediengerechten Webseiten geht es nicht darum, dass eine Webseite in allen Browsern gleich *aussieht*. Das geht nicht, und ebenso gut können Sie versuchen, das Ende des Internets zu finden.

Webseiten sind keine Gemälde. Sie werden nicht nur betrachtet, sie werden *benutzt*. Eine Webseite muss also nicht überall gleich *aussehen*, sondern überall *funktionieren*. Oder anders ausgedrückt: Der Inhalt der Webseite sollte für die Besucher unter möglichst vielen Umständen *zugänglich* bleiben.

Mediengerechtes Webdesign

Im Web kursieren viele Schlagworte, mit denen im Grunde genommen die Bewegung weg vom Papierdenken umschrieben wird (und zu denen in den letzten Jahren zahlreiche Bestseller erschienen):

- *Standardkonformes Webdesign* (»Webstandards«)
- *Barrierefreies Webdesign* (»Accessibility«, auf Deutsch: *Zugänglichkeit*)

- *Flexibilität* (»Bulletproof«)
- *Optimierung für Suchmaschinen* (»Search Engine Optimization«)

Letztendlich fordern alle diese Schlagworte, Webseiten so zu bauen, dass sie den Möglichkeiten des Mediums World Wide Web entsprechen, weshalb ich sie gerne unter dem Begriff *mediengerechtes Webdesign* zusammenfasse.

1.3 Rückblick: Webseiten gestalten mit Tabellen?

Wenn mediengerechtes Webdesign so toll ist, warum wurden dann Webseiten früher mit Tabellen gestaltet? Eine kleine historische Rückblende soll das verdeutlichen.

Notwehr: Tabellen und <font>

Das Web ist von Wissenschaftlern für Wissenschaftler erfunden worden, und Wissenschaftler sind oft mehr am Inhalt als am Aussehen interessiert. Webseiten waren damals fast alle gleich: grauer Hintergrund, schwarze Schrift und blaue Hyperlinks, die lila wurden, wenn sie auf eine bereits besuchte Seite zeigten.

Als Mitte der 90er das Web plötzlich zum weltweiten Boom wurde, wurde der Ruf nach Gestaltung der optisch doch eher schlichten Webseiten immer lauter. Das für Standards im Web zuständige World Wide Web Consortium (*http://w3.org/*) arbeitete bereits an CSS, einer Sprache für die ansprechende Gestaltung von HTML-Elementen. Aber die Welt wollte bunte Seiten, und zwar sofort. Irgendeine tolle neue Sprache, die irgendwann mal fertig sein würde, war ihr egal.

Als Netscape `font` zur Gestaltung von Schriften und `table` zur Darstellung von Tabellen erfand, waren (fast) alle begeistert, und das klassische Webdesign begann sich herauszubilden:

- Schriftgestaltung mit `font`
- Positionierung mit unsichtbaren HTML-Tabellen

Der Quelltext dieser Seiten ist für Menschen so gut wie unlesbar, und nachträgliche Änderungen am Layout werden schnell zum Albtraum. Quäl-Text.

Zurück zum Papierdenken

In gewisser Weise bedeutete diese Art der Gestaltung einen Schritt zurück in die vertraute Welt des Papierdenkens. Visuelle Editoren verstecken den Quelltext und verstärken die Papiermetapher, indem sie so tun, als seien sie eine ganz normale Textverarbeitung. Zahllose Homepagebastler wundern sich noch heute darüber, dass ihre Webseite zu Hause im Editor anders aussieht als beim Nachbarn im Browser.

Die Schriftgestaltung per CSS hat sich Ende der 90er relativ schnell durchgesetzt. Bei guter Planung war das eine echte Arbeitserleichterung, denn ein Style Sheet kann beliebig viele Webseiten gestalten. Formatierung per Fernsteuerung.

Es gab zwar mit CSS theoretisch auch die Möglichkeit, Objekte auf einer Webseite zu positionieren, aber die Browser sprachen damals so schlecht CSS, dass der Versuch zu nicht vorhersehbaren Ergebnissen führte. Mehrspaltige Layouts wurden also weiterhin mit Tabellen realisiert.

Tipp

Tabellen sind nicht verboten

Um Missverständnissen vorzubeugen: HTML-Tabellen sind auf Webseiten nicht verboten. Im Gegenteil: Zur Darstellung tabellarischer Daten sind sie die Idealbesetzung. Ab Seite 210 lernen Sie, wie man HTML-Tabellen erstellt und gestaltet.

1.4 Tabellenfreie Layouts mit CSS

Inzwischen ist das anders. Moderne Browser können so gut CSS, dass es für Webdesigner außer einer gewissen natürlichen Trägheit und akutem Zeitmangel kaum noch Argumente gibt, Webseiten *nicht* komplett mit CSS zu gestalten.

Der Unterschied zum traditionellen 90er-Jahre-HTML-Tabellendesign ist gewaltig, und falls Sie bereits Webseiten mit Tabellen gestaltet haben, vergessen Sie am besten alles, was Sie darüber gelernt haben. Gestalten mit CSS ist anders. Ganz anders. Kein Vergleich.

Die Trennung von Inhalt und Gestaltung zum Beispiel ist ein ungewohntes Konzept:

- Sie beginnen mit sinnvoll strukturierten HTML-Dateien ohne Gestaltung.
- Danach gestalten Sie diese Dateien mit CSS-Anweisungen.

Nicht alles ist mit CSS einfacher, sodass vielen Webdesignern anfangs der Satz »Mit Tabellen ging das alles einfacher« des Öfteren zumindest auf der Zunge liegt.

Vielleicht fragen sich viele aber auch einfach nur, warum sie jahrelang Webseitenerstellung mit Tabellen gelernt haben und jetzt wieder von vorne anfangen sollen.

Sie sind nicht allein:

> *Es ist schlimm genug, rief Eduard, dass man jetzt nichts mehr für sein ganzes Leben lernen kann. Unsere Vorfahren hielten sich an den Unterricht, den sie in ihrer Jugend empfangen; wir aber müssen jetzt alle fünf Jahre umlernen.*

Goethe. *Wahlverwandtschaften*. Erster Teil, Viertes Kapitel. 1809. Neue Regeln für ein neues Medium. Das Web ist nicht aus Papier, und zum Gestalten von Webseiten gibt es CSS. Viel Spaß damit.

II

HTML – Kästchen erstellen

Kapitel 2

So funktioniert HTML

Worin man erfährt, dass Webseiten aus rechteckigen Kästchen bestehen, HTML zum Etikettenkleben dient und ein solides Grundgerüst das Fundament einer jeden Webseite bildet.

Die Themen im Überblick:

Jede der Milliarden von Webseiten dort draußen ist in einer Sprache namens HTML geschrieben; und jeder, der Sie glauben machen möchte, dass man gute Webseiten schreiben kann, ohne zu wissen, wie HTML funktioniert, stellt eine zumindest gewagte Behauptung auf.

2.1 Webseiten bestehen aus rechteckigen Kästchen

Webseiten bestehen aus rechteckigen Kästchen, die im Browserfenster übereinander-, nebeneinander- und ineinandergestapelt werden. Je eher Sie sich an diesen Gedanken gewöhnen, desto leichter wird Ihnen das Gestalten von Webseiten fallen. Alles Runde ist entweder Trick, Grafik oder beides.

Beim Umgang mit diesen Kästchen haben die Sprachen HTML und CSS (»Cascading Style Sheets«) klar getrennte Aufgaben:

- `HTML` ist der *Maurer*, der das Haus und die Zimmeraufteilung anlegt. Mit HTML werden die rechteckigen Kästchen erstellt und mit Inhalt gefüllt.
- `CSS` ist der *Dekorateur*, der Haus und Zimmer gestaltet. Mit CSS werden Kästchen und Inhalt gestaltet und positioniert.

HTML ist einfach und wird vielleicht gerade deshalb oft nicht ernst genommen. Wenn die Kästchen in HTML aber nicht sauber gebaut sind, führt das beim Gestalten mit CSS unter Umständen zu großen Problemen.

Die Gestaltung von Webseiten mit CSS beginnt mit soliden HTML-Grundkenntnissen, und die lernen Sie auf den folgenden Seiten.

2.2 HTML – Hypertext und Etiketten kleben

HTML steht für H*yper*T*ext* M*arkUp* L*anguage* (engl. für »Sprache zur Markierung von Hypertext«). Diese Übersetzung stimmt zwar, ist aber nicht sehr aussagekräftig, deshalb hier eine etwas genauere Charakterisierung dieser vier Buchstaben.

HT wie Hypertext: Hyperlinks erstellen

Hypertext ist Text mit automatischen Querverweisen, die wir im Alltag *Hyperlinks* oder *Links* nennen. Das World Wide Web besteht aus Milliarden von durch Hyperlinks miteinander verbundenen Webseiten. Durch diese Verbindungen entsteht ein fein gesponnenes Gewebe von Webseiten, oder etwas prosaischer ausgedrückt:

- Hyperlinks sind die Fäden, mit denen das weltweite Gewebe gesponnen wird.

Das *HT* in *HT*ML besagt schlicht und einfach, dass mit HTML Hyperlinks erstellt werden können.

M wie Markup: Etiketten kleben

Markup wird häufig mit »Auszeichnung« übersetzt. Das können Sie sich wie in einem Supermarkt vorstellen:

- Waren auszeichnen bedeutet »Etiketten drankleben«.
- HTML klebt buchstäblich Etiketten in den Text einer Webseite.

Die HTML-Etiketten stehen in spitzen Klammern und heißen `<Tags>` (*tähgs* gesprochen), was auf Deutsch »Etikett« bedeutet:

```
<p>Dieser Text ist ein Absatz.</p>
```

Der Browser weiß durch die Tags `<p>` und `</p>`, dass der Text dazwischen ein ganz normaler Fließtextabsatz ist. Das *p* steht im Beispiel übrigens für *paragraph*, auf Deutsch *Absatz*.

L wie Language: Vokabeln und Grammatikregeln

HTML ist eine Sprache, und dementsprechend gibt es Vokabeln und Grammatikregeln. Tags, Elemente, Attribute und Grammatikregeln – alles muss gelernt und zum Teil penibel umgesetzt werden.

Dieses Buch ist keine vollständige Referenz, denn davon gibt es im Web bereits einige.

Der Klassiker SelfHTML ist zwar ein bisschen in die Jahre gekommen, aber als Referenz zu HTML immer noch brauchbar:

- *http://de.selfhtml.org/*

Besonders nützlich ist der Zugriff über die Sidebar, die man im Browser als Lesezeichen speichern und jederzeit schnell aufrufen kann:

- *http://de.selfhtml.org/navigation/sidebars/*

Abbildung 2.1: Die Sidebar von SelfHTML im Firefox

Ein hervorragendes und aktuelles Nachschlagewerk ist die *Einführung in XHTML, CSS und Webdesign* von Michael Jendryschik. Als Buch bei Addison-Wesley erhältlich, im Web kostenlos:

- *http://jendryschik.de/wsdev/einfuehrung/*

XHTML: die neueste Version von HTML

Früher oder später werden Sie über den Begriff *XHTML* stolpern. Um es kurz zu machen: XHTML ist in dieser Einführung einfach nur die neueste Version von HTML. Das *X* steht übrigens für *eXtensible* (»erweiterbar«).

Die Grammatikregeln von XHTML sind etwas strenger als bei älteren HTML-Versionen, was aber beim Lernen eher von Vorteil ist.

Tipp

Unterschiede zwischen HTML und XHTML

Falls Sie die Unterschiede zwischen HTML und XHTML genauer interessieren, finden Sie auf der folgenden SelfHTML-Seite eine kompakte Zusammenfassung:

- *http://de.selfhtml.org/html/xhtml/unterschiede.htm*

2.3 Die drei häufigsten Missverständnisse zu HTML

Drei Missverständnisse sind so weit verbreitet, dass sie hier kurz korrigiert werden sollen.

1. HTML ist keine Programmiersprache

HTML wird nicht programmiert, sondern schlicht und einfach *geschrieben*. HTML-Quelltext zu schreiben kommt besonders Einsteigern oft vor, als würden sie programmieren, weil es auf jedes Zeichen ankommt – aber das ist bei Diktaten ebenso, und die werden auch *geschrieben* und nicht programmiert.

2. HTML ist keine Seitenbeschreibungssprache

HTML beschreibt nicht, wie eine Seite aussieht, HTML strukturiert sie lediglich. Gestaltet wird sie mit CSS. Seitenbeschreibungssprachen sind etwa *PostScript* oder *PDF*.

3. HTML dient nicht zum Gestalten von Webseiten

»Gestalten mit HTML ist wie Malen mit Handschellen« – dieser Satz gilt heute genau wie vor zehn Jahren. Wichtig beim Aufbau einer Webseite ist die Trennung von Inhalt und Gestaltung:

- HTML erstellt die rechteckigen Kästchen und füllt sie mit Inhalt, *gestaltet* werden sie mit CSS.

Diese strikte Aufgabentrennung eröffnet später ungeahnte Möglichkeiten.

2.4 Eine gute Angewohnheit: <!-- Kommentare -->

Es ist eine gute Angewohnheit, den Quelltext mit *Kommentaren* zu versehen, damit Sie selbst auch nach einiger Zeit noch nachvollziehen können, was Sie sich bei bestimmten Quelltextpassagen gedacht haben.

Ein HTML-Kommentar ist im Browserfenster nicht zu sehen, beginnt mit `<!--` (kleiner als – Ausrufezeichen – zwei Bindestriche) und hört mit `-->` (zwei Bindestriche – größer als) auf.

Hier ein Beispiel:

```
<!-- Dieser Text muss noch überarbeitet werden. -->
```

Wenn der Browser die Zeichenfolge `<!--` sieht, weiß er, dass der Text bis zur Zeichenfolge `-->` ein Kommentar ist und nicht im Browserfenster dargestellt werden soll.

Tipp

Kommentare bleiben im Quelltext sichtbar

Die Kommentare sind zwar im *Browserfenster* nicht sichtbar, bleiben aber im *Quelltext* stehen, und jeder Besucher kann diesen Quelltext lesen. Denken Sie beim Verfassen der Kommentare dran.

2.5 Auf jeder Webseite vorhanden: das HTML-Grundgerüst

Der Quelltext einer Webseite lässt sich grob in vier Abschnitte aufteilen:

1. `DOCTYPE` ganz am Anfang in der allerallerersten Zeile des Quelltextes.
2. Das Stammelement `html`, das einen `head` und einen `body` enthält.
3. Der Vorspann `head` mit dem `title` der Webseite und Elementen wie z. B. `meta`.
4. `body` mit dem Inhalt, der im Browserfenster dargestellt wird.

Diese Einzelteile bilden zusammen das HTML-Grundgerüst, das einer Webseite wie ein Skelett eine unsichtbare Struktur gibt und sie zusammenhält.

Ein Grundgerüst für die Webseite erstellen

Bevor Sie das Grundgerüst für die Übungsseite erstellen, ein kurzer Hinweis vorweg: `DOCTYPE` ist ein undankbarer Einstieg in das Schreiben von HTML, denn der Befehl hat eine extrem unübersichtliche Syntax. Falls Ihr Editor die Zeile nicht sowieso schon hingeschrieben hat, *kopieren* Sie sie am besten in den Quelltext, um Tippfehler zu vermeiden. Kopiervorlagen für DOCTYPE finden Sie zum Beispiel direkt beim W3C:

- *http://w3.org/QA/2002/04/valid-dtd-list.html#DTD*

Abbildung 2.2: Der korrekte DOCTYPE beim W3C

Suchen Sie dort nach der Variante für **XHTML 1.0 Transitional**, denn diese HTML-Geschmacksrichtung wird in diesem Buch verwendet. Einfach die beiden Zeilen mit gedrückter Maustaste markieren, Rechtsklick auf die Markierung, KOPIEREN und dann im Editor EINFÜGEN.

ToDo: Ein HTML-Grundgerüst (mit Titel) erstellen

1. Erstellen Sie zum Speichern der Übungsdateien einen neuen Ordner, den Sie z. B. *littleboxes* nennen.
2. Starten Sie Ihren Lieblingseditor und erstellen Sie eine leere Datei.
3. Speichern Sie die noch leere Datei im Übungsordner unter dem Namen *index.html*. Ohne Leerstellen und kleingeschrieben.
4. Erstellen Sie das folgende HTML-Grundgerüst. Falls Ihr Editor bereits eines hingeschrieben hat, vergleichen Sie es mit dem folgenden Beispiel:

```
<!DOCTYPE html PUBLIC "-//W3C//DTD XHTML 1.0 Transitional//EN"
  "http://www.w3.org/TR/xhtml1/DTD/xhtml1-transitional.dtd">
<html xmlns="http://www.w3.org/1999/xhtml" lang="de"
xml:lang="de">
<head>
  <meta http-equiv="Content-Type" content="text/html;
    charset=iso-8859-1" />
  <title>Startseite - Little Boxes (Webseiten gestalten mit HTML
        und CSS)</title>
</head>
```

ToDo: Ein HTML-Grundgerüst (mit Titel) erstellen (Forts.)

```
<body>
<!-- Sichtbarer Teil der Webseite, noch leer -->
</body>
</html>
```

5. Speichern Sie die Datei erneut und betrachten Sie sie in einem Browser.

Wie Sie feststellen werden, sehen Sie im Browser (fast) nichts, nur links oben in der Titelleiste steht der von Ihnen vergebene Titel. Wenn Sie im Browserfenster selbst etwas sehen möchten, schreiben Sie einfach ein bisschen Text zwischen `<body>` und `</body>`, speichern die Webseite und laden sie im Browser noch einmal neu. Voilà! Da ist ihr Text.

Tipp

Noch keinen Lieblingseditor?

HTML-Editoren gibt es wie Sand am Meer. Falls Sie noch keinen festen Editor haben, schauen Sie sich im Kapitel über wichtige Werkzeuge ab Seite 367 die kleine Übersicht an. Auf der Buch-CD finden Sie einige Editoren zum Ausprobieren.

1. Die Dokumenttyp-Definition: <!DOCTYPE html PUBLIC ...>

Die Dokumenttyp-Definition, die im Beispiel zur besseren Übersichtlichkeit in zwei Zeilen aufgeteilt ist, sollte in der allerersten Zeile des Quelltextes stehen. `DOCTYPE` sagt dem Browser drei Dinge:

- wie das Stammelement für das folgende Dokument heißt (`html`)
- welche HTML-Version benutzt wird (`XHTML V1.0 Transitional`)
- wo das dazugehörige Grammatikbuch zu finden ist (die URL)

Browser sind beim Umgang mit dem DOCTYPE recht sensibel: Wenn kein `DOCTYPE` angegeben ist, die abschließende URL zum Grammatikbuch fehlt oder der `DOCTYPE` nicht in der allerersten Zeile steht, wechseln einige Browser in den sogenannten Quirks-Modus (»Pfusch-Modus«, siehe auch Seite 355), was unter Umständen drastische Auswirkungen auf die Darstellung der Webseite haben kann. Achten Sie also darauf, dass der DOCTYPE in der allerallerersten Zeile des Quelltextes beginnt.

2. Das Stammelement: <html>

Mit `html` folgt das bereits in der `DOCTYPE` angekündigte Stammelement, von dem alle Elemente einer Webseite abstammen. `html` erstellt eine (unsichtbare) Kiste, in der `head` und `body` und alle anderen Elemente enthalten sind.

Tipp

<html>: Wurzel- oder Stammelement?

In vielen HTML-Dokumentationen wird `html` als *Wurzelelement* bezeichnet, als Eindeutschung des englischen »root«. In diesem Buch benutze ich die Bezeichnung *Stammelement*, denn alle HTML-Elemente einer Webseite stammen direkt oder indirekt von *html* ab.

Der XML-Namensraum mit dem Attribut xmlns

Der Zusatz `xmlns="http://www.w3.org/1999/xhtml"` definiert den sogenannten XML-Namensraum, der eine weltweite Einmaligkeit von Element- und Attributnamen sicherstellen soll.

Es ist momentan nicht wirklich wichtig, zu verstehen, was genau das ist und was es bewirken soll. Die Angabe gehört in XHTML der Vollständigkeit halber dazu. Wer es genauer wissen möchte, kann sich hier schlau machen:

- *http://jendryschik.de/wsdev/einfuehrung/xhtml/aufbau#html*

Das Universalattribut lang: lang="de" xml:lang="de"

Das Attribut `lang` schließlich gibt die Sprache an, in der die Webseite geschrieben ist (`de` = deutsch). `lang` ist ein sogenanntes Universalattribut, was bedeutet, dass es in vielen HTML-Elementen benutzt werden kann. Zukünftig wird `lang` durch `xml:lang` ersetzt, was aber wiederum einige aktuelle Browser nicht verstehen.

Kurzum: Wenn Sie mit `lang` eine Sprache für ein HTML-Element definieren, sollten Sie `xml:lang` gleich dazuschreiben. Ist zwar umständlich, aber so oft kommt es nicht vor.

3. Der Vorspann: <head>

Zwischen `<head>` und `</head>` steht eine Art Vorspann für die Webseite, der nicht im Textfenster des Browsers erscheint und Informationen über das Dokument selbst enthält, die von Browsern oder Suchmaschinen ausgewertet werden. Die vorläufig wichtigsten Elemente im Kopfbereich sind `meta` und `title`.

Informationen über das Dokument: <meta ...>

In den Meta-Angaben können Sie verschiedene nützliche Anweisungen für Webserver, Webbrowser und Suchmaschinenrobots notieren, zum engeren Kern des Grundgerüstes gehört aber nur die Meta-Angabe zum Zeichensatz.

Es gibt keinen Ende-Tag `</meta>`, stattdessen wird der Befehl mit der Zeichenfolge *Leerstelle – Schrägstrich – größer als* beendet, hat also eine Art integrierten Ende-Tag:

```
<meta http-equiv="Content-Type" content="text/html; charset=iso-8859-1" />
```

Dieses `meta`-Element sagt dem Browser, dass er zur Darstellung der Webseite den Zeichensatz `ISO-8859-1` benutzen soll, den normalen Zeichensatz für westeuropäische Sprachen.

Normalerweise erfährt der Browser bereits bei der Übermittlung des Quelltextes vom Webserver, welchen Zeichensatz er verwenden soll, aber falls das aus irgendeinem Grund nicht passiert (weil die Seite z. B. lokal gespeichert ist), hilft diese `meta`-Angabe im `head` ihm auf die Sprünge.

Tipp

Wissenswertes über Zeichensätze

Wenn Ihnen das Wort »Zeichensatz« nichts sagt, finden Sie im ersten Kapitel von »Little Boxes, Teil 2« eine kurze Einführung in das Thema.

Online gibt es Infos dazu zum Beispiel bei SelfHTML und in der Einführung von Michael Jendryschik:

- *http://de.selfhtml.org/inter/*
- *http://jendryschik.de/wsdev/einfuehrung/grundlagen/zeichenkodierung*

Der Name der Seite: <title>

`title` ist wahrscheinlich das am meisten unterschätzte HTML-Element und enthält einen kurzen Text, der an verschiedenen Stellen wieder auftaucht:

- in der Browser-Titelleiste und den Ausklapplisten der Vor- und Zurück-Buttons
- als Beschriftung der Register (TABs) in modernen Browsern
- als Namensvorschlag für Favoriten bzw. Lesezeichen (Bookmarks)
- in den Ergebnislisten der Suchmaschinen als optisch hervorgehobener Link

Ein guter Titel ist kurz und beschreibt den Inhalt der Webseite, wenn man diese nicht sieht. *Startseite – infotekten.de* ist besser als *Willkommen* oder *Unbenanntes Dokument*. Im ab Seite 46 beschriebenen Grundgerüst der Beispielseite lautet der Titel *Startseite - Little Boxes (Webseiten gestalten mit HTML und CSS)*.

Der auffällige blau unterstrichene Text in den Ergebnislisten von Google ist der Titel der Webseite. Dass auch viele professionelle Webdesigner die Bedeutung von *title* nicht wirklich verstanden haben, zeigt folgende Google-Suche:

Abbildung 2.3: Webseiten mit dem Titel »Unbenanntes Dokument«

Der Standardtitel des bei Profis sehr beliebten Editors *Dreamweaver* von Adobe ist *Unbenanntes Dokument*, und der taucht, wie diese Google-Suche zeigt, auf über einer Million deutschsprachiger Webseiten auf.

4. Der Inhalt der Webseite: <body>

Nach dem Kopf folgt der (Text-)Körper, auf Englisch *body*. Alles, was zwischen `<body>` und `</body>` steht, wird später im Browserfenster dargestellt. Quasi zur späteren Verwendung geben Sie dem `body` eine eindeutige ID mit auf den Weg.

ToDo: Eine ID für body geben

1. Ergänzen Sie den Anfangs-Tag von `body` wie folgt:

```
<body id="startseite">
```

2. Speichern Sie die Seite.

Im Browser hat sich nichts geändert, aber Sie können diese ID später zur Gestaltung einzelner Webseiten benutzen und werden Sie z. B. bei der Gestaltung der Navigation ab Seite 184 verwenden, um anzuzeigen, auf welcher Webseite der Besucher sich gerade befindet.

2.6 Wissenswertes zu HTML-Elementen

Im Folgenden ein paar allgemeine Hinweise zu HTML-Elementen.

Die Namen der HTML-Elemente stammen aus dem Englischen

Die Namen der HTML-Elemente sind Abkürzungen für einen englischen Begriff. Wie bereits gesehen, wird ein normaler Fließtextabsatz von <p> und </p> umschlossen: Das *p* steht für *paragraph*, auf Deutsch *Absatz*.

Alle HTML-Elemente haben einen Anfangs- und ein Ende-Tag

HTML-Elemente beginnen und enden mit einem *Tag*. Dabei unterscheidet sich der Ende-Tag durch einen vorangestellten Schrägstrich vom Anfangs-Tag:

```
<p>Dieser Text ist ein Absatz.</p>
```

`<p>` heißt für den Browser »Hier fängt ein Absatz an«, `</p>` dementsprechend »Hier ist ein Absatz zu Ende«.

HTML-Elemente: Anfangs-Tag, Inhalt und Ende-Tag

Hier ein kleines Beispiel zur Erläuterung der Begriffe *Element* und *Tag*:

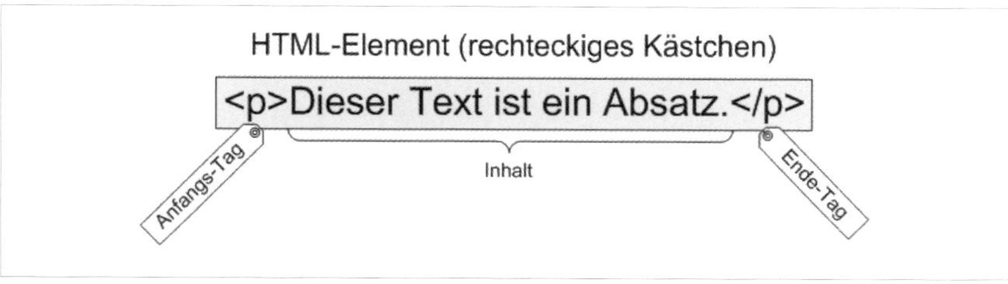

Abbildung 2.4: Aufbau eines HTML-Elements

Ein HTML-Element besteht aus drei Teilen. Im Beispiel sind das:

- der *Anfangs-Tag* in spitzen Klammern: `<p>`
- der *Inhalt*: `Dieser Text ist ein Absatz.`
- der *Ende-Tag* ebenfalls in spitzen Klammern: `</p>`

Alle drei Teile zusammen heißen *HTML-Element*, und HTML-Elemente werden im Browserfenster immer als rechteckige Kästchen dargestellt. *Alle* Texte und Grafiken einer Webseite liegen in solchen Kästchen. Ohne Ausnahme. Man könnte es auch *Container* nennen. Auf Englisch heißt es *Box*.

Das Wichtigste zu Attributen

Attribute wie die ID in `<body id="startseite">` sind Ergänzungen zum HTML-Element und bestimmen dessen konkrete Eigenschaften. Sie sind sozusagen das Salz in der Suppe der Tags.

Folgende Aufzählung enthält die wichtigsten Grammatikregeln zu Attributen:

- Attribute stehen *immer im Anfangs-Tag*, der Ende-Tag ändert sich nicht.
- Nach dem Namen des Attributs folgen *ohne Leerstelle* ein Gleichheitszeichen und der in Anführungsstrichen stehende Wert:

  ```
  <body id="startseite">
  ```
- Alle Attribute haben einen Wert.
- Zwischen Attributname, Gleichheitszeichen, Anführungsstrichen und Wert ist *wirklich keine Leerstelle*.
- Wenn in einem Anfangs-Tag *mehrere Attribute* stehen, werden diese durch *Leerstellen* voneinander getrennt.
- Die Reihenfolge der Attribute im Anfangs-Tag spielt keine Rolle.

Alles klar? Beim Einfügen von Hyperlinks (ab Seite 76) und Grafiken (ab Seite 78) lernen Sie jede Menge weiterer Attribute kennen.

2.7 Auf einen Blick

Hier noch einmal die wichtigsten Punkte dieses Kapitels im Überblick:

- Webseiten bestehen aus rechteckigen Kästchen, die übereinander-, nebeneinander- und ineinandergestapelt werden:
  - HTML erstellt diese Kästchen und füllt sie mit Inhalt.
  - CSS gestaltet Kästchen und Inhalt.
- HTML ist eine »Hypertext-Etiketten-Dranklebe-Sprache«. Es ist keine Programmier- oder Seitenbeschreibungssprache und dient nicht zum Gestalten.
- Jede Webseite hat ein HTML-Grundgerüst, das aus folgenden Teilen besteht:
  1. dem `DOCTYPE` in der ersten Zeile des Quelltextes
  2. dem Stammelement `html`
  3. dem Vorspann `head` mit `title` und `meta`-Element(en)
  4. dem Inhalt `body`, der im Browserfenster dargestellt wird

- Einige wissenswerte Details zu HTML-Elementen sind:
  - Die Namen der HTML-Elemente stammen aus dem Englischen.
  - Alle HTML-Elemente haben einen Anfangs- und einen Ende-Tag.
  - Ein HTML-Element besteht aus *Anfangs-Tag, Inhalt* und *Ende-Tag.*
  - *Attribute* eines Elements stehen immer im Anfangs-Tag. Der Ende-Tag ändert sich dadurch nicht.

Kapitel 3

Wichtige HTML-Elemente (1)

Worin Sie die wichtigsten HTML-Elemente kennenlernen. Sie teilen die Webseite zunächst in Bereiche ein und beginnen dann mit der Erstellung eines sinnvoll strukturierten HTML-Dokuments.

Die Themen im Überblick:

HTML ist im Vergleich zu Englisch, Deutsch oder Swahili eine recht einfache Sprache. Es gibt nur etwa 85 verschiedene Elemente, und in diesem und dem nächsten Kapitel lernen Sie die wichtigsten davon kennen. Korrektes und sinnvolles HTML ist das Fundament einer jeden Webseite.

3.1 Die Seite in Bereiche einteilen: div

`div` ist ein Block-Element, mit dem man andere Elemente wie Absätze, Listen und Grafiken zu einem gemeinsamen Bereich (`div` = *division* = Bereich) zusammenfassen kann.

Anders ausgedrückt: `div` ist ein Container, eine Kiste, eine Box, in der mehrere andere Kisten aufbewahrt werden können, um sie zum Beispiel später per CSS gemeinsam gestalten zu können.

Vier Bereiche: Kopf, Navigation, Text und Fußzeile

Fast alle Webseiten haben einen Kopfbereich mit einem Logo, einen Bereich für die Navigationselemente, einen Bereich für den Inhalt und eine Fußzeile. Die folgende Minimalausstattung entspricht dem und hat sich als Grundlage für einfache Layouts bewährt:

- *Kopfbereich* mit Logo und Slogan
- *Navigationsbereich* mit Navigationselementen
- *Textbereich* mit Text und Grafiken
- *Fußzeile* mit Platz für Adresse, Copyright, Impressum usw.

Um die Bereiche im Quelltext voneinander unterscheiden zu können, erhalten sie mit dem Attribut `id` einen eindeutigen Namen. In HTML sieht das so aus:

- `<div id="kopfbereich"> </div>`
- `<div id="navibereich"> </div>`
- `<div id="textbereich"> </div>`
- `<div id="fussbereich"> </div>`

Die Einteilung in diese Bereiche ist die Grundlage für einfache Layouts mit ein oder zwei Spalten. Bei komplexeren Layouts ist unter Umständen eine etwas andere Aufteilung sinnvoll, aber zunächst einmal leisten diese vier Bereiche gute Dienste.

Der Schutzumschlag: wrapper

Viele Bücher haben einen Schutzumschlag, einen zusätzlichen Umschlag um den festen Einband, der die Aufgabe hat, diesen zu schützen (und der sich einfach und billig bedrucken lässt). Einen solchen Schutzumschlag benötigt Ihre Webseite auch: einen Bereich, der alle anderen Bereiche umfasst.

Dieser Bereich hat inhaltlich keine Bedeutung und ist im Grunde eine Dopplung von `body`, erweist sich aber beim Layouten mit CSS als sehr praktisch. Er wird auf vielen Webseiten *wrapper* (»räpper« gesprochen) genannt, was auf Deutsch »Schutzumschlag« heißt. Mit vollem Namen heißt er `<div id="wrapper">`.

Die Bereiche erstellen mit div

Die folgenden Bereiche erstellen Sie gleich zu Anfang im `body` der Webseite.

ToDo: Die Webseite mit div in Bereiche einteilen

1. Öffnen Sie die Startseite *index.html*.
2. Fügen Sie den fett gedruckten Quelltext hinzu:

```
<body id="startseite">
<div id="wrapper">

<div id="kopfbereich">

</div> <!-- Ende kopfbereich -->

<div id="navibereich">

</div> <!-- Ende navibereich -->

<div id="textbereich">

</div> <!-- Ende textbereich -->

<div id="fussbereich">

</div> <!-- Ende fussbereich -->

</div> <!-- Ende wrapper -->
</body>
```

3. Speichern Sie die Seite.

Bei der Darstellung im Browserfenster hat sich nichts geändert, aber bei der Gestaltung per CSS werden die Bereiche und die mit `id` vergebenen Namen wichtig.

Die Kommentare nach jedem `</div>` wirken momentan vielleicht etwas übertrieben, helfen aber, die Übersicht zu behalten, auch wenn Anfangs- und Ende-Tag später etwas weiter auseinanderstehen.

Visuell: schematische Darstellung der div-Bereiche

Mit den `div`-Elementen erzeugen Sie rechteckige Kästchen auf der Webseite, in denen andere HTML-Elemente wie Überschriften und Absätze später aufbewahrt werden. Schematisch dargestellt sieht das so aus:

Abbildung 3.1: Schematische Darstellung der mit div erzeugten Bereiche

In dieser Abbildung ist auch deutlich zu sehen, dass der Wrapper im Grunde eine Dopplung von `body` ist.

Tipp

Quelltext visualisieren mit View Source Chart

Beim Lernen von HTML hilft es vielen Einsteigern, sich den Quelltext wie in der obigen Abbildung mit Kästchen zu visualisieren. Genau das macht das Firefox-Add-on *View Source Chart* direkt im Browser, dessen Installation im Kapitel über nützliche Werkzeuge ab Seite 369 beschrieben wird.

3.2 Überschriften: h1 bis h6

Webseiten werden nach der Anzeige im Browserfenster meist nicht konzentriert Wort für Wort gelesen, sondern auf der Suche nach Relevantem flüchtig überflogen.

Durch den Einsatz von Überschriften, Absätzen und Listen lockern Sie die Webseite optisch auf und bieten dem Auge des Betrachters – bildlich gesprochen – beim Überfliegen des Textes Landeplätze an.

Benutzen Sie Überschriften

Auch wenn Sie im Deutschunterricht das Wort »Gliederung« nicht sonderlich anziehend fanden, sollten Sie auf Ihren Webseiten Überschriften einsetzen. Überschriften geben einer Webseite Struktur und lockern den Text optisch auf.

Überschriften sind im Idealfall so geschrieben, dass der Leser den Inhalt der Webseite durch das Springen von Überschrift zu Überschrift erschließen kann. Ein Hörer kann seinem Screenreader zum Beispiel sagen, dass er nur die Überschriften einer Webseite vorlesen soll.

HTML kennt sechs verschiedene Elemente für Überschriften, von `h1` bis `h6`. Das *h* steht für *heading* (»Überschrift«), die Zahl dahinter für die Gliederungsebene. *h2* bedeutet nicht »die zweite Überschrift im Text«, sondern »eine Überschrift der zweiten Gliederungsebene«. Es kann auf einer Webseite also durchaus mehrere `h2`-Überschriften geben.

Überschriftebene nicht aufgrund der Schriftgröße wählen

In den meisten Browsern werden die unterschiedlichen Überschriftebenen standardmäßig durch verschieden große Schriftarten dargestellt. Widerstehen Sie der Versuchung, eine bestimmte Überschriftebene aufgrund der Schriftgröße zu wählen:

- Das Aussehen einer Überschrift und damit auch deren Schriftgröße gestalten Sie später mit CSS.
- In HTML sagen Sie momentan nur, *dass* der markierte Text eine Überschrift ist und welche Gliederungsebene sie hat.

Im Klartext: Beginnen Sie Ihre Webseite nicht z. B. mit `<h3>`, nur weil Ihnen `<h1>` zu groß erscheint.

Alle Überschriften sind übrigens sogenannte *Block-Elemente* (siehe Seite 64): Sie werden automatisch so breit, wie es geht, und haben einen integrierten Zeilenumbruch.

ToDo: Eine Überschrift für die Webseite erstellen

1. Öffnen Sie ggf. die Startseite *index.html* im Editor.
2. Setzen Sie den Cursor in den Kopfbereich.
3. Ergänzen Sie den fett hervorgehobenen Quelltext:

```
<div id="kopfbereich">
<h1>Little Boxes</h1>
</div>
```

4. Speichern Sie die Seite und betrachten Sie sie in einem Browser.

Dick und fett prangt der Text im Browserfenster. Nicht hübsch, aber Überschrift.

3.3 Fließtext: Absätze und Hervorhebungen

Zwischen den Überschriften steht der Fließtext, und der besteht zu einem großen Teil aus Absätzen, Hervorhebungen und Listen.

Absätze: p wie paragraph

Das wahrscheinlich am häufigsten verwendete HTML-Element ist `p`, kurz für *paragraph*, auf Deutsch »Absatz«. Jeder normale Fließtextabsatz auf einer Webseite wird mit `<p>` eingeleitet und mit `</p>` beendet.

ToDo: Einen normalen Fließtextabsatz erstellen

1. Ergänzen Sie auf der Beispielseite den fett gedruckten Quelltext:

```
<div id="kopfbereich">
<h1>Little Boxes</h1>
<p>Webseiten gestalten mit HTML und CSS. Grundlagen.</p>
</div>
```

2. Speichern Sie die Seite und betrachten Sie sie in einem Browser.

p ist ein Block-Element (siehe Seite 64) und darf *keine* anderen Block-Elemente enthalten, auch kein weiteres p.

Tipp

Der Abstand zwischen den Überschriften und Absätzen

Die meisten Browser fügen vor und nach Überschriften und Absätzen einen Abstand hinzu. Versuchen Sie momentan gar nicht erst, diesen zu entfernen. In HTML geht das nicht, später mit CSS ist es einfach.

Text hervorheben: strong und em

Die Elemente strong und em sind zur Hervorhebung von Text gedacht. Beide sind *Inline-Elemente* (siehe Seite 64), werden also nur so breit wie der enthaltene Text und erzeugen keinen eigenen Zeilenumbruch:

- *strong* bedeutet *stark hervorheben* und wird in visuellen Browsern meist **fett** gedruckt.
- *em* hingegen steht für *emphasize*, auf Deutsch *betonen*. *em* wird meist *kursiv* dargestellt.

Als Faustregel benutzen Sie strong, um den Text bereits *vor* dem Lesen hervorzuheben, und em, wenn er erst *während* des Lesens auffallen soll.

ToDo: Text mit strong und em hervorheben

1. Ergänzen Sie den **Textbereich** auf der Beispielseite wie folgt:

```
<div id="textbereich">
<h2>Startseite</h2>

<p>Webseiten bestehen aus <strong>rechteckigen Kästchen</strong>,
die über-, neben- und ineinandergestapelt werden. Alles Runde ist
entweder Trick, Grafik oder beides.</p>

<p>Die folgenden Schritte zeigen den Weg vom Zusammenbauen der
<em>Kisten</em> bis zur fertig gestalteten <em>Webseite</em>:</p>

</div> <!-- Ende textbereich -->
```

2. Speichern Sie die Seite und betrachten Sie sie im Browser.

3.4 Über Block- und Inline-Elemente

Wie Sie bereits gesehen haben, gibt es verschiedene Arten von HTML-Elementen, die sich unterschiedlich verhalten. Die beiden wichtigsten sind Block- und Inline-Elemente.

Block-Elemente werden so breit, wie es geht

Block-Elemente ähneln Absatzformaten in Word:

- Der Kasten eines Block-Elements wird automatisch so breit, wie es geht.
- Nachfolgende Elemente stehen unterhalb des Kastens in der nächsten Zeile.

Block-Elemente enthalten normalen Text, Inline-Elemente und manchmal auch andere Block-Elemente. Beispiele für Block-Elemente sind die Überschriften `h1` bis `h6`, Fließtextabsätze mit `p` sowie die Listenelemente `ul`, `ol` und `li`, die Sie ab Seite 67 kennenlernen.

Inline-Elemente werden nur so breit wie ihr Inhalt

Inline-Elemente ähneln den Zeichenformaten aus Word:

- Der Kasten eines Inline-Elements wird nur so breit wie sein Inhalt.
- Nachfolgender Text fließt direkt nach dem Element weiter.

Inline-Elemente erzeugen keine neue Zeile und sind den Block-Elementen untergeordnet. Sie dürfen normalen Text und andere Inline-Elemente enthalten, aber keine Block-Elemente. Beispiele für Inline-Elemente sind `strong` und `em` sowie Hyperlinks (`a`) und Grafiken (`img`).

Block- und Inline-Elemente sichtbar machen

In Abbildung 3.2 sind die auf der Beispielseite bisher vorhandenen Block- und Inline-Elemente sichtbar gemacht worden und gekennzeichnet:

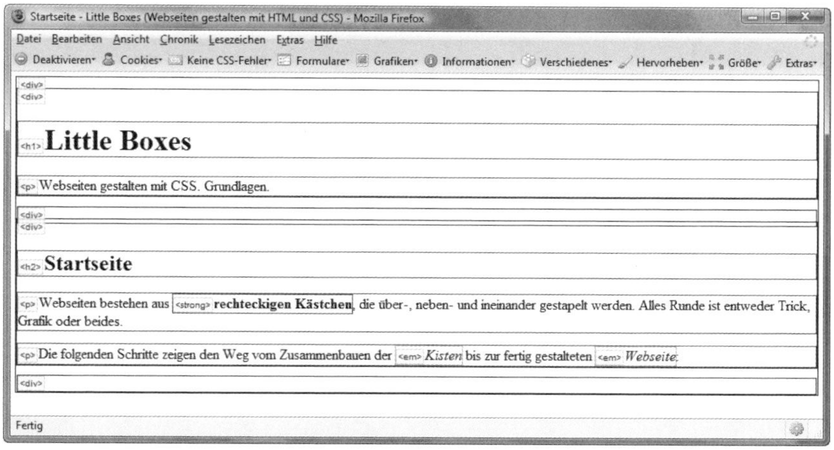

Abbildung 3.2: Block- und Inline-Elemente sichtbar gemacht

In der Abbildung sehen Sie sehr deutlich, dass Block-Elemente so breit werden, wie es geht, Inline-Elemente nur so breit wie ihr Inhalt.

Falls Sie Abbildung 3.2 bei sich im Browser nachbauen möchten, benötigen Sie zunächst das Firefox-Add-on *Web Developer Toolbar* (siehe Seite 370). Nach der Installation führen Sie dann die folgenden Schritte aus:

1. Aktivieren Sie in der Web Developer Toolbar im Menü HERVORHEBEN ganz unten die Option ELEMENTNAMEN BEIM HERVORHEBEN EINBLENDEN.
2. Um Block-Elemente hervorzuheben, wählen Sie im selben Menü die Option BLOCK-LEVEL-ELEMENTE HERVORHEBEN.
3. Zur Hervorhebung der Inline-Elemente rufen Sie die Option BENUTZERDEFINIERTE ELEMENTE HERVORHEBEN ... auf und tragen dort die Namen der gewünschten Elemente (z. B. `strong` oder `em`) ein.

Tipp

Block- oder Inline-Element?

In der HTML-Elemente-Referenz von SelfHTML können Sie sich darüber informieren, ob ein bestimmtes Element *Block* oder *Inline* ist:

- *http://de.selfhtml.org/html/referenz/elemente.htm*

3.5 HTML-Elemente verschachteln: zuerst geöffnet, zuletzt geschlossen

Beim Verschachteln von HTML-Elementen müssen Sie eine wichtige Grundregel beachten:

Das zuerst geöffnete Element wird zuletzt geschlossen.

Hier ein Beispiel:

```
<p>Normal, <strong>fett, <em>fett und kursiv</em></strong>. Wieder
normal.</p>
```

Die Elemente `p`, `strong` und `em` werden geöffnet und in *umgekehrter* Reihenfolge geschlossen. Die von den Elementen erzeugten Kästchen werden also wie russische Matroschka-Puppen ineinander verschachtelt: `em` steckt in `strong`, das wiederum in der `p`-Kiste sitzt. Grafisch dargestellt sieht das so aus:

Abbildung 3.3: Eine Kiste in einer Kiste in einer Kiste

3.6 Jeder Browser hat ein eingebautes Stylesheet

Die Startseite sieht bis jetzt ungefähr so aus:

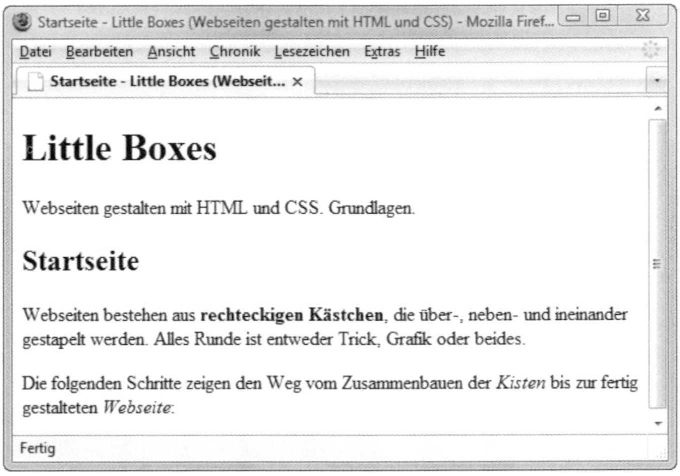

Abbildung 3.4: Die Übungsseite mit Überschriften, Absätzen und Hervorhebungen

In Abbildung 3.4 sehen Sie, dass die Elemente im Browserfenster schon Formatierungen haben:

- Überschriften sind fett und groß.
- Zwischen Absätzen sind Leerzeilen.
- `strong` wird fett und `em` kursiv.

Im Quelltext steht nichts dergleichen. Woher kommen also die Formatierungen?

Des Rätsels Lösung ist, dass jeder Browser fest eingebaute Gestaltungsanweisungen hat. Wenn er eine `h1`-Überschrift sieht, denkt er: »Mmmh. `h1` ist eine wichtige Überschrift. Hier steht nicht, wie sie aussehen soll, also mach ich den Text mal groß und fett.«

Solche gespeicherte Gestaltungsanweisungen heißen in vielen Programmen *Formatvorlagen,* oder auf Englisch *style.* Eine Sammlung von Styles heißt *Stylesheet,* und jeder Browser hat ein solches Stylesheet fest eingebaut.

Mit den *Cascading Style Sheets* erstellen Sie eigene Formatvorlagen, die die eingebauten Styles der Browser überschreiben. Alles, was Sie nicht definieren, wird jedoch weiterhin von den Stylesheets der Browser formatiert.

3.7 Listen: Aufzählungen und Nummerierungen

Geordnete und ungeordnete Listen sind ein wichtiges Stilmittel zur Strukturierung von Text auf Webseiten.

Aufzählungen: ungeordnete Listen mit ul und li

Eine Aufzählung besteht in HTML aus *zwei* Elementen:

- `<ul>` und `</ul>` kennzeichnen Beginn und Ende der Aufzählung.
- `<li>` und `</li>` markieren jedes Listenelement innerhalb der Aufzählung.

`ul` steht übrigens für »unordered list«, zu Deutsch »ungeordnete Liste«.

ToDo: Eine Aufzählung (ungeordnete Liste) erstellen

1. Erstellen Sie folgende ungeordnete Liste *unterhalb* der auf Seite 63 eingefügten zwei Absätze und *innerhalb* von `#textbereich`:

```
<ul>
  <li>So funktioniert HTML</li>
  <li>Wichtige HTML-Elemente</li>
  <li>Gestalten mit CSS</li>
</ul>
```

2. Speichern Sie die Seite und betrachten Sie sie in einem Browser.

`<ul>` sagt dem Browser: »Hier beginnt eine ungeordnete Liste.« Zwischen `<li>` und `</li>` stehen dann die einzelnen Listenelemente, bevor die Liste mit `</ul>` beendet wird.

Und so sieht die Aufzählung im Browserfenster aus:

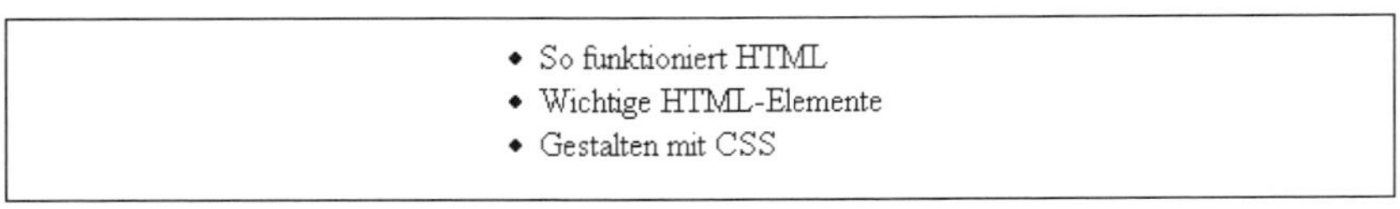

Abbildung 3.5: Ungeordnete Liste im Browserfenster

Beachten Sie, dass im HTML nichts über das zu verwendende Aufzählungszeichen steht. Der Quelltext sagt, dass der Text eine Aufzählung *ist*, aber nicht, wie sie *aussieht*. Das wird momentan dem eingebauten Stylesheet des Browsers überlassen.

Tipp

Ungeordnete Listen als Grundlage für die Navigation

Ungeordnete Listen bilden oft die Grundlage für die Navigation. Auf Seite 77 erstellen Sie eine HTML-Navigationsliste für die Beispielseiten, die Sie per CSS zuerst *horizontal* (Seite 175) und dann später *vertikal* (ab Seite 302) gestalten.

Nummerierungen: geordnete Listen mit ol und li

Geordnete Listen (»Ordered lists«) sind besser bekannt als *Nummerierungen*. Der Aufbau ist identisch mit ungeordneten Listen, lediglich das `ul` wird durch `ol` ersetzt:

```
<ol>
  <li>So funktioniert HTML</li>
  <li>Wichtige HTML-Elemente</li>
  <li>Gestalten mit CSS</li>
</ol>
```

Zwei Buchstaben geändert, und schon ist eine Aufzählung eine Nummerierung:

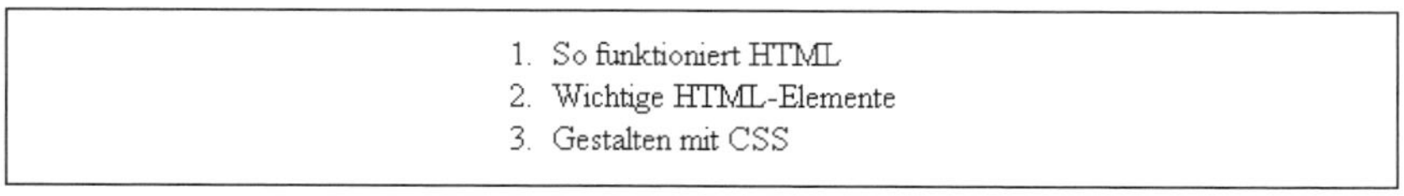

Abbildung 3.6: Nummerierung im Browserfenster

Verschachtelte Listen

Listen können ineinander verschachtelt werden. Achten Sie im folgenden ToDo darauf, dass das `<li>` am Anfang des zweiten Listenelements, »Wichtige HTML-Elemente«, erst einige Zeilen tiefer *nach* Beendigung der verschachtelten Liste geschlossen wird.

ToDo: Erstellen Sie eine verschachtelte Liste

1. Ergänzen Sie die Liste auf der Beispielseite um den fett gedruckten Quelltext:

```
<ul>
  <li>So funktioniert HTML</li>
  <li>Wichtige HTML-Elemente
  <ul>
    <li>Überschriften</li>
    <li>Absätze und Listen</li>
    <li>Links und Grafiken</li>
  </ul>
  </li><!-- beginnt VOR "Wichtige HTML-Elemente"-->
  <li>Gestalten mit CSS</li>
</ul>
```

2. Speichern Sie die Webseite und betrachten Sie sie im Browser.

Die verschachtelte Liste sieht im Browser so aus:

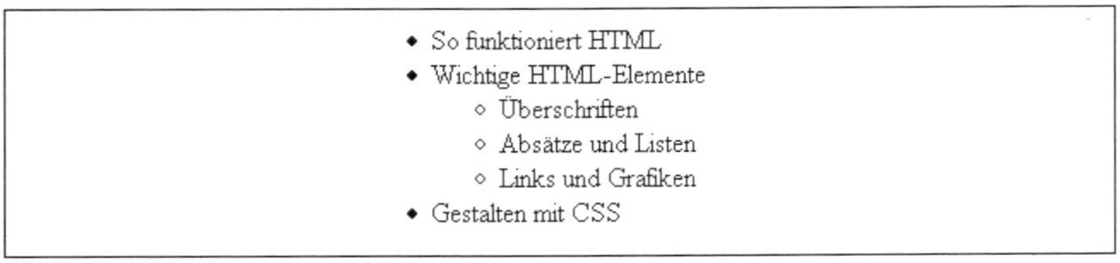

Abbildung 3.7: Eine verschachtelte ungeordnete Liste im Browserfenster

Bei der Verschachtelung von Listen können Sie ungeordnete und geordnete Listen natürlich auch mischen.

Schematische Darstellung der verschachtelten Liste

Zum besseren Verständnis hier ein Schema der Listenkisten aus dem Beispiel:

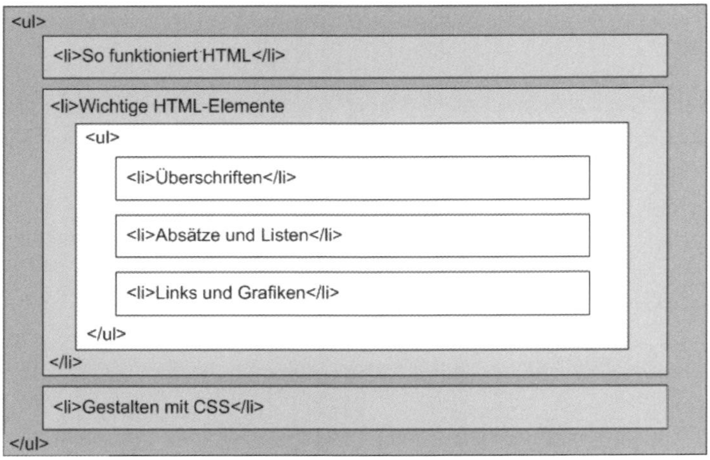

Abbildung 3.8: Listenkisten – schematische Darstellung der verschachtelten Liste

Bei der Gestaltung mit CSS ist die korrekte Verschachtelung der Kisten im HTML-Quelltext wichtig, um später einzelne Listenkisten gezielt gestalten zu können.

Tipp

Verschachtelte Listen und visuelle Editoren

Falls Sie einen visuellen Editor wie *Dreamweaver* benutzen, sollten Sie nach der Erstellung einer verschachtelten Liste den Quelltext überprüfen, denn viele visuelle Editoren schreiben bei verschachtelten Listen falschen Quelltext.

Im Browser sieht zunächst alles okay aus, aber beim Gestalten mit CSS kann es wichtig werden, dass die Listen korrekt verschachtelt sind.

Definitionslisten: dl, dt und dd

Das ursprüngliche Einsatzgebiet für Definitionslisten sind Glossare, Listen von Einträgen mit Begriffen und Erklärungen. Da nicht viele Leute regelmäßig Glossare bauen, sind Definitionslisten ziemlich unbekannt geblieben und werden hier auch nur der Vollständigkeit halber erwähnt.

Anders als geordnete und ungeordnete Listen haben Definitionslisten kein Aufzählungszeichen, bestehen dafür aber aus gleich drei Elementen:

```
<dl>
   <dt>Zu definierender Begriff (definition (list) term)</dt>
   <dd>Beschreibung oder Erklärung (definition (list) definition)</dd>
</dl>
```

Im Browser sieht das so aus:

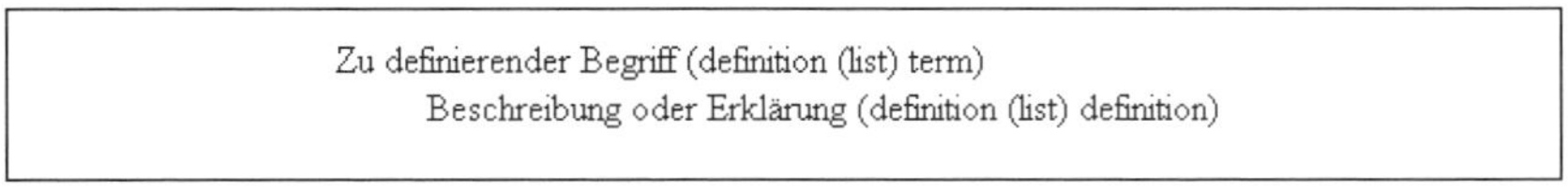

Abbildung 3.9: Definitionsliste im Browserfenster

Auf den ersten Blick nicht besonders hübsch, so eine Definitionsliste, aber das Aussehen kann mit CSS beliebig verändert werden.

Im CSS-Zeitalter erleben Definitionslisten so etwas wie eine Renaissance, denn `dt` und `dd` bieten in bestimmten Situationen nützliche Grundstrukturen, zum Beispiel bei Produkten und Produktbeschreibungen oder der Beschriftung von Bildern.

Tipp

Mehr zu Definitionslisten

In »Little Boxes, Teil 2« wird beschrieben, wie man Definitionslisten zur Beschriftung von Bildern einsetzen kann. Online gibt es auf der australischen Site *MaxDesign* ein sehr gutes (englisches) Tutorial zu Definitionslisten:

- *http://maxdesign.com.au/presentation/definition/*

3.8 Auf einen Blick

Hier noch einmal die wichtigsten Punkte dieses Kapitels im Überblick:

- Beim Gestalten mit CSS wird die Webseite mit `div` in verschiedene Bereiche eingeteilt.
- Text auf Webseiten wird meist überflogen. Bieten Sie dem Auge des Lesers Landeplätze an: Überschriften, kurze Absätze, Hervorhebungen und Listen.
- Benutzen Sie Überschriften (`h1` bis `h6`) und wählen Sie die Gliederungsebene nicht aufgrund der Schriftgröße.
- Normale Absätze im Fließtext stehen in einem `p`-Element, und Text kann mit `strong` und `em` hervorgehoben werden.
- Die beiden wichtigsten Arten von HTML-Elementen sind *Block* und *Inline*:
  - Block-Elemente erzeugen einen Zeilenumbruch und werden so breit, wie es geht (`div`, `h1` bis `h6`, `p`, `ul`, `ol`, `li` und andere).
  - Inline-Elemente erzeugen keinen Zeilenumbruch und werden nur so breit wie der Inhalt des Elements (`strong`, `em` und andere).
- Bei der Verschachtelung von HTML-Elementen dürfen sich die Elemente nicht überlappen: Das zuerst geöffnete Element wird zuletzt wieder geschlossen.
- Browser haben ein eingebautes Stylesheet, das durch eigene Styles außer Kraft gesetzt wird.

- Listen sind ein wichtiges Stilmittel zur Auflockerung des Textes:
  - Ungeordnete Listen (Aufzählungen) bestehen aus `ul` und `li`.
  - Geordnete Listen (Nummerierungen) bestehen aus `ol` und `li`.
  - Bei verschachtelten Listen wird das `li`-Element erst *nach* der eingeschobenen Liste beendet.
  - Definitionslisten bestehen aus `dl`, `dt` und `dd`.

Kapitel 4

Wichtige HTML-Elemente (2)

Worin Sie weitere wichtige HTML-Elemente wie Hyperlinks und Grafiken kennenlernen. Am Ende des Kapitels haben Sie zwei korrekte Webseiten, die mit einem vom W3C geliehenen Stylesheet gestaltet werden.

Die Themen im Überblick:

In diesem Kapitel komplettieren Sie den kurzen HTML-Grundkurs.

4.1 Hyperlinks: das Besondere am World Wide Web

Hyperlinks sind das *Hyper* in Hypertext. In gewisser Weise typisch für HTML ist, dass das wichtigste Element in dem ganzen Laden nicht *hyperlink* oder *link* heißt, sondern schlicht und einfach *a* (wie Anker).

Anatomie eines Hyperlinks

Hyperlinks haben immer denselben Aufbau:

```
<a href="..." title="...">Sichtbarer Text</a>
```

Hier das Beispiel im Detail:

- Das Element zum Erstellen eines Hyperlinks heißt einfach nur `a`.
- Das Attribut `href` steht kurz für *Hypertext Reference* und enthält die Wegbeschreibung zur Webseite, die nach einem Klick im selben Browserfenster angezeigt wird. Das kann ein Dateiname sein oder auch eine komplette URL.
- Zwischen `<a>` und `</a>` steht der Text, der vom Browser standardmäßig blau und unterstrichen hervorgehoben wird.
- `</a>` beendet den Hyperlink.

ToDo: Erstellen Sie einen Hyperlink

1. Erstellen Sie folgenden Quelltext auf der Beispielseite *unterhalb* der verschachtelten Liste und *innerhalb* von `#textbereich`:

```
<p>Besuchen Sie <a href="http://little-boxes.de/">die Website zum
Buch</a> für weitere Informationen.</p>
```

2. Speichern Sie die Seite und betrachten Sie sie in einem Browser.

So sieht der Hyperlink im Browser aus:

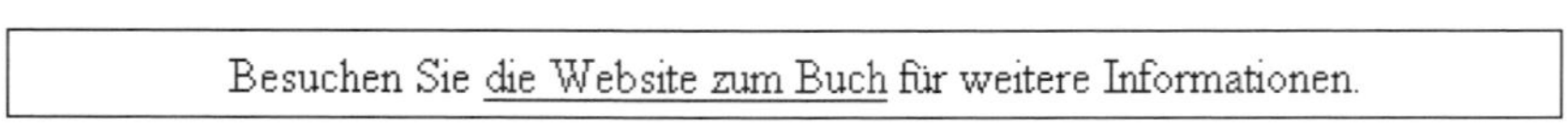

Abbildung 4.1: Ein Hyperlink im Browser

Optional können Sie einem Hyperlink mit dem Attribut `title` auch noch ein paar Zusatzinformationen mit auf den Weg geben:

```
<a href="http://little-boxes.de/" title="little-boxes.de – mit Infos zum
Buch">die Website zum Buch</a>
```

`title` erzeugt bei Berührung mit dem Mauszeiger im Browserfenster eine kleine gelbe Quickinfo. So sieht der Absatz mit Hyperlink und Quickinfo im Browser aus:

Abbildung 4.2:
Ein Hyperlink mit dem Attribut title

Die Navigation: eine ungeordnete Liste mit Hyperlinks

Eine *Navigation* ist im Prinzip eine Auflistung von Hyperlinks, und aus diesem Grund wird sie oft als ungeordnete Liste notiert. Das Aussehen der Liste wird später per CSS geregelt.

ToDo: Erstellen Sie eine Navigationsliste

1. Ergänzen Sie den fett gedruckten Quelltext auf der Beispielseite innerhalb des Navigationsbereichs:

```
<div id="navibereich">
<ul>
  <li id="navi01"><a href="index.html">Startseite</a></li>
  <li id="navi02"><a href="kontakt.html">Kontakt</a></li>
</ul>
</div> <!-- Ende navibereich -->
```

2. Speichern Sie die Seite und betrachten Sie sie in einem Browser.

Die Seite *kontakt.html* wird erst am Ende dieses Kapitels erstellt, aber der Link kann trotzdem schon eingebaut werden. Die IDs `navi01` und `navi02` in den beiden Listenelementen benötigen Sie später zur Gestaltung der Navigationsseite (ab Seite 184).

Der obere Bereich der Beispielseite sieht im Browser jetzt so aus:

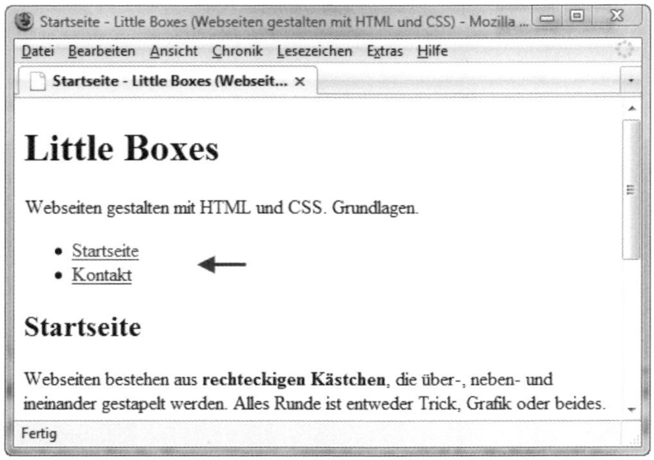

Abbildung 4.3: Die Beispielseite mit Navigationsliste

Gestaltet wird diese einfache Navigation per CSS ab Seite 175 (horizontal) und ab Seite 293 (vertikal).

Tipp

Hyperlinks mit dem Attribut title

Mit dem optionalen Attribut `title` könnten Sie auch den Hyperlinks in der Navigation zusätzliche Informationen mit auf den Weg geben. Zum Beispiel so:

```
<a href="kontakt.html" title="Zu unserem Kontaktformular">Kontakt
</a>
```

4.2 Die Wegbeschreibung zur Grafik: img

Das Element zum Einfügen einer Grafik heißt `img`, kurz für *Image* (»Bild«). Es gibt keinen Ende-Tag `</img>`, stattdessen wird der Tag wie auch beim `meta`-Element im `head` mit der Zeichenfolge *Leerstelle – Schrägstrich – größer als* beendet:

```
<img src="logo.gif" alt="Little Boxes" width="222" height="32" />
```

Der `<img>`-Tag im Quelltext der Webseite enthält lediglich die Wegbeschreibung zur Grafikdatei. Grafik und Webseite bleiben also – anders als auf Papierseiten – getrennte Dateien.

Die Attribute zu img

Das Element `img` kennt jede Menge Attribute, hier eine kurze Erklärung der wichtigsten:

- **`src`**`="bildname.jpg"`

  Das erste und wichtigste Attribut zu `<img>` sind die Buchstaben *src*, was für *Source* steht und »Quelle« heißt. *src* enthält die Wegbeschreibung zur Grafikdatei. Nur ein Dateiname bedeutet, dass die Grafikdatei im selben Ordner liegt wie die Webseite.

- **`alt`**`="Alternativer Text"`

  Die Eingabe eines *alternativen* Textes ist Pflicht. Er wird angezeigt, wenn die Grafik nicht (oder *noch* nicht) dargestellt wird. Möchten Sie aus irgendeinem Grund keinen alternativen Text angeben, schreiben Sie einfach `alt=""`.

- **`width`** und **`height`**: Breite und Höhe der Grafik

  `width` und `height` sind zwei wichtige Attribute. Sie sagen dem Browser, wie viel Platz er für die Grafik reservieren soll, schon *bevor* er sie erhalten hat. Die Werte für `width` und `height` sollten der tatsächlichen Pixelgröße der Grafik entsprechen.

- **`title`**`="Text für die kleine gelbe Quickinfo"`

  Das Attribut `title` ist optional und sorgt wie bei den Hyperlinks für die kleinen gelben Quickinfo-Kästchen, wenn der Mauscursor das Bild berührt. Der Internet Explorer nutzt dazu übrigens – sofern kein `title`-Attribut definiert wurde – fälschlicherweise den Wert des Attributs `alt`.

`img` verhält sich wie ein Inline-Element und hat *keinen* integrierten Zeilenumbruch.

In der folgenden Übung ergänzen Sie die Beispielseite um eine einfache Grafik, die anstelle des Textes »Little Boxes« als `h1`-Überschrift in die Seite eingebunden wird. Die im Beispiel verwendete Grafik finden Sie auf der CD bei den Beispieldateien oder auf der Website *http://little-boxes.de/*.

ToDo: Eine Grafik als Überschrift einbinden

1. Speichern Sie die Grafik *logo.gif* im selben Ordner wie die Beispielseite *index.html*.
2. Ändern Sie dazu den Quelltext der Seite wie folgt:

```
<h1>
<img src="logo.gif" id="logo" alt="Little Boxes" width="222"
height="32" />
</h1>
```

3. Speichern Sie die Seite und betrachten Sie sie in einem Browser.

Um die Grafik später im CSS besser auswählen zu können, bekommt sie im HTML eine ID mit einem aussagekräftigen Namen (`id="logo"`). Und so sieht die Webseite jetzt im Browser aus:

Abbildung 4.4: index.html mit einer Grafik als Überschrift

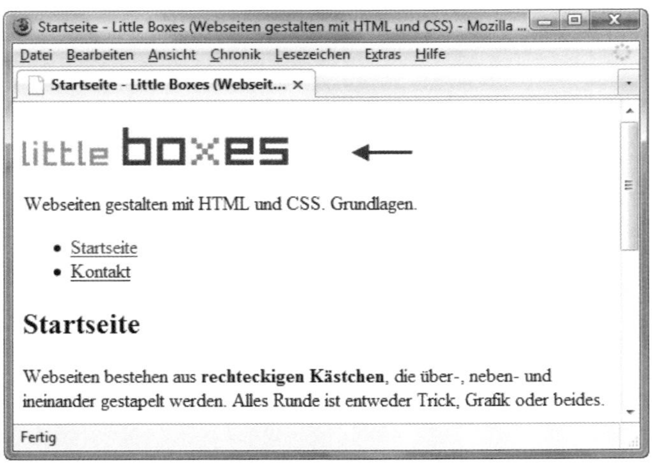

Ein Logo als Überschrift?

Wenn das Logo aus dem Beispiel nicht angezeigt wird, stellen viele Browser den alternativen Text als `h1`-Überschrift dar. Auf diese Weise bleibt das Logo der Site auch ohne Grafik als solches erkennbar:

Abbildung 4.5: Der alt-Text des Logos wird in einigen Browsern als h1-Überschrift dargestellt

Tipp

Dekorationsgrafiken per CSS als Hintergrundbild einbinden

Beim Einfügen von Grafiken lautet eine Grundregel, dass inhaltlich relevante Grafiken wie das Logo im Beispiel per `img` in den HTML-Quelltext eingebunden werden sollten. Grafiken, die ausschließlich zur Dekoration dienen, werden im CSS als Hintergrundgrafik eingebunden (siehe Seite 154).

4.3 Weitere nützliche HTML-Elemente

Diese kurze HTML-Einführung ist keine komplette Referenz und zeigt nur die wichtigsten Elemente. Zur Abrundung hier noch ein paar nützliche Vertreter.

Beginne eine neue Zeile:

Falls Sie an einer bestimmten Stelle im Textfluss einen Zeilenumbruch wünschen, können Sie diesen mit `br` erzeugen, was für *Break* steht (»Umbruch«):

- `<br />` (br – Leerstelle – Schrägstrich)

`br` ist ein sogenanntes *leeres Element*, ein Element ohne Inhalt. Ähnlich wie bei `img` wird der Ende-Tag mit der Zeichenfolge *Leerstelle – Schrägstrich* am Ende des Tags integriert.

Tipp

Zeilenumbruch sparsam einsetzen

Sie sollten den Zeilenumbruch `br` sehr sparsam einsetzen, da der Textfluss auf Webseiten durch eine Vielzahl von Faktoren bestimmt wird und anders als auf Papierseiten vom Autor nicht wirklich kontrolliert werden kann.

address für Kontaktadressen

Wenn Sie auf einer Webseite eine Kontaktadresse darstellen, bietet es sich an, dafür das Element `<address>` zu benutzen, denn es ist eines der wenigen HTML-Elemente, bei denen man am Namen zumindest halbwegs sehen kann, was der Inhalt *bedeutet*. *address* schreibt man im Englischen mit Doppel-d *und* Doppel-s.

ToDo: Eine Adresse (mit Zeilenumbruch) erstellen

1. Öffnen Sie ggf. die Beispielseite *index.html*.
2. Ergänzen Sie den folgenden Quelltext im Fußbereich:

   ```
   <address>
   Little Boxes &middot; Kästchenweg 12 &middot; 01234 Boxberg
   <br />
   Tel: 01234 567890 &middot; Fax: 01234 567891
   </address>
   ```

3. Speichern Sie die Seite und betrachten Sie sie in einem Browser.

`·` ergibt übrigens einen kleinen runden Punkt, der in der Mitte der Zeile steht. Die meisten Browser stellen das Element `address` kursiv dar, aber das können (und werden) Sie per CSS ändern (ab Seite 108):

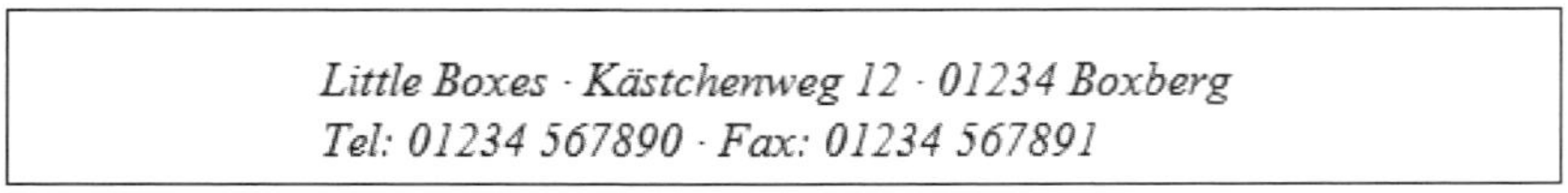

Abbildung 4.6: Das Element address wird im Browserfenster kursiv dargestellt

span ist ein neutrales Inline-Element

Das neutrale Block-Element `div` zur Gruppierung von anderen Elementen kennen Sie bereits. `span` (»umspannen«) ist ein neutrales Inline-Element, mit dem Sie bei Bedarf beliebigen Fließtext markieren können, wobei Sie im Browserfenster keinerlei Veränderung sehen werden:

```
<h1><span>Dieser Text ist von span umgeben</span><h1>
```

Sie werden `span` nicht so häufig sehen wie `div`, aber bei der Gestaltung mit CSS ist es manchmal sinnvoll, bestimmte Textpassagen mit `span` zu markieren, und deshalb wird es hier kurz erwähnt.

Genau wie `div` wird auch `span` häufig zusammen mit den Attributen `id` und `class` benutzt (mehr zu `id` und `class` ab Seite 125).

ToDo: Ein Wort mit span umspannen

Öffnen Sie ggf. die Beispielseite *index.html* und fügen Sie in den Kopfbereich das Element `span` ein:

```
<p>Webseiten gestalten mit HTML und CSS. <span>Grundlagen</
span>.</p>
```

1. Speichern Sie die Seite.

Wenn Sie die Seite im Browser betrachten, werden Sie keine Änderung feststellen, aber wer weiß, vielleicht brauchen Sie das `span` ja später noch (z. B. zur Hervorhebung des Wortes *Grundlagen* auf Seite 123).

blockquote und cite für Zitate

Wie der Name schon andeutet, ist `blockquote` ein Block-Element für Zitate. Das Element ist ideal geeignet für längere Zitate. Der Text innerhalb von `blockquote` sollte zusätzlich von anderen Block-Elementen wie z. B. `p` umschlossen werden.

Mithilfe des Inline-Elements `cite` können Sie kurze Zitate im Fließtext markieren oder wie im folgenden Beispiel am Ende eines Block-Zitats eine Quelle angeben:

Listing 4.1: Beispiel für die Verwendung von blockquote

```
<p>Der folgende Absatz ist ein Block-Zitat mit Quellenangabe:</p>
<blockquote>
<p>Sie können Zitate von Fremdautoren in einem eigenen, anders
   formatierten (zumeist eingerückten) Absatz hervorheben.</p>
<p>Es handelt sich dabei jedoch um eine logische, inhaltliche
   Auszeichnung. Wie diese Absätze genau formatiert werden, bestimmt
   letztlich der Webbrowser. Die Vorgabe ist jedoch, solche Absätze
   auffällig und vom übrigen Text unterscheidbar anzuzeigen.
<cite>(Quelle:
<a href="http://de.selfhtml.org/html/text/zitate_adressen.htm">
   SelfHTML</a>)</cite></p>
</blockquote>
```

Im Browser sieht das dann so aus:

Abbildung 4.7: Blockquote mit zwei Absätzen und cite

`blockquote` wird von den meisten Browsern etwas eingerückt und `cite` kursiv dargestellt.

4.4 Character Entities: allgemeine Sonderzeichen

Wenn ein Übersetzer die Bedeutung eines Wortes nicht genau kennt, wird es oft einfach »eingedeutscht«, und wahrscheinlich wurden so *Entities* zu *Entitäten*. Entitäten? Sonderzeichen.

Wie so oft bei Computern gibt es auch auf Webseiten Probleme mit Sonderzeichen aller Art. Streng genommen ist die Kodierung der Umlaute bei Angabe des richtigen Zeichensatzes per `meta` (siehe Seite 50) nicht unbedingt notwendig. Um aber sicher zu sein, dass die Sonderzeichen im Browser der Besucher Ihrer Seiten korrekt erscheinen, können Sie sie trotzdem noch kodieren. Vielleicht macht Ihr Editor das auch bereits für Sie.

Die Kodierung der Sonderzeichen im HTML-Quelltext geschieht in einer besonderen Form: Sie beginnen mit `&`, gefolgt von einem fest definierten Namen und enden mit einem *Semikolon*:

```
&euro;
```

Im Browserfenster wird das Kürzel `€` durch das Eurosymbol € ersetzt. Wenn ein Browser das `&` sieht, weiß er: »Hier beginnt ein

Sonderzeichen.« Danach erwartet er ein definiertes Kürzel wie `euro`. Das Semikolon schließlich beendet das Sonderzeichen.

Tabelle 4.1 zeigt eine Übersicht der wichtigsten Entities:

Tabelle 4.1: Einige häufig benötigte Sonderzeichen

Zeichen	Im Quelltext	Englisch
<	<	less than
>	>	greater than
&	&	ampersand
"	"	quotation marks
€	€	Euro
©	©	copyright
®	®	registered trademark
•	·	mittlerer Punkt (vertikal zentriert)
geschützte Leerstelle		non breakable space

Tabelle 4.2 zeigt – der Vollständigkeit halber – die Kodierung für die »German Umlauts«, wie die Amerikaner das nennen:

Tabelle 4.2: »German Umlauts« als Sonderzeichen in HTML

Zeichen	Im Quelltext	Englisch
Ö	Ö	O umlaut
ö	ö	o umlaut
Ä	Ä	A umlaut
ä	ä	a umlaut
Ü	Ü	U umlaut
ü	ü	u umlaut
ß	ß	sz ligature

Tipp

Mehr Sonderzeichen

Eine Auflistung aller Entities finden Sie in der Zeichen-Referenz von SelfHTML:

- *http://de.selfhtml.org/html/referenz/zeichen.htm*

4.5 Stimmt die Statik? HTML überprüfen mit dem Validator

Die ungestaltete Startseite sieht im Browser etwa so aus:

Abbildung 4.8: Die ungestaltete Startseite – nur HTML

Zum Abschluss der Arbeiten sollten Sie den HTML-Quelltext von einem amtlich geprüften Grammatikkenner begutachten lassen, um zu sehen, ob die HTML-Kästchen solide gebaut sind. Das geht zum Beispiel unter folgender Adresse:

- *http://validator.w3.org/*

Das Validieren des HTML-Quelltextes ist nicht nur eine gute Angewohnheit, sondern hilft auch beim Finden von Flüchtigkeitsfehlern. Wenn vom Validator keine Fehler gefunden werden, sehen Sie folgende Meldung:

Abbildung 4.9: Der Validator hat alles für gut befunden

Damit ist gewissermaßen amtlich zertifiziert, dass das HTML auf der geprüften Webseite keine grammatikalischen Fehler enthält, und die Formatierung kann beginnen.

Tipp

HTML validieren mit der Web Developer Toolbar

Falls Sie im Firefox die *Web Developer Toolbar* (siehe Seite 370) installiert haben, brauchen Sie nicht erst zum W3C zu surfen, um Ihr HTML zu validieren:

1. Aktivieren Sie ggfs. die WEB DEVELOPER TOOLBAR.
2. Klappen Sie das Menü EXTRAS heraus.
3. Klicken Sie ganz unten auf LOKALES HTML VALIDIEREN.
4. Dieser Befehl schickt den Quelltext direkt zum Validator.

4.6 CSS zum Ausprobieren: die W3C Core Styles

Das W3C hat vor vielen Jahren acht Stylesheets erstellt, mit denen man zu Übungs- und Demonstrationszwecken Webseiten per CSS formatieren kann, ohne selbst eine Zeile CSS schreiben oder kennen zu müssen. Eines dieser Stylesheets verbinden Sie im folgenden ToDo mit Ihrer Übungsseite.

ToDo: Formatieren Sie die Webseiten mit dem Core Style Traditional

1. Öffnen Sie ggf. *index.html* in einem Editor.
2. Fügen Sie den fett gedruckten Quelltext in den *head* der Webseite ein:

```
<head>
  <!-- META und TITLE unverändert lassen -->
  <link href="http://www.w3.org/StyleSheets/Core/Traditional"
  rel="stylesheet" type="text/css" media="screen" />
</head>
```

3. Speichern Sie die Seite und betrachten Sie sie in einem Browser.

Wenn alles funktioniert, hat sich die Seite optisch etwas verändert:

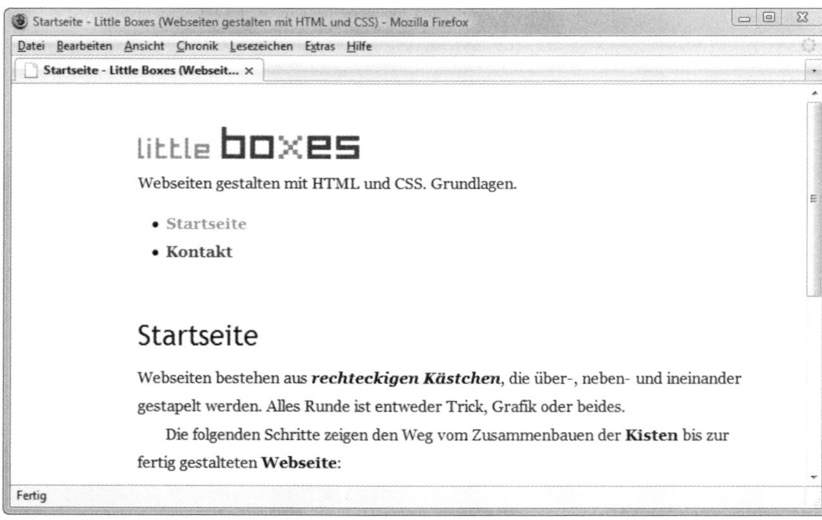

Abbildung 4.10: Die Startseite mit dem W3C-Stylesheet Traditional

Das HTML-Element `link` lernen Sie zu Beginn des nächsten Kapitels auf Seite 100 noch genauer kennen. Es verbindet eine Webseite mit einem Stylesheet, und in diesem Fall liegt es auf den Computern des World Wide Web und heißt *Traditional*.

Statt *Traditional* können Sie übrigens noch ein paar andere Varianten probieren:

- *Midnight*, *Ultramarine*, *Chocolate*, *Oldstyle*, *Modernist*, *Steely* und *Swiss*

Zum Ausprobieren ersetzen Sie im `link`-Element einfach das Wort *Traditional* durch den gewünschten Namen. Speichern. Anschauen. Staunen.

Tipp

Eine Augenweide: CSS Zen Garden

Surfen Sie mal beim CSS Zen Garden vorbei. Dort können Sie sehen, was professionelle Webdesigner mit CSS so zaubern können:

- *http://csszengarden.com/*

Kaum zu glauben, aber wahr: Alle Varianten beruhen auf derselben HTML-Datei, nur das Stylesheet ist jeweils neu.

4.7 Die Kontaktseite: von der Seite zur Site

Bevor es im nächsten Kapitel mit CSS losgeht, benötigen Sie noch eine zweite Webseite. Die Kontaktseite *kontakt.html* erstellen Sie am besten als Kopie der Startseite *index.html*, die Sie anschließend ein wenig bearbeiten.

ToDo: Erstellen Sie die Kontaktseite (auf Grundlage der Startseite)

1. Öffnen Sie die Startseite *index.html* im Editor.
2. Erstellen Sie mit dem Befehl DATEI/SPEICHERN UNTER ... im Übungsordner eine Kopie der Startseite unter dem Namen *kontakt.html*.
3. Ändern Sie den Titel der Seite wie folgt:

```
<title>Kontaktseite - Little Boxes (Webseiten gestalten mit HTML
und CSS)</title>
```

4. Ändern Sie die ID von `body`:

```
<body id="kontaktseite">
```

5. Ändern Sie die `h2`-Überschrift im Textbereich:

```
<h2>Kontaktseite</h2>
```

6. Entfernen Sie den Fließtext (Absätze und Listen) aus dem Textbereich. Hier kommt später ein Kontaktformular hin. Der Fußbereich soll unverändert bleiben.
7. Speichern Sie die Seite und betrachten Sie sie in einem Browser.

Fertig. Und so ungefähr sollte die Kontaktseite im Browser aussehen:

Abbildung 4.11: Die Kontaktseite, auch mit W3C Core Style Traditional

Schon haben Sie eine aus zwei Webseiten bestehende Minisite und können mit der kleinen, aber feinen Navigation zwischen beiden Seiten hin- und herspringen. Diese beiden Seiten werden Sie in den folgenden Kapiteln auf unterschiedliche Art und Weise gestalten.

4.8 Der Quelltext der Webseiten im Überblick

Bevor es gleich mit dem Gestalten per CSS losgeht, hier einmal der Quelltext der beiden Beispielseiten im Überblick.

Der Quelltext der Startseite index.html

Listing 4.2: Quelltext der Startseite index.html

```
<!DOCTYPE html PUBLIC "-//W3C//DTD XHTML 1.0 Transitional//EN"
   "http://www.w3.org/TR/xhtml1/DTD/xhtml1-transitional.dtd">
<html xmlns="http://www.w3.org/1999/xhtml" lang="de" xml:lang="de">
<head>
  <meta http-equiv="Content-Type" content="text/html;
    charset=iso-8859-1" />
  <title>Startseite - Little Boxes (Webseiten gestalten mit HTML und
  CSS)</title>
  <link href="http://www.w3.org/StyleSheets/Core/Traditional"
  rel="stylesheet" type="text/css" media="screen" />
</head>

```

```
<body id="startseite">
<div id="wrapper">

<div id="kopfbereich">
<h1><img src="logo.gif" id="logo" alt="Little Boxes"
width="222" height="32" /></h1>
<p>Webseiten gestalten mit HTML und CSS. <span>Grundlagen</span>.</p>
</div> <!-- Ende kopfbereich -->

<div id="navibereich">
<ul>
  <li id="navi01"><a href="index.html">Startseite</a></li>
  <li id="navi02"><a href="kontakt.html">Kontakt</a></li>
</ul>
</div> <!-- Ende navibereich -->

<div id="textbereich">
<h2>Startseite</h2>

<p>Webseiten bestehen aus <strong>rechteckigen Kästchen</strong>,
die über-, neben- und ineinandergestapelt werden. Alles Runde ist
entweder Trick, Grafik oder beides.</p>

<p>Die folgenden Schritte zeigen den Weg vom Zusammenbauen der
<em>Kisten</em> bis zur fertig gestalteten <em>Webseite</em>:</p>

<ul>
  <li>So funktioniert HTML</li>
  <li>Wichtige HTML-Elemente
  <ul>
    <li>Überschriften</li>
    <li>Absätze und Listen</li>
    <li>Links und Grafiken</li>
  </ul>
  </li><!-- beginnt VOR "Wichtige HTML-Elemente" -->
  <li>Gestalten mit CSS</li>
</ul>

<p>Besuchen Sie <a href="http://little-boxes.de/"
   title="little-boxes.de - mit Infos zum Buch">die Website zum Buch
   </a> für weitere Informationen.</p>

</div> <!-- Ende textbereich -->

<div id="fussbereich">
<address>
Little Boxes &middot; Kästchenweg 12 &middot; 01234 Boxberg
<br />
Tel: 01234 567890 &middot; Fax: 01234 567891
</address>
</div> <!-- Ende fussbereich -->
```

```

</div> <!-- Ende wrapper -->
</body>
</html>
```

Der Quelltext der Kontaktseite kontakt.html

Der Quelltext der Kontaktseite sieht zurzeit etwa so aus:

Listing 4.3: Quelltext der Startseite kontakt.html

```
<!DOCTYPE html PUBLIC "-//W3C//DTD XHTML 1.0 Transitional//EN"
   "http://www.w3.org/TR/xhtml1/DTD/xhtml1-transitional.dtd">
<html xmlns="http://www.w3.org/1999/xhtml" lang="de" xml:lang="de">
<head>
  <meta http-equiv="Content-Type" content="text/html;
    charset=iso-8859-1" />
  <title>Kontaktseite - Little Boxes (Webseiten gestalten mit HTML
   und CSS)</title>
  <link href="http://www.w3.org/StyleSheets/Core/Traditional"
   rel="stylesheet" type="text/css" media="screen" />
</head>

<body id="kontaktseite">
<div id="wrapper">

<div id="kopfbereich">
<h1><img src="logo.gif" id="logo" alt="Little Boxes"
   width="222" height="32" /></a></h1>
<p>Webseiten gestalten mit HTML und CSS. <span>Grundlagen</span>.</p>
</div> <!-- Ende kopfbereich -->

<div id="navibereich">
<ul>
  <li id="navi01"><a href="index.html">Startseite</a></li>
  <li id="navi02"><a href="kontakt.html">Kontakt</a></li>
</ul>
</div> <!-- Ende navibereich -->

<div id="textbereich">
<h2>Kontaktseite</h2>

<p>Hier kommt das Kontaktformular hin.</p>

</div> <!-- Ende textbereich -->

<div id="fussbereich">
<address>
Little Boxes &middot; Kästchenweg 12 &middot; 01234 Boxberg
<br />
Tel: 01234 567890 &middot; Fax: 01234 567891
</address>
```

```
37 </div> <!-- Ende fussbereich -->
38
39 </div> <!-- Ende wrapper -->
40 </body>
41 </html>
```

Auf Seite 188 erstellen Sie übrigens ein Kontaktformular, das den Absatz in Zeile 27 ersetzt.

4.9 Auf einen Blick

Hier noch einmal die wichtigsten Punkte dieses Kapitels im Überblick:

- Hyperlinks werden mit dem Element a erstellt.
- Eine Navigation ist eine normale ungeordnete Liste mit Hyperlinks, deren Aussehen mit CSS gestaltet wird.
- Webseiten enthalten keine Grafiken, nur die Wegbeschreibung dorthin.
- Falls nötig, können Sie mit <br /> einen Zeilenumbruch erzwingen.
- Für Adressen gibt es das Element address, mit zwei *d* und zwei *s*.
- Für Zitate gibt es unter anderem die Elemente blockquote und cite.
- span ist für Inline-Elemente, was div für Block-Elemente ist.
- Sonderzeichen heißen *Entities* und folgen dem Schema &kürzel;.
- Eine HTML-Grammatikprüfung finden Sie unter der folgenden URL: *http://validator.w3.org*
- Mit den Core Styles vom W3C kann man die Möglichkeiten von CSS ausprobieren, ohne CSS selbst schreiben zu müssen.

CSS-Grundlagen – Kästchen gestalten

Kapitel 5

CSS kennenlernen: Schriften, Farben und Hyperlinks

Worin Sie die Cascading Style Sheets kennenlernen, Schriften und Farben definieren und Hyperlinks gestalten.

Die Themen im Überblick:

CSS (kurz für *Cascading Style Sheets*) ist eine Sprache, die speziell zur Gestaltung von HTML-Elementen erfunden wurde.

5.1 Ein Stylesheet ist eine Sammlung von Formatvorlagen

Was genau sind diese *Cascading Style Sheets*? Ein Blick auf die einzelnen Teile hilft, das Ganze besser einzuordnen:

- Ein *Style* ist eine *Formatvorlage*, eine gespeicherte Gestaltungsanweisung.
- Ein *Sheet* ist ein Blatt Papier, eine *Sammlung*.

Ein *Stylesheet* ist also eine *Sammlung von Formatvorlagen für HTML-Elemente*. Und *Cascading*? Laut Duden ist eine »Kaskade« unter anderem ein »stufenförmiger Wasserfall« oder ein »wagemutiger Sprung«. Beides stimmt, sagt aber wenig. Was es mit dem *Cascading* auf sich hat, ist vorab schwierig zu erklären, weshalb ich dieses Unterfangen auf später verschiebe und ihm dann dafür gleich ein ganzes Kapitel widme (»CSS und der Browser: Kaskade, Vererbung oder Standardwert« ab Seite 219).

5.2 CSS und die HTML-Kästchen auf der Webseite

CSS gestaltet die mit HTML erstellten rechteckigen Kästchen. Die Gestaltungsmöglichkeiten von CSS kann man grob in folgende Bereiche unterteilen:

1. *Schriften und Farben*: Den Inhalt der Kästchen gestalten.
2. *Abstände und Rahmenlinien*: Die Kästchen selbst gestalten.
3. *Positionierung*: Die Kästchen auf der Webseite verschieben.
4. *Mehrspaltige Layouts*: Die Kästchen auf der Webseite in Spalten anordnen.

In dieser Reihenfolge werden Sie CSS auf den folgenden Seiten kennenlernen:

- Kästchen gestalten:
  - zuerst in Kapitel 5 und 6 den Inhalt – Text, Farben und Links innerhalb der Kästchen,
  - dann ab Kapitel 7 die Abstände und Rahmenlinien mit dem Box-Modell.

- Kästchen verschieben:
  - zuerst in Kapitel 12 bis 14 die Grundlagen der Positionierung der Kästchen auf einer Webseite,
  - dann in Kapitel 15 bis 17 die Erstellung von mehrspaltigen Layouts.

Zwischendurch gibt es immer mal wieder Wissenswertes zu den grundlegenden Konzepten von CSS, um das Gelernte auch wirklich zu *verstehen*. Aber los geht es ganz sinnig mit dem ersten eigenen Stylesheet.

5.3 Das erste eigene Stylesheet

In diesem Abschnitt erstellen Sie ein leeres Stylesheet, schreiben einen CSS-Kommentar hinein und verbinden es dann mit den Beispielseiten *index.html* und *kontakt.html*.

Stylesheet erstellen und einen CSS-Kommentar schreiben

Zunächst erstellen Sie eine leere Datei, in der später die CSS-Regeln (= Styles) gespeichert werden.

ToDo: Ein Stylesheet und einen CSS-Kommentar erstellen

1. Erstellen Sie mit Ihrem Lieblingseditor eine leere Datei.
2. Speichern Sie die Datei unter dem Namen *bildschirm.css*, und zwar im selben Ordner wie die HTML-Seiten.
3. Fügen Sie in der ersten Zeile der Datei folgenden CSS-Kommentar ein:

```
/* Stylesheet für die Übungsseiten aus dem Buch "Little Boxes,
   Teil 1" */
```

4. Speichern Sie die Datei.

Der Dateiname sollte den üblichen Regeln für Dateinamen auf Webseiten entsprechen (keine Leerstellen, keine Sonderzeichen und Kleinschreibung), und als Endung ist **.css* empfohlen.

Die Datei darf kein HTML-Grundgerüst enthalten. CSS ist eine eigene Sprache, und es gibt darin weder ein HTML-Grundgerüst noch HTML-Tags.

Kommentare stehen in CSS anders als in HTML zwischen /* und */ (Schrägstrich – Sternchen und Sternchen – Schrägstrich) und dürfen *nicht verschachtelt* werden. Innerhalb eines Kommentars darf also kein weiterer Kommentar stehen.

Tipp

CSS Kommentare ganz einfach

Wenn Sie auf der Tastatur einen Ziffernblock haben, geht das Erstellen von CSS-Kommentaren wirklich einfach:

- Der Schrägstrich (/) ist das Symbol für »geteilt durch« (Division).
- Das Sternchen (*) ist das Malzeichen (Multiplikation) direkt daneben.

Die Verbindung zwischen HTML und CSS: link

Im letzten Kapitel haben Sie die beiden Beispielseiten mit einem vom W3C geliehenen Stylesheet verbunden. Wenn Sie jetzt Ihr eigenes Stylesheet erstellen, müssen Sie nur noch die Wegbeschreibung im `link`-Element ändern, um die Seiten mit Ihrem eigenen Stylesheet zu gestalten.

ToDo: Die Webseite mit Ihrem (noch leeren) Stylesheet verbinden

1. Öffnen Sie die beiden HTML-Dateien *index.html* und *kontakt.html*.
2. Ändern Sie auf *beiden* HTML-Seiten die Wegbeschreibung zum Stylesheet wie folgt:

```
<link href="bildschirm.css" rel="stylesheet" type="text/css"
 media="screen" />
```

3. Speichern Sie die beiden Webseiten und betrachten Sie sie in einem Browser.

Die Formatierungen des am Ende des vorigen Kapitels eingebauten W3C-Stylesheets sollten nicht mehr zu sehen sein und die beiden Webseiten sind somit wieder völlig ohne Styling.

Die vier Attribute im link-Element haben übrigens folgende Bedeutung:

- href gibt (wie immer) den Pfad zu einer Datei an. Nur ein Dateiname bedeutet wie immer »ist im selben Ordner gespeichert«.
- rel ist kurz für »relation« (Beziehung). rel="stylesheet" heißt »Diese Datei ist ein Stylesheet für mich.«
- type teilt dem Browser mit, dass *bildschirm.css* eine in CSS geschriebene Textdatei ist: »Die Datei ist vom Typ her eine *Textdatei*, genauer gesagt ein *Cascading Style Sheet.*«
- media besagt, dass der Browser das Stylesheet nur für ein bestimmtes Ausgabemedium benutzen soll, in diesem Fall für die Ausgabe auf einem Bildschirm (screen).
- Beendet wird das Element link mit einem integrierten Ende-Tag: *Leerstelle – Schrägstrich – größer als*.

Die in *bildschirm.css* gespeicherten Styles gelten für *alle* HTML-Dateien, die mit dem Stylesheet verbunden sind, egal ob das zwei oder zweihundert oder zweitausend sind.

5.4 Hintergrund- und Schriftfarben definieren

Im ersten Schritt definieren Sie die Hintergrund- und Schriftfarben für body und danach für den »Schutzumschlag« <div id="wrapper">.

Hintergrund- und Schriftfarbe für body

Das folgende ToDo gestaltet Schrift- und Hintergrundfarbe für das Element body. Um ein Element zu gestalten, müssen Sie es im CSS zunächst auswählen, und dazu schreiben Sie einfach den Namen des Elements hin, also schlicht und einfach body. Die gewünschten Gestaltungsanweisungen dann zwischen geschweiften Klammern.

Es ist übrigens beim Schreiben der Styles eine ziemlich gute Angewohnheit, die schließende geschweifte Klammer direkt nach der öffnenden zu schreiben. Dann vergisst man sie nicht so leicht.

Die Hintergrundfarbe eines Elements wird mit der CSS-Eigenschaft background-color gestaltet, die Eigenschaft für die Schriftfarbe heißt einfach nur color und nicht *text-color* oder *font-color*.

ToDo: Schrift- und Hintergrundfarbe für body und #wrapper gestalten

1. Schreiben Sie die folgenden Zeilen unterhalb des Kommentars. Die `/* Kommentare */` am Ende der Zeile dienen lediglich zur Erläuterung und müssen nicht abgetippt werden:

```
/* Gestalte das HTML-Element mit dem Namen body */
body {
  background-color: #8c8c8c; /* Hintergrundfarbe */
  color: white; /* Schriftfarbe */
}
```

2. Speichern Sie das Stylesheet und betrachten Sie die beiden Webseiten (*nicht* das Stylesheet!) in einem Browser.

Nach diesem Schritt sieht die Startseite im Browser ungefähr so aus:

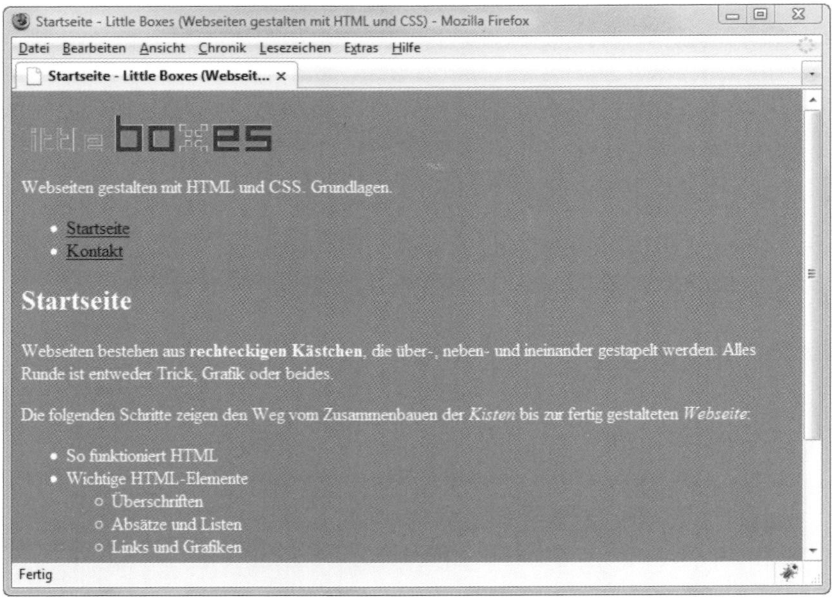

Abbildung 5.1: body mit grauer Hintergrundfarbe und weißer Schrift

Nicht besonders hübsch, aber die Veränderung ist deutlich zu sehen.

Ein Wort noch zur Definition von Farben: Hexadezimale Farbangaben wie `#8c8c8c` kennen Sie vielleicht bereits aus HTML, aber in CSS dürfen Sie für einige Farben englische Farbnamen wie *white* oder *black* benutzen. Mehr dazu erfahren Sie ab Seite 134.

Hintergrund- und Schriftfarbe für div#wrapper

Um den »Schutzumschlag« `<div id="wrapper">` innerhalb von `body` zu gestalten, müssen Sie im CSS zunächst wieder den Namen des Elements hinschreiben: »Das `div`-Element mit der ID `wrapper`« heißt in CSS `div#wrapper`.

ToDo: Schrift- und Hintergrundfarbe für #wrapper gestalten

1. Schreiben Sie die folgenden Zeilen unterhalb des Styles für body:

```
/* Gestalte das div mit id="wrapper" */
div#wrapper {
  background-color: white;
  color: black;
}
```

2. Speichern Sie das Stylesheet und betrachten Sie die beiden Webseiten im Browser.

Wenn alles geklappt hat, sind Start- und Kontaktseite jetzt wieder etwas besser lesbar:

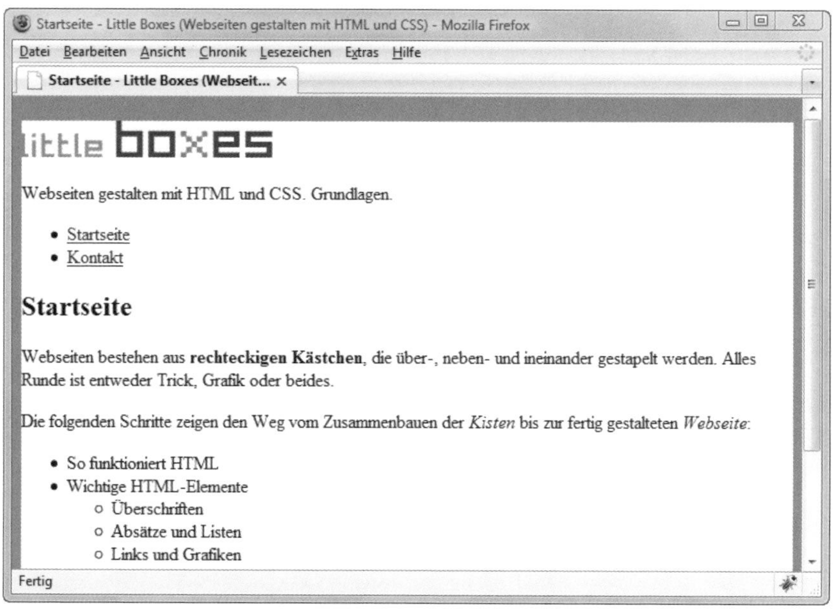

Abbildung 5.2: body in Grau, #wrapper in Weiß

Der Text sitzt sehr dicht am Rand, und auch sonst ist die Seite noch nicht besonders hübsch, aber es ist ein Anfang.

Vielleicht ist Ihnen aufgefallen, dass die für `body` mit der Eigenschaft `color` definierte Schriftfarbe auf der Seite gar nicht benutzt wird, weil der gesamte Text innerhalb von `div#wrapper` steht und deshalb schwarz wird. Es ist aber eine gute Angewohnheit, Schrift- und Hintergrundfarbe *immer* zusammen zu definieren, damit sich nicht durch seltsame Zufälle unbeabsichtigte Kombinationen wie »weiße Schrift auf weißem Grund« ergeben.

Übrigens: Da die ID `wrapper` auf jeder Webseite nur ein einziges Mal vorkommen darf, können Sie das `div` davor auch weglassen und einfach nur `#wrapper` schreiben, aber zumindest am Anfang ist es mit dem `div` davor deutlicher. Mehr dazu ab Seite 126.

Tipp

Die doppelte Rolle der Raute (#)

Das Rautenzeichen `#` (engl.: *Number sign*) hat in unserem Alltag viele unterschiedliche Namen und Bedeutungen, so auch im CSS:

- *Vor* den geschweiften Klammern steht im Beispiel `div#wrapper`. Hier heißt das Rautenzeichen »Gestalte das `div`-Element mit dem Attribut `id="wrapper"`«.
- *Innerhalb* der geschweiften Klammern findet sich die Zeichenfolge *background-color: #8c8c8c*. Das Rautenzeichen vor einer Farbangabe bedeutet lediglich »Es folgt ein hexadezimaler Wert«.

Hintergrund- und Schriftfarben im Kopfbereich

Der auf beiden Webseiten vorhandene Kopfbereich `<div id="kopfbereich">` soll ebenfalls eine Hintergrundfarbe bekommen, und wie eben gesehen definieren Sie die Schriftfarbe gleich mit. Danach erscheint der Kopfbereich auf beiden Seiten in einem gelborange Ton.

ToDoToDo: Eine Hintergrundfarbe für den Kopfbereich definieren

1. Fügen Sie am Ende des Stylesheets folgende CSS-Regel ein:

```
div#kopfbereich {
  background-color: #f3c600; /* Gelb-Orange */
  color: black;
}
```

2. Speichern Sie das Stylesheet und betrachten Sie die Webseiten im Browser.

Die Logo-Grafik ist ein transparentes GIF-Bild und wurde für einen weißen Hintergrund optimiert. Deshalb ist bei dem etwas dunkleren Hintergrund momentan um die Buchstaben herum ein leichter »Heiligenschein« zu sehen. Per CSS können Sie dem HTML-Element `img` einen weißen Hintergrund geben, der dann im Browser sichtbar wird, weil das Logo wie gesagt transparent ist.

Die Grafik hat im HTML auf Seite 80 die ID `logo` bekommen:

```
<img src="logo.gif" id="logo" alt="Little Boxes" width="222" height="32" />
```

Listing 5.1: Das HTML zum Einfügen der Logo-Grafik

Im CSS können Sie das Logo deshalb ganz einfach mit `img#logo` selektieren und anschließend gestalten.

ToDo: Eine Hintergrundfarbe für die Grafik im Kopfbereich definieren

1. Fügen Sie am Ende des Stylesheets folgende CSS-Regel ein:

```
img#logo { /* Gestalte die Grafik mit id="logo" */
  background-color: white;
  color: black;
}
```

2. Speichern Sie das Stylesheet und betrachten Sie die Webseiten im Browser.

Und so sieht der Kopfbereich der Beispielseiten jetzt im Browser aus:

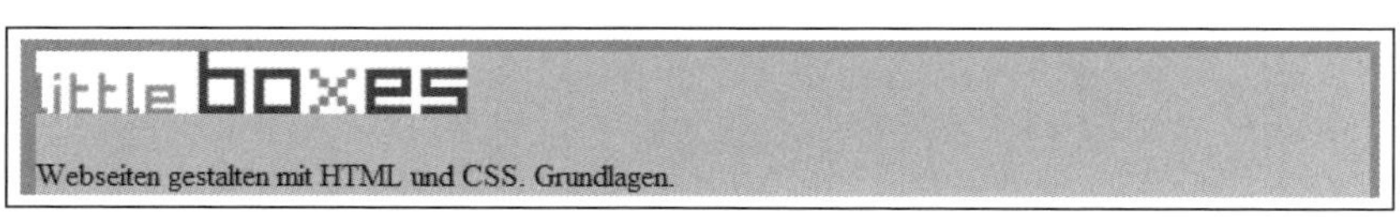

Abbildung 5.3: Kopfbereich und Grafik mit Hintergrundfarbe

5.5 Schriftart und -größe gestalten

In diesem Abschnitt gestalten Sie Schriftart und Schriftgröße für die gesamte Webseite und für die Überschriften.

Grundlegende Schriftformatierung für die ganze Seite

Webseiten bestehen aus ineinander verschachtelten Kästchen, und für diese Kästchen gilt in CSS das sogenannte *Vererbungsprinzip*:

- Alle Kästchen innerhalb von `body` erben die für `body` gemachten Schriftformatierungen.

`body` eignet sich also hervorragend zur Einstellung der grundlegenden Schriftgestaltung, denn sie wird an alle anderen Elemente weitergegeben.

ToDo: Schrifteinstellungen für die Webseite definieren

1. Ergänzen Sie die vorhandene CSS-Regel für `body` wie folgt:

```
body {
  background-color: #8c8c8c;
  color: white;
  font-family: Verdana, Arial, Helvetica, sans-serif;
  font-size: small; /* Schriftgröße */
}
```

2. Speichern Sie das Stylesheet und betrachten Sie die Webseiten im Browser.

Auf beiden Webseiten haben sich die Schrifteinstellungen geändert, und zwar für (fast) alle HTML-Elemente. Hier die beiden neuen Eigenschaften im Detail:

- `font-family` definiert die *Schriftart*.

  Da Sie als Autor des Stylesheets nicht wissen, welche Schriftarten der Browser des Betrachters zur Verfügung hat, äußern Sie einfach mehrere Wünsche, jeweils durch Komma getrennt.

- `font-size` gestaltet die *Schriftgröße*.

  Über die beste Methode zur Definition der Schriftgröße gibt es im Web intensive Diskussionen, aber für den Anfang ist `small` eine gute Grundlage.

Mehr zur Vererbung von CSS-Eigenschaften erfahren Sie im Kapitel über »CSS und der Browser: Kaskade, Vererbung oder Standardwert« ab Seite 219.

Schriftgröße für Überschriften ändern

Alle Elemente haben eine andere Schriftgröße bekommen, mit Ausnahme der Überschriften. Browser sind der Meinung, dass Überschriften größer sein müssen als normaler Text, und da wir bis jetzt für die Überschrift nichts definiert haben, gilt noch immer das im Browser eingebaute Stylesheet.

Im folgenden ToDo definieren Sie die Schriftgröße für alle Überschriften der ersten und zweiten Gliederungsebene.

ToDo: Schriftgröße für die Überschriften ändern

1. Schreiben Sie folgende Zeilen an das Ende des Stylesheets:

```
h1 { font-size: 150%; }
h2 { font-size: 130%; }
```

2. Speichern Sie das Stylesheet und betrachten Sie die Webseiten im Browser.

Die 150% für `h1` haben momentan kaum sichtbare Auswirkungen, weil im Beispiel davon nur die Logo-Grafik betroffen ist, aber bei `h2` können Sie die Änderung der Schriftgröße direkt sehen.

Die Angabe in Prozent bewirkt übrigens, dass das Größenverhältnis zwischen Text und Überschriften erhalten bleibt, wenn Sie die Schriftgröße für `body` ändern.

5.6 Die Adresse im Fußbereich gestalten

Am Ende der Webseite steht im Element `address` eine (fiktive) Adresse. Die meisten Browser stellen dieses Element kursiv dar, aber mit CSS muss das natürlich nicht so bleiben. Das folgende ToDo zentriert die Kontaktadresse, verfeinert die Schriftgestaltung und verändert den Zeilenabstand.

Am besten speichern Sie im ToDo nach jeder Anweisung (also nach jedem Semikolon, aber nicht die schließende geschweifte Klammer vergessen) und betrachten die Webseiten kurz im Browser. Dann können Sie die Auswirkungen Schritt für Schritt nachvollziehen.

ToDo: Die Schrift für das Element address gestalten

1. Schreiben Sie folgende CSS-Regel an das Ende des Stylesheets:

```
address {
  text-align: center;  /* zentrieren */
  font-size: 80%;      /* etwas kleiner als der Rest */
  font-style: normal;  /* normale Schrift, nicht kursiv */
  letter-spacing: 2px; /* Abstand zwischen den Buchstaben */
  line-height: 1.5;   /* Zeilenabstand, ohne Einheit */
}
```

2. Speichern Sie das Stylesheet und betrachten Sie die Webseiten im Browser.

Der Text von `address` ist jetzt zentriert, etwas kleiner als der Rest der Seite (80%), nicht mehr kursiv, der Zeichenabstand zwischen den einzelnen Buchstaben ist um 2 Pixel vergrößert und der Zeilenabstand auf das Anderthalbfache der Schriftgröße erhöht. Einheiten wie `px` lernen Sie übrigens im nächsten Kapitel ab Seite 131 noch genauer kennen.

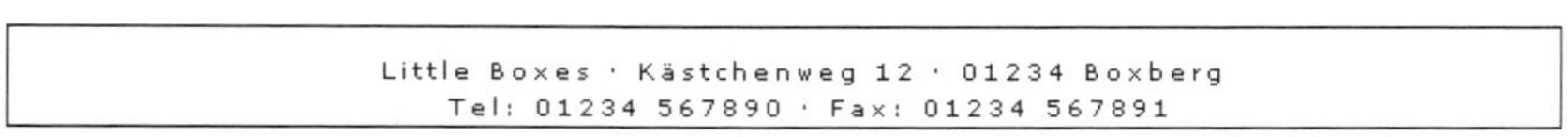

Abbildung 5.4: address mit Formatierungen

Etwas gewöhnungsbedürftig ist das Kursiv- und Fettformatieren von Zeichen:

- *kursiv* bekommen Sie mit `font-style: italic;`
- **fett** erreichen Sie z. B. mit `font-weight: bold;`

Tipp

CSS-Referenzen: css4you.de oder thestyleworks.de

Falls Sie weitere Details zu den im Beispiel benutzten CSS-Eigenschaften wie z. B. `text-align` suchen, führen die folgenden Links zu zwei hervorragenden CSS-Referenzen im Web:

- *http://css4you.de/css-a-z.html*
- *http://thestyleworks.de/ref/*

5.7 Hyperlinks gestalten

Die Gestaltung von Hyperlinks mit CSS ist ein sehr beliebtes Thema. Hier finden Sie zunächst eine kleine Einführung. Später geht es mit der Gestaltung der Navigationsliste weiter.

Hyperlinks: das HTML-Element a

Hyperlinks werden im Quelltext mit dem Element `a` markiert. Mit CSS können Sie Hyperlinks völlig neue Gestaltungen mit ins Web geben, zum Beispiel die Unterstreichung der Links entfernen.

ToDo: Die Unterstreichung für alle Hyperlinks entfernen

1. Fügen Sie am Ende von *bildschirm.css* die folgende CSS-Regel ein:

```
a { text-decoration: none; } /* Unterstreichung entfernen */
```

2. Speichern Sie das Stylesheet und betrachten Sie die Webseiten im Browser.

Diese Regel entfernt auf beiden Webseiten die Unterstreichung von allen Hyperlinks. Viele Designer lieben diesen Trick, aber Sie sollten immer darauf achten, dass Hyperlinks trotzdem noch als solche zu erkennen sind.

Während die Unterstreichung von Hyperlinks in einem optisch abgesetzten Navigationsbereich meist nicht nötig ist, sollten Sie besonders im Textbereich überprüfen, ob die Links auch ohne Unterstreichung deutlich erkennbar sind. Auf Seite 123 steht, wie Sie Hyperlinks nur im Textbereich gestalten.

Besuchte und nicht besuchte Hyperlinks

Links können je nach Zustand ihr Aussehen verändern: Unbesuchte Hyperlinks werden vom Browser traditionell blau dargestellt, besuchte hingegen lila. Für die verschiedenen Zustände eines Hyperlinks kennt CSS sogenannte *Pseudoklassen*, die mit einem Doppelpunkt hinter den Elementnamen a gehängt werden.

Tabelle 5.1 zeigt die beiden wichtigsten Link-Zustände und die entsprechenden CSS-Selektoren:

Tabelle 5.1: Besuchte und nicht besuchte Hyperlinks und die entsprechenden CSS-Selektoren

Hyperlink ...	CSS-Selektor
... zu noch nicht besuchter Seite	a:link
... zu besuchter Seite	a:visited

Wie das Rautenzeichen hat auch der Doppelpunkt in CSS eine doppelte Funktion:

- Ein Doppelpunkt *vor* den geschweiften Klammern verbindet den Namen eines Elements mit einer Pseudoklasse: `a:link`. Hier darf vor oder nach dem Doppelpunkt *keine Leerstelle* stehen.
- *Innerhalb* der geschweiften Klammern trennt der Doppelpunkt Eigenschaft und Wert, z. B. `color: #d90000`. Leerstellen davor und dahinter sind in diesem Fall optional (siehe auch Seite 120).

Hier ein Beispiel für die Formatierung von besuchten und nicht besuchten Hyperlinks:

ToDo: Die Farben für besuchte und unbesuchte Links ändern

1. Fügen Sie am Ende des Stylesheets die folgenden CSS-Regeln hinzu:

```
a:link { color: #d90000; }
a:visited { color: #cc6666; }
```

2. Speichern Sie das Stylesheet und betrachten Sie die Webseiten im Browser.

Unbesuchte Hyperlinks werden jetzt dunkelrot eingefärbt und besuchte etwas blasser. Beim Ändern der Farben für Hyperlinks sollten

Sie darauf achten, dass die Unterscheidung von besuchten und unbesuchten Hyperlinks möglich bleibt, sofern dies von Ihnen gewünscht wird.

Tipp

Besuchte Hyperlinks wieder unbesucht machen

Beim Testen Ihrer Seiten sind früher oder später alle Links besucht. Um sie wieder unbesucht zu machen, müssen Sie den Verlauf bzw. die History Ihres Browsers löschen.

Im Firefox geht es mit dem Add-on *Web Developer* einfacher: Dort finden Sie im Menü VERSCHIEDENES zu diesem Zweck das Untermenü BESUCHTE LINKS MARKIEREN. Das Add-on wird ab Seite 370 näher vorgestellt.

Wenn die Maus darüber schwebt: a:hover und Kollegen

CSS kennt noch drei weitere Pseudoklassen für Hyperlinks, die in Tabelle 5.2 aufgelistet werden:

Tabelle 5.2: Weitere Pseudoklassen für Links

Hyperlink ...	CSS-Selektor
... wenn der Mauszeiger darüber schwebt	a:hover
... beim Durchsteppen per [Tab]-Taste	a:focus
... der gerade angeklickt wird	a:active

Die ersten beiden Pseudoklassen ähneln sich in gewisser Weise, die dritte macht etwas ganz anderes:

- `:hover` verändert den Hyperlink, während der Mauszeiger darüber schwebt.
- `:focus` gestaltet den Hyperlink, wenn der Link per Tastatur ausgewählt wird.
- `:active` formatiert den Hyperlink, wenn die Maustaste über dem Link gedrückt wird, also im Moment des Klicks.

In der Praxis bedeutet das, dass Sie `:hover` und `:focus` häufig gemeinsam deklarieren, da `:focus` in gewisser Weise die Tastaturentsprechung zu `:hover` ist. Schreiben Sie dazu die beiden Selektoren wie im folgenden ToDo durch ein Komma getrennt vor den Deklarationsblock, am besten jeweils auf einer eigenen Zeile (Details zur Gruppierung von Selektoren finden Sie ab Seite 121).

ToDo: Pseudoklassen für Hyperlinks definieren

1. Ergänzen Sie am Ende des Stylesheets die folgenden CSS-Regeln:

```
a:hover,
a:focus {
  border-bottom: 1px solid #d90000;
}
a:active {
  color: white;
  background-color: #d90000;
}
```

2. Speichern Sie das Stylesheet und betrachten Sie die Webseiten im Browser.

Diese Regeln bewirken, dass bei `:hover` und `:focus` die Links wieder ihre typische Unterstreichung bekommen. Normalerweise wird die Unterstreichung von Links mit `text-decoration: underline` aktiviert, aber im Beispiel benutzen Sie stattdessen die Eigenschaft `border-bottom`, die Sie im Kapitel über das Box-Modell ab Seite 141 genauer kennenlernen werden.

`border-bottom` hat zwei Vorteile:

- Sie haben bei der Gestaltung mehr Möglichkeiten und können z. B. für die Unterstreichung eine andere Farbe wählen als für den Link selbst.
- Die Unterstreichung ist etwas weiter vom Text entfernt, der dadurch besser lesbar wird.

Im zweiten Style werden mit der Pseudoklasse `:active` im Moment des Klicks Hintergrund- und Schriftfarbe geändert, was mit ein bisschen Fantasie so aussieht, als ob ein Schalter gedrückt wird.

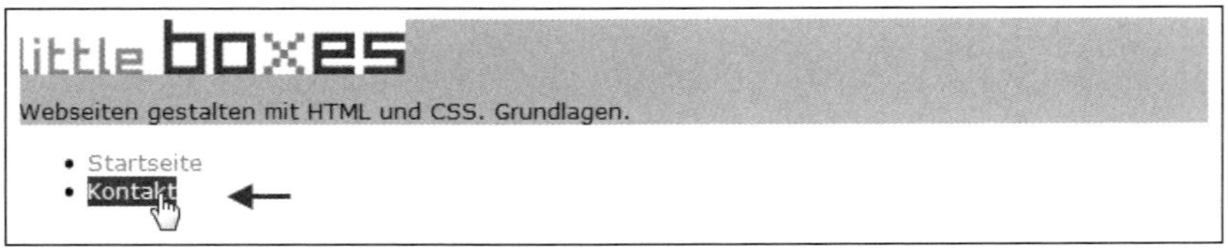

Abbildung 5.5: Startseite mit Link im Moment des Klicks

Bei `:focus` und `:active` erhalten Hyperlinks im Browser oft eine unschöne gepunktete Umrisslinie. Diese können Sie für einige Browser entfernen, indem Sie dem Selektor `a` in Ihrem Stylesheet die Deklaration `outline: none;` hinzufügen:

```
a {
  text-decoration: none;
  outline: none;
}
```

Das sollten Sie allerdings nur tun, wenn der Rahmen wirklich stört und die beiden Link-Zustände aufgrund anderer Styles trotzdem deutlich erkennbar sind, denn Tastaturbenutzer (z. B. mit [Tab]) können beim Navigieren sonst nicht erkennen, welcher Link gerade aktiv ist.

Die Reihenfolge der Pseudoklassen im Stylesheet ist wichtig

Beim Definieren der Pseudoklassen in Ihrem Stylesheet müssen Sie die richtige Reihenfolge beachten:

1. `a:link`
2. `a:visited`
3. `a:hover` und `a:focus` (Reihenfolge egal)
4. `a:active`

Tipp

Detaillierte Informationen zu Pseudoklassen

Details zum Umgang mit Pseudoklassen finden Sie bei CSS4You:

- *http://css4you.de/pseudoklproperty.html*

5.8 Styles können an drei verschiedenen Stellen definiert werden

Bis jetzt kennen Sie nur CSS-Regeln in einem externen Stylesheet, aber es gibt drei verschiedene Möglichkeiten, CSS-Regeln zu speichern.

1. CSS-Regeln in einer externen CSS-Datei

CSS-Regeln werden – wie am Anfang dieses Kapitels gesehen – meistens in einer eigenen Datei mit der Endung **.css* gespeichert. Die Verbindung zwischen Webseite und CSS-Datei erfolgt im `head` des HTML-Quelltextes mithilfe des Elements `link`:

Listing 5.2: Die Verbindung zum Stylesheet mit link

```
<head>
  <!-- Andere HTML-Elemente -->
  <link href="dateiname.css" rel="stylesheet" type="text/css" />
</head>
```

Tipp

Details zur Einbindung von externen Stylesheets

Ab Seite 203 erfahren Sie, wie man per CSS mit `link` eine Druckversion erstellt. Und mit `@import` gibt es eine Alternative zu `link`, über die Sie im Abschnitt über »Inline-Patches« ab Seite 353 mehr lesen.

2. Zwischen <head> und </head>: das Element style

CSS-Regeln können mit dem HTML-Element `style` auch im `head` einer HTML-Datei gespeichert werden:

Listing 5.3: Das HTML-Element style im head einer Webseite

```
<head>
  <!--  Andere HTML-Elemente  -->
  <style type="text/css">
    body { background-color: yellow; /* nur für diese Webseite */ }
  </style>
</head>
```

Zwischen den Tags `<style type="text/css">` und `</style>` stehen ganz normale CSS-Regeln, die nur für diese eine Webseite gelten.

3. Direkt im HTML-Element: Das Attribut style

Die dritte Methode ist es, CSS-Regeln direkt in den Anfangs-Tag eines HTML-Elements zu schreiben. Diese Methode wird manchmal auch *Inline-Style* genannt, weil die CSS-Deklarationen direkt im HTML-Element stehen (ohne geschweifte Klammern drum herum):

Listing 5.4: Das Attribut style im Anfangs-Tag eines HTML-Elements

```
<p style="background-color: #c0c0c0; color: red;">Rot auf grau!</p>
```

Roter Text und grauer Hintergrund. Diese beiden Deklarationen gelten nur für diesen einen Absatz. Besonders zum Experimentieren während der Erstellung einer Webseite sind Inline-Styles sehr praktisch.

Vorfahrt: Welche Styles gewinnen?

Die Dreiteilung von Styles als externe Datei, als Element im HTML-Head und als Attribut direkt im Anfangs-Tag des Elements ist hierarchisch gestaffelt, sodass der Browser immer genau weiß, welche Regel er anwenden muss.

Der Grundsatz lautet »Je dichter am zu gestaltenden Text, desto wichtiger«:

- CSS-Regeln im *HTML-Element* haben Vorrang vor denen im `head` einer Seite.
- Bei CSS-Regeln im `head` ist die Reihenfolge im Quelltext wichtig: Die im `head` deklarierten Styles gewinnen, sofern sie *nach* dem per `link` eingebundenen externen Stylesheet stehen.

Durch diese Staffelung können Sie in einer separaten CSS-Datei ein einheitliches Aussehen für die ganze Site festlegen und Abweichungen davon für jede einzelne Webseite und sogar für jedes einzelne HTML-Element definieren.

Bei der Einbindung von CSS empfiehlt sich folgende Vorgehensweise:

- Schreiben Sie so viel wie möglich in eine *externe CSS-Datei*.
- Benutzen Sie Styles im HTML-Quelltext so sparsam wie möglich.

Tipp

Die Teilung der Styles ist Teil der Kaskade

Die Speicherung der Styles an drei verschiedenen Orten ist Teil der *Kaskade*. Details zur kompletten Kaskade finden Sie im Kapitel über »CSS und der Browser: Kaskade, Vererbung oder Standardwert« ab Seite 219.

5.9 Das Stylesheet im Überblick

Am Ende dieses Kapitels sieht das Stylesheet *bildschirm.css* so aus:

Listing 5.5: Das Stylesheet im Überblick

```
/* Stylesheet für Übungsseiten aus "Little Boxes, Teil 1" */

body {   /* Das HTML-Element mit dem Namen body */
  background-color: #8c8c8c;   /* Hintergrundfarbe */
  color: white;   /* Schriftfarbe */
  font-family: Verdana, Arial, Helvetica, sans-serif;
  font-size: small;   /* Schriftgröße */
}
```

```
div#wrapper {   /* Das div mit id="wrapper" */
  background-color: white;
  color: black;
}
div#kopfbereich {
  background-color: #f3c600;   /* Gelb-Orange */
  color: black;
}
img#logo {   /* Die Grafik mit id="logo" */
  background-color: white;
  color: black;
}
h1 { font-size: 150%; }
h2 { font-size: 130%; }
address {
  text-align: center;     /* zentrieren */
  font-size: 80%;         /* etwas kleiner */
  font-style: normal;     /* normale Schrift, nicht kursiv */
  letter-spacing: 2px;    /* Abstand zwischen den Buchstaben */
  line-height: 1.5;     /* Zeilenabstand */
}
a {   /* Unterstreichung entfernen */
  text-decoration: none;
  /* outline: none; */ /* nur wenn es echt stört */
}
a:link { color: #d90000; }
a:visited { color: #cc6666; }
a:hover,
a:focus {
  border-bottom: 1px solid #d90000;
}
a:active {
  color: white;
  background-color: #d90000;
}
```

5.10 Auf einen Blick

Hier noch einmal die wichtigsten Punkte dieses Kapitels im Überblick:

- Ein Stylesheet ist eine Sammlung von Formatvorlagen.
- Die Gestaltungsmöglichkeiten von CSS lassen sich in drei Gruppen unterteilen:
  - *Schriften und Farben*: den Inhalt der Kästchen gestalten
  - *Abstände und Rahmenlinien*: die Kästchen selbst gestalten

  - *Positionierung*: die Kästchen auf der Webseite verschieben
  - *Mehrspaltige Layouts*: die Kästchen auf der Webseite in Spalten anordnen
- Das Element `link` verbindet eine HTML-Datei mit einem Stylesheet.
- Häufig genutzte CSS-Eigenschaften zur Gestaltung von Elementen sind u. a.:
  - `background-color` für die Hintergrundfarbe
  - `color` für die Schriftfarbe
  - `font-family` für die gewünschte Schriftart
  - `font-size` für die gewünschte Schriftgröße
- Der Style `a { text-decoration: none; }` entfernt die Unterstreichung von allen Links und sollte vorsichtig eingesetzt werden.
- Zur Gestaltung der verschiedenen Zustände von Links gibt es in CSS diverse *Pseudoklassen*:
  - `a:link` und `a:visited`
  - `a:hover` und `a:focus`
  - `a:active`
- Zur Speicherung von Styles gibt es drei Möglichkeiten:
  - in einer externen CSS-Datei
  - im `head` zwischen `<style type="text/css">` und `</style>`
  - im HTML-Element selbst mit dem Attribut `style="..."`
- Empfohlene Vorgehensweise ist, die CSS-Regeln möglichst in externen Dateien zu speichern.

Kapitel 6

Selektoren, Einheiten und Farben

Worin Sie verschiedene Arten von Selektoren und ein einfaches Punktesystem kennenlernen, das den schwierigen Namen »Spezifität« trägt. Außerdem erfahren Sie, welche Einheiten Sie in CSS verwenden können und wie man Farben definiert.

Die Themen im Überblick:

Der Umgang mit Selektoren ist eine der wichtigsten Fertigkeiten beim Erlernen von CSS, und deshalb bekommen Selektoren ein eigenes Kapitel. Danach erfahren Sie das Wichtigste zu Maßen und Einheiten sowie zu Farbdefinitionen in CSS.

6.1 Style: der Aufbau einer CSS-Regel

CSS ist eine Sprache, und jede Sprache kennt Vokabeln und Grammatik. Nachdem Sie ein paar Beispiele gesehen haben, folgt jetzt der schematische Aufbau einer CSS-Regel und die wichtigsten Vokabeln dazu:

```
Selektor {
  Eigenschaft: Wert;
  Eigenschaft: Wert;
}
```

Eine **CSS-Regel (engl.:** *style* oder *css rule*) besteht aus folgenden Einzelteilen:

- **Selektor** (*selector*)

  Der *Selektor* steht vor der geschweiften Klammer und wählt aus (*selektiert*), welche Kästchen auf der Seite gestaltet werden sollen.

- **Deklaration** (*declaration*)

  Zwischen geschweiften Klammern stehen eine oder mehrere *Deklarationen*, auch *Anweisungen* genannt. Sie beschreiben die Gestaltung der Elemente, auf die der Selektor zutrifft. Jede Deklaration besteht aus einem Eigenschaft-Wert-Paar und wird mit einem Semikolon beendet.

- **Eigenschaft** (*property*)

  Die zu gestaltende *Eigenschaft* (Farbe, Schriftart etc.) des Elements steht vor dem Doppelpunkt. Leerstellen vor und nach dem Doppelpunkt sind optional.

  Es ist eine gute Angewohnheit, Eigenschaft und Doppelpunkt direkt aneinanderzuhängen, zwischen Doppelpunkt und Wert aber eine Leerstelle zu setzen. Das entspricht der allgemeinen Rechtschreibung.

- **Wert** (*value*)

  Der *Wert*, den die Eigenschaft annehmen soll, steht nach dem Doppelpunkt. Danach folgt ein Semikolon, um die Deklaration zu beenden.

Die Begriffe *Style*, *CSS-Regel*, *Gestaltungsanweisung* und *Formatvorlage* werden übrigens mehr oder weniger synonym gebraucht. Manche Autoren und Programme verwenden auch »Stil« oder »Stilregel«.

6.2 Ein Selektor wählt das zu gestaltende Kästchen aus

Jede CSS-Regel beginnt also mit mindestens einem *Selektor*. Selektoren wählen aus, welches Kästchen auf der Webseite gestaltet werden soll, und beziehen sich auf eines von drei Dingen (oder eine Kombination davon):

- den Namen eines HTML-Elements
- eine ID (`id`)
- eine Klasse (`class`)

Ein einfacher Selektor: der Name des Kästchens

Eine CSS-Regel wie die folgende kennen Sie bereits:

```
h2 { font-size: 130%; }
```

Listing 6.1: Ein einfacher Selektor

Der einfachste Selektor ist der Name des Kästchens, das gestaltet werden soll, und wird auch *Element-Selektor* oder *Typ-Selektor* genannt, weil er alle Elemente eines bestimmten Typs auswählt: Der Selektor `h2` selektiert auf den zu gestaltenden Webseiten also *alle* Überschriften der zweiten Ebene.

Mehrere Kästchen auf einmal: Selektoren mit Komma trennen

Schauen Sie sich die folgenden zwei Regeln zur Gestaltung von Überschriften an:

```
h1 {
   font-family: Verdana, Arial, Helvetica, sans-serif;
   font-size: 150%;
}
h2 {
   font-family: Verdana, Arial, Helvetica, sans-serif;
   font-size: 130%;
}
```

Listing 6.2: Zwei einfache Selektoren mit einer identischen Deklaration

Für beide Überschriften wird dieselbe Schriftartfamilie definiert, nur die Schriftgröße ist unterschiedlich. Durch *Gruppierung* der Selektoren mit einem Komma können Sie ein bisschen Tipparbeit sparen und die Übersichtlichkeit erhöhen:

Listing 6.3: Gruppierte Selektoren plus zwei einfache

```
h1, h2 { font-family: Verdana, Arial, Helvetica, sans-serif; }
h1 { font-size: 150%; }
h2 { font-size: 130%; }
```

Wenn Sie den Überschriften eine andere Schriftart zuweisen möchten, brauchen Sie nur noch eine Zeile zu ändern.

Tipp

Bei der Gruppierung das Komma nicht vergessen

Bei der Gruppierung von Selektoren dürfen Sie das Komma zwischen den einzelnen Selektoren nicht vergessen, sonst erhalten Sie *versehentlich verschachtelte* Selektoren, die etwas völlig anderes bewirken.

Alle Kästchen auf der Seite: der Universalselektor *

Sie werden ihn nur selten benutzen, aber es gibt ihn: das Sternchen (*) als universeller Selektor, der besagt: »alle Kästchen«:

Listing 6.4: Das Sternchen als universeller Selektor

```
* {
   padding: 0;
   margin: 0;
}
```

Dieses Beispiel setzt die Eigenschaften `padding` und `margin` für alle HTML-Elemente auf null und wird im Kapitel über das Box-Modell im Abschnitt über die »Kalibrierung« genauer erklärt (ab Seite 144).

6.3 Nur in diesem Bereich: Selektoren verschachteln

Die Verschachtelung von Selektoren ist eine sehr nützliche Sache und wird in der Praxis ausgiebig eingesetzt, denn sie ermöglicht es, Elemente nur in einem bestimmten Bereich der Seite zu gestalten.

Nur die Hyperlinks im Textbereich: #textbereich a

Schauen Sie sich im folgenden ToDo die CSS-Regel etwas genauer an, insbesondere die Selektoren am Anfang.

ToDo: Hyperlinks wieder unterstreichen, aber nur im Textbereich

1. Fügen Sie am Ende des Stylesheets folgende CSS-Regel ein:

```
div#textbereich a {
  border-bottom: 1px dotted #cc0000;
}
div#textbereich a:hover,
div#textbereich a:focus {
  border-bottom: 1px solid #d90000;
}
```

2. Speichern Sie das Stylesheet und betrachten Sie die Webseiten in einem Browser.

Die beiden Selektoren `div#textbereich` und `a` werden durch eine Leerstelle getrennt. Diese Regel betrifft somit nur Hyperlinks, die in einer `div`-Kiste mit dem Attribut `id="textbereich"` stehen. Alle anderen Hyperlinks auf der Webseite sind davon nicht betroffen.

In der ersten Regel bekommt der Link statt der normalen Unterstreichung eine 1 Pixel dicke, gepunktete (`dotted`) Rahmenlinie, die im zweiten Style bei Mausberührung zu einer durchgezogenen Linie wird.

Tipp

IE6 macht Striche ...

Der Internet Explorer bis inklusive V6 kennt das `dotted` nicht und nimmt stattdessen `dashed`. Das ist nicht ganz so hübsch, hat ansonsten aber keinerlei Risiken oder Nebenwirkungen.

Schriftgestaltung für den Slogan im Kopfbereich

In diesem Abschnitt soll das Wort »Grundlagen« im Kopfbereich rot eingefärbt werden. Der Trick dabei ist – wie so oft – der Selektor zur Auswahl des Elements. Erinnern Sie sich noch an das `span` aus der HTML-Einführung von Seite 82? Das kommt jetzt zur Geltung.

Falls Ihnen das `span` nicht mehr ganz gegenwärtig ist, hier noch einmal kurz der etwas verkürzte HTML-Quelltext für den Kopfbereich:

Listing 6.5: HTML – das span im Kopfbereich

```
<div id="kopfbereich">
<h1><img src="logo.gif" ... /></h1>
<p>Webseiten gestalten mit HTML und CSS.
<span>Grundlagen.</span></p>
</div>
```

Das folgende ToDo gestaltet nur das Wort »Grundlagen«, wobei der verschachtelte Selektor noch eine Stufe verschachtelter ist als im vorherigen Beispiel.

ToDo: Das Wort »Grundlagen« im Slogan rot hervorheben

1. Schreiben Sie die folgenden Styles ans Ende von *bildschirm.css*:

   ```
   div#kopfbereich p span {
     color: #d90000; /* Schriftfarbe */
   }
   ```

2. Speichern Sie das Stylesheet und betrachten Sie die Webseiten im Browser.

Der Selektor `#kopfbereich p span` wählt nur das Wort »Grundlagen« aus. Und so sieht der fertige Kopfbereich im Browser aus, auch wenn man das Rot in der Schwarz-Weiß-Abbildung nicht wirklich erkennen kann:

Abbildung 6.1: Das Wort »Grundlagen« wird rot hervorgehoben

Aufzählungszeichen in ungeordneten Listen gestalten: ul li

Ein anderes Beispiel: Sie möchten statt der üblichen runden Aufzählungszeichen gerne quadratische verwenden. Um das zu erreichen, schreiben Sie:

Listing 6.6: Quadratische Aufzählungszeichen – auch in Nummerierungen

```
li { list-style-type: square; }
```

Auf den ersten Blick scheint alles okay zu sein, und Aufzählungen mit `ul` bekommen tatsächlich ein kleines Quadrat. `li` ist aber ein einfacher Typ-Selektor und selektiert *alle* Kisten vom Typ `li`, und so bekommt eine Nummerierung (`ol`) statt einer Zahl ebenfalls ein kleines Quadrat. Oops.

Eine Lösung bietet auch hier die Verschachtelung von Selektoren:

```
ul li { list-style-type: square; }
```

Listing 6.7: Quadratische Aufzählungszeichen nur für ungeordnete Listen

Dieser Selektor beschränkt das Wirkungsgebiet der quadratischen Aufzählungszeichen auf ungeordnete Listen.

Unterschiedliche Nummerierung bei geordneten Listen

Die Verschachtelung von Selektoren ist nicht auf eine Ebene begrenzt. Um Ihnen einen kleinen Vorgeschmack auf die Möglichkeiten zu geben, hier ein Beispiel zur Nummerierung von Listen:

```
ol li { list-style-type : decimal; }
ol ol li { list-style-type : lower-alpha; }
```

Listing 6.8: Unterschiedliche Nummerierung mit verschachtelten Selektoren

Die mit den obigen beiden Styles gestalteten nummerierten Listen sehen übrigens so aus:

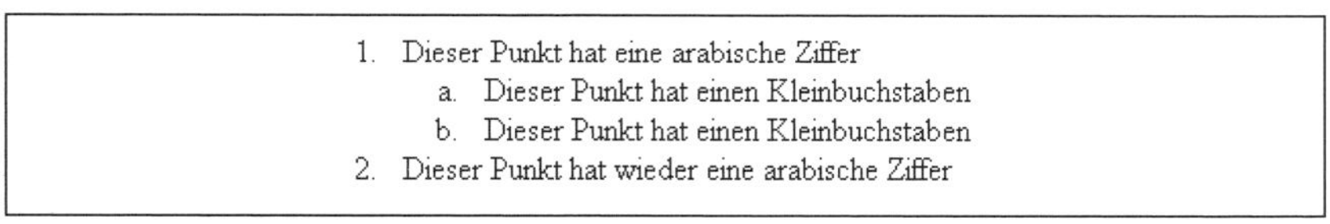

Abbildung 6.2: Unterschiedliche Nummerierung in geordneten Listen

Tipp

Andere Namen für verschachtelte Selektoren

Verschachtelte Selektoren werden in anderen Quellen auch als *Nachfahrenselektor* (engl.: *descendant*) oder als *kontextuelle* (engl.: *contextual*) Selektoren bezeichnet.

6.4 Eigene Namen vergeben: ID und class

Mit Gruppierung und Verschachtelung von Typ-Selektoren kann man schon einiges erreichen. Richtig praktisch wird die Sache aber erst durch die Möglichkeit, einzelnen oder mehreren Elementen im HTML eigene Namenszusätze geben und diese dann im CSS gestalten zu können.

Zur Vergabe von eigenen Namen für bestehende Elemente gibt es im HTML zwei sogenannte Universalattribute, die Sie fast allen Elementen zuweisen können: `id` und `class`.

Es kann nur einen geben: ID, der Selektor mit der Raute

ID ist die Kurzform für *Identität* und im Englischen unter anderem die Abkürzung für »Personalausweis«. Frei nach dem Highlander-Prinzip »Es kann nur einen geben«, darf ein und dieselbe ID pro Webseite nur ein einziges Mal vorkommen:

Listing 6.9: Der Kopfbereich – ein HTML-Element mit dem Attribut id

```
<div id="kopfbereich"> ... </div>
```

Um dieses Element im CSS zu gestalten, benutzen Sie den Namen des Elements und das Rautenzeichen (`#`) gefolgt von der ID als Selektor:

Listing 6.10: Gestalte das div-Element mit dem Attribut id="kopfbereich"

```
div#kopfbereich { ... }
```

Sie können ID-Selektoren übrigens auch ohne den Namen des Elements davor schreiben, denn eine ID darf ja pro Seite nur einmal auftauchen:

Listing 6.11: Gestalte das Element mit dem Attribut id="kopfbereich"

```
#kopfbereich { ... }
```

Die Kombination aus Typ-Selektor und ID bekommt im Rahmen des etwas weiter unten in diesem Kapitel erklärten Punktesystems für Selektoren einen Punkt mehr, was manchmal genau der eine Punkt ist, den man braucht.

Gruppenbildung: class, der Selektor mit dem Punkt

Stellen Sie sich vor, dass Sie auf Ihren Webseiten grau hinterlegte und mit einem Rahmen versehene Infoboxen haben möchten. Um mehrere Absätze auf der Seite gleich zu gestalten, ist ein einfacher Selektor wie `p` zu ungenau und eine ID nicht geeignet, weil der Wert einer ID pro Webseite nur einmal vorkommen darf. In solchen Situationen benutzen Sie *Klassen*.

Jeder Absatz, der wie eine solche Infobox aussehen soll, bekommt im HTML das Attribut `class`:

Listing 6.12: Ein HTML-Element mit dem Attribut class

```
<p class="infobox">Dieser Text ist eine Infobox.</p>
```

Um alle so markierten Absätze auszuwählen, schreiben Sie im CSS nach dem Namen des Elements einen Punkt, gefolgt vom Namen der Klasse:

```
p.infobox {
  color : black;
  background-color: #8c8c8c;
  border: 3px solid #ecf7dd;
}
```

Listing 6.13: Der Selektor mit dem Punkt wählt Elemente einer Klasse aus

Wichtig ist der unscheinbare kleine Punkt. Dadurch weiß der Browser, dass diese Regel für alle `p`-Elemente mit dem Attribut `class="infobox"` gilt. Ein Beispiel für den Einsatz von Klassen sehen Sie im Abschnitt über das Floaten von Bildern ab Seite 255.

Sie können im CSS den Elementnamen auch einfach weglassen, sodass der Selektor mit dem Punkt beginnt:

```
.infobox {
  color : black;
  background-color: #8c8c8c;
  border: 3px solid #ecf7dd;
}
```

Listing 6.14: Der Selektor mit dem Punkt, ohne den Namen des Elements

Sinnvoll ist dies unter anderem, wenn verschiedene HTML-Elemente wie zum Beispiel `ul` und `ol` dieselbe Klasse haben.

Man kann ein HTML-Element übrigens auch mit mehreren gestalten. Die einzelnen Klassen werden dabei jeweils durch eine Leerstelle getrennt. Im folgenden Beispiel werden dem `div`-Element die beiden Klassen `.galerie` und `.clearing` zugewiesen:

```
<div class="galerie clearing"> ... </div>
```

Listing 6.15: Mehrere CSS-Klassen für ein HTML-Element

Wundersamerweise verstehen das alle gängigen Browser.

Tipp

Klassitis vermeiden

Setzen Sie Klassen möglichst sparsam ein. Klassen sind klasse, aber nicht die Grundlage der Gestaltung mit CSS. Falls Sie im HTML am liebsten jedes zweite Element mit einer Klasse versehen würden, sollten Sie sich vielleicht ab Seite 122 die verschachtelten Selektoren noch einmal genauer anschauen.

ID oder Klasse – wann nimmt man was?

Der Unterschied zwischen `class` und `id` bereitet vielen CSS-Einsteigern Probleme, ist aber im Grunde ganz einfach:

- Beide bieten die Möglichkeit, eigene Namenszusätze für HTML-Elemente zu vergeben.
- Eine `id` ist *einmalig* und darf auf einer Webseite nur einmal vorkommen.
- Eine `class` darf auf einer Webseite mehrfach verwendet werden.

Die Hauptbereiche der Beispielseite wie `#kopfbereich` oder `#textbereich` bekommen eine `id`, weil sie pro Seite einmalig sind. Infoboxen oder Skip-Links (siehe Seite 199) hingegen können mehrfach auftreten und bekommen deshalb eine `class`.

ID- und class-Namen sollten die Bedeutung des Elements beschreiben

Der Vorteil der Vergabe von eigenen Namen ist, dass Sie damit wirklich jedes Element auf einer Seite ansprechen können.

Der Nachteil ist, dass die Namen im HTML-Quelltext vergeben werden und dass dadurch die Trennung von Inhalt und Gestaltung zum Teil aufgehoben wird. Jede Änderung der Namen muss im HTML *und* im CSS erfolgen, sodass es sich lohnt, über die Vergabe von Namen für IDs und Klassen ein bisschen nachzudenken.

Oberster Grundsatz bei der Auswahl der Namen ist, dass diese die *Bedeutung* des Elements beschreiben und nicht deren *Gestaltung*. Hier ein Beispiel:

- Sie wollen die Schrift in einigen Absätzen rot hervorheben, weil diese wichtig sind, und weisen diesen Absätzen deshalb `class="rot"` zu.
- Falls Sie die Schriftfarbe später ändern, haben Sie eine Klasse namens `rot`, die den Text dann blau oder gelb oder sonstwie färbt.

Das ist Täuschen und Tarnen. Ein Name sollte nicht das Aussehen des Elements beschreiben, sondern dessen *Bedeutung*: Ein besserer Klassenname wäre beispielsweise `.wichtig`.

6.5 Spezifität: das Punktesystem für Selektoren

Sobald Stylesheets ein bisschen länger werden, gibt es früher oder später für ein HTML-Element mehrere CSS-Regeln, die sich zum Teil widersprechen. Die Frage ist, wie der Browser in solchen Konfliktfällen entscheidet.

Einer wird gewinnen: So funktioniert Spezifität

Die Lösung für dieses Entscheidungsproblem ist ganz einfach: Der Browser berechnet anhand eines einfachen Punktesystems, welcher Selektor der wichtigste ist.

Im CSS-Jargon heißt dieses Punktesystem *specificity*, auf Deutsch *Spezifität* oder manchmal auch *Spezifizität*. Komisches Wort für eine einfache Sache.

Tabelle 6.1 zeigt die Punkteverteilung:

Selektortyp	Beispiel	Punkte
einfacher Typ-Selektor	p	1
Klasse	.infobox	10
Pseudoklasse	:visited	10
ID	#navibereich	100
Attribut style=" "	style="color: red;"	1000

Tabelle 6.1: Spezifität – das Punktesystem für Selektoren

Bei verschachtelten Selektoren werden die Punktzahlen für die einzelnen Selektoren addiert, bei mit einem Komma gruppierten Selektoren nicht.

Ein paar Beispiele für die Punktewertung

Hier ein paar Beispiele für die Spezifität von Selektoren:

Selektor	Beschreibung	Punkte	Gesamt
body	Typ-Selektor	1	1
h1, h2	gruppiert	1	1
a:visited	Typ + Pseudoklasse	1 + 10	11

Tabelle 6.2: Spezifität – Punkteverteilung für Selektoren

Tabelle 6.2: Spezifität – Punkteverteilung für Selektoren (Forts.)

Selektor	Beschreibung	Punkte	Gesamt
.infobox	ungebundene Klasse	10	10
p.infobox	gebundene Klasse	1 + 10	11
#navibereich	ID	100	100
div#navibereich	Typ-Selektor + ID	1 + 100	101
#navibereich a	ID + Typ	100 + 1	101
#navibereich a:visited	ID + Typ + Pseudoklasse	100 + 1 + 10	111
#startseite #navibereich	ID + ID	100 + 100	200
<p style="color: red;">	Attribut style	1000	1000

Bei einem Unentschieden gibt es übrigens weder Verlängerung noch Elfmeterschießen. Bei gleichem Punktestand entscheidet die Reihenfolge im Stylesheet: Es gewinnt die am weitesten unten notierte Regel, ganz nach dem biblischen Motto »Die Letzten werden die Ersten sein«.

Im Abschnitt über die Gestaltung eines horizontalen Navigationsbereichs erleben Sie dieses Punktesystem in Aktion (ab Seite 179) und im Kapitel über die namensstiftende Kaskade (ab Seite 219) erfahren Sie, welche Rolle die Spezifität in der Kaskade spielt.

Tipp

Die Spezifität ist in Wirklichkeit eine Matrix ...

In CSS 1 hat das W3C die Spezifität tatsächlich als ein Punktesystem (»score«) behandelt:

- *http://w3.org/TR/CSS1/#cascading-order*

In CSS 2.1 wird die Berechnung der Spezifität etwas abstrakter als eine Matrix aus vier voneinander getrennten Werten beschrieben:

- *http://w3.org/TR/CSS21/cascade.html#specificity*

Dieser Unterschied ist aber zumindest für Einsteiger eher akademischer Natur, denn solange ein Selektor nicht mehr als 10 IDs oder 10 Klassen aufweist, kommt man mit beiden Methoden zum selben Ergebnis, und das Punktesystem ist für die meisten Einsteiger einfacher zu begreifen.

Falls Sie die Matrix-Variante genauer interessiert, hat Klaus Langenberg von The Styleworks das wunderbar erklärt:

- *http://thestyleworks.de/basics/specificity.shtml*

Sparsam benutzen: !important

Wenn Sie möchten, dass der Browser eine ganz bestimmte Eigenschaft auf jeden Fall verwendet, egal was bei der Berechnung der Spezifität herauskommt, können Sie dieser Eigenschaft sagen, dass sie wichtig ist:

```
h2 { color: red !important; }
```

Listing 6.16: Eine »wichtige« Eigenschaft

Beachten Sie, dass nach dem Wert eine Leerstelle folgt, die Zeichenfolge `!important` aber noch *vor* dem abschließenden Semikolon steht.

Im Kapitel über die Kaskade erfahren Sie ab Seite 225, warum Eigenschaften mit `!important` im Punktesystem quasi außer Konkurrenz mitlaufen und trotzdem immer gewinnen.

Tipp

Übersicht: Weitere Selektoren

In dieser Einführung lernen Sie nur die wichtigsten Selektoren kennen, aber es gibt noch einige mehr mit so schönen Namen wie z. B. Kind- und Nachbarn-Selektoren.

Eine sehr ausführliche Übersicht mit Auflistung der Browserunterstützung finden Sie bei CSS4You auf der folgenden Seite:

- *http://css4you.de/wscss/css04.html*

6.6 Werte und Maße in CSS: die Qual der Wahl

CSS kennt jede Menge verschiedene Maßeinheiten. Diese Wahl kann besonders anfangs leicht zur Qual werden, weshalb ich Ihnen auf den folgenden Seiten ein paar Entscheidungshilfen geben möchte.

Grundregeln: die Leerstelle, die Null und der Anführungsstrich

Einige grundlegende Regeln vorweg:

- Bei CSS steht zwischen dem Wert und einer Maßeinheit **keine Leerstelle**: Es heißt `130%` und *nicht* `130 %`, `12px` und *nicht* `12 px`. Das ist anfangs wohl der häufigste Fehler.

- Wenn ein Wert *0* (null) ist, muss danach keine Einheit folgen. Null ist null, egal ob Pixel oder Kilometer, und die Angaben `0px` und `0` sind in CSS identisch.
- Werte werden im Gegensatz zu HTML nicht in Anführungsstriche gesetzt. Es heißt also `color:black` und *nicht* `color: "black"`.

Eine Ausnahme der letzten Regel sind Schriftnamen, die aus mehreren Worten bestehen, wie z. B. *Times New Roman*, die in einfachen oder doppelten Anführungsstrichen stehen sollten:

Listing 6.17: Mehrteilige Schriftnamen stehen in Anführungsstrichen

```
body { font-family: "Times New Roman", Times, serif; }
```

Für den Bildschirm: relative Einheiten

Relative Einheiten eignen sich vorzüglich für die Darstellung von Webseiten am Bildschirm: Pixel (`px`), Emms (`em`) und Prozent (`%`).

Die Einheit px (Pixel)

Ein Pixel ist ein Bildpunkt und relativ zur Bildschirmauflösung: Bei 800 x 600 gibt es 480 000 Pixel auf dem Monitor, bei 1024 x 768 sind es bereits 768 432. Da sich der Monitor nicht vergrößern kann, werden bei einer höheren Auflösung die Pixel kleiner. Die Größe eines Pixels ist also relativ zu der verwendeten Bildschirmauflösung.

Trotzdem ist die Einheit *Pixel* relativ leicht zu verstehen und zu berechnen. Für Schriftgrößen sollte `px` aber momentan nicht verwendet werden, weil erstens die Pixel bei hohen Auflösungen immer kleiner werden und zweitens Surfer im Internet Explorer bis inklusive V6 die Schriftgröße dann nicht mehr zoomen können.

Die Einheit em (»emm« gesprochen)

`em` ist relativ zur Schriftgröße, die ein Benutzer eingestellt hat. Es bezieht sich auf die Größe des Buchstabens *M* und wird wirklich »emm« ausgesprochen.

Die Einheit `em` ist sehr flexibel und ändert sich, wenn der Benutzer die Schriftgröße im Browser verändert. Abstände mit `em` zu gestalten ist sehr flexibel, anfangs aber ein bisschen schwer zu fassen, wie ein Stück Seife in der Badewanne.

Tipp

em und em

Die in CSS verfügbare Einheit `em` hat außer den Buchstaben *e* und *m* nichts, aber auch gar nichts mit dem HTML-Element `em` zur Hervorhebung von Text auf Seite 63 zu tun.

Die Einheit % (Prozent)

Die Einheit *Prozent* ist definitiv relativ, und zwar zu verschiedenen Dingen, und so ist bei *Prozent* immer sofort die erste Frage: »Prozent von was?« Bei CSS ist die Bezugsgröße meist die umgebende Kiste, auch *Eltern-Element* genannt. Die Deklaration `width: 50%` bedeutet also die Hälfte der Breite des Eltern-Elements.

Falls irgendwas bei der Angabe von Prozenten überhaupt nicht klappt, schauen Sie am besten in einer CSS-Referenz wie *CSS4You.de* oder *TheStyleWorks.de* nach, worauf genau sich die Prozentangabe bei der verwendeten CSS-Eigenschaft bezieht.

Für den Drucker: absolute Einheiten

Absolute Einheiten sind für Bildschirm-Stylesheets ungeeignet und in erster Linie für Stylesheets zum Ausdrucken der Webseite gedacht:

- `cm` ist ein Zentimeter.
- `in` steht für *Inch*, der auf Deutsch *Zoll* heißt und 2,54 cm lang ist.
- `pt` (kurz für *Punkt*) ist die traditionelle Einheit zur Angabe einer Schriftgröße im Printbereich und entspricht in CSS 1/72 Inch.

Wie gesagt: Für den Ausdruck okay, für den Bildschirm ungeeignet.

Tipp

Weitere Informationen zu Einheiten

Eine ausführliche Übersicht über alle möglichen Einheiten finden Sie im *Workshop: Basiseinheiten* bei CSS4You:

- *http://css4you.de/einheiten.html*

6.7 Farben definieren: hexadezimal, dezimal und Namen

Am Bildschirm werden alle Farben aus Rot, Grün und Blau gemischt. Zur Definition der jeweiligen Farbanteile gibt es in CSS einige Möglichkeiten:

- Hexadezimal, normal: `#rrggbb`

  Knallgelb ist `#ffff00`. So viel Rot und Grün wie möglich und überhaupt kein Blau. Hier ein paar einfache Merkhilfen:

  - `ff` steht für *folles Fund.* »Alle Farben folles Fund« ist weiß.
  - `00` (*Doppelnull*) steht für *Licht aus*. »Alles aus« ist schwarz.

- Hexadezimal, kurz: `#rgb`

  Knallgelb ist `#ff0`. Jedes Zeichen wird gedoppelt. Diese Schreibweise ist praktisch, funktioniert aber natürlich nur für bestimmte Farbwerte.

- Dezimal: *rgb(rrr, ggg, bbb)*

  Mit Werten zwischen 0 und 255. Gelb wäre also `rgb(255, 255, 0)`.

- Prozentual: *rgb(rrr%, ggg%, bbb%)*

  Knallgelb entspricht in dieser Schreibweise `rgb(100%, 100%, 0%)`.

Außerdem sind die folgenden siebzehn Farbnamen erlaubt:

Tabelle 6.3: Alle 17 Farbnamen und ihre hexadezimalen Entsprechungen

Farbname	Farbton	Hexadezimal normal	Hexadezimal kurz
white	weiß	#ffffff	#fff
black	schwarz	#000000	#000
red	knallrot	#ff0000	#f00
maroon	dunkelrot	#800000	-
lime	knallgrün	#00ff00	#0f0
green	dunkelgrün	#008000	-
blue	knallblau	#0000ff	#00f
navy	dunkelblau	#000080	-
gray	dunkelgrau	#808080	-
silver	hellgrau	#c0c0c0	-

Farbname	Farbton	Hexadezimal normal	Hexadezimal kurz
yellow	knallgelb	#ffff00	#ff0
orange	orange	#ffa500	-
olive	oliv	#808000	-
purple	dunkellila	#800080	-
fuchsia	helllila	#ff00ff	#f0f
aqua	türkis	#00ffff	#0ff
teal	Win95 Desktop	#008080	-

Tabelle 6.3: Alle 17 Farbnamen und ihre hexadezimalen Entsprechungen (Forts.)

Eine ausführliche Übersicht über Farbwerte mit Beispielen für die jeweilige Farbe finden Sie bei The Styleworks:

- *http://thestyleworks.de/basics/colors.shtml*

Tipp

Hilfe bei der Farbenwahl

Farben im CSS zu definieren ist eine Sache, aber für ein Design zueinander passende Farben auszuwählen eine andere. In Teil V über »Wichtige Werkzeuge« finden Sie ab Seite 372 ein paar nützliche Tools dazu.

6.8 Auf einen Blick

Hier noch einmal die wichtigsten Punkte dieses Kapitels im Überblick:

- Die folgenden Begriffe zur Syntax einer CSS-Regel sind wichtig:
  - Ein *Selektor* wählt aus, welcher Teil einer Webseite gestaltet werden soll.
  - Eine *Deklaration* ist eine Gestaltungsanweisung und besteht aus einer *Eigenschaft* und einem *Wert* für diese Eigenschaft.
- Selektoren beziehen sich auf eines von drei Dingen (oder eine Kombination davon):
  - Name eines HTML-Elements
  - `ID`
  - Klasse (`class`)

- Selektoren können mit einem Komma gruppiert werden: `h1, h2`.
- Selektoren können mit einer Leerstelle verschachtelt werden, um den Wirkungsbereich einzuschränken: `#textbereich a`.
- Mit `ID`- und `class`-Selektoren können Sie eigene Namen vergeben.
  - Jede ID gibt es pro Seite nur einmal.
  - Eine Klasse kann auf jeder Seite beliebig oft verwendet werden.
- Ein Punktesystem namens Spezifität (*specificity*) hilft dem Browser, bei Konfliktfällen die Wichtigkeit von Selektoren zu bewerten.
- Für die Gestaltung am Bildschirm werden die Einheiten `px`, `em` und `%` empfohlen, für die Ausgabe auf den Drucker `cm`, `in` und `pt`.
- In CSS gibt es zahlreiche Methoden, Farbangaben zu definieren. Hexadezimal und Farbnamen sind am weitesten verbreitet.

Kapitel 7

Abstände gestalten mit dem Box-Modell

Worin Sie das Box-Modell kennenlernen, eine der wichtigsten Grundlagen für das Gestalten mit CSS. Neben padding, border und margin erfahren Sie noch einiges über das Einbinden von Hintergrundgrafiken.

Die Themen im Überblick:

Die HTML-Einführung in diesem Buch begann auf Seite 42 mit der Feststellung, dass Webseiten aus rechteckigen Kästchen bestehen. *Alle* Texte und Grafiken einer Webseite liegen in solchen Kästchen. Ohne Ausnahme. Man kann es auch *Kiste* oder *Container* nennen. Auf Englisch heißt es *Box*.

7.1 Potenzielle Probleme beim Gestalten der Kästchen

Kästchen alias Boxen sind die Bausteine einer Webseite und das A und O beim Gestalten von Webseiten. Boxen können aber auch zum Hauptproblem werden, wofür es im Wesentlichen zwei Gründe gibt:

- *Mangelnde CSS-Kenntnisse des Seitenbauers*

  Viele Webseitenbauer wissen wenig über das Verhalten von Boxen in der freien Wildbahn. Dieses Kapitel bietet daher eine Anleitung zur Aufzucht und Hege.

- *Mangelnde CSS-Kenntnisse der Browser*

  Die Browser haben CSS auch erst nach und nach gelernt. Moderne Browser können das inzwischen recht gut, ältere haben so ihre Probleme.

Quintessenz ist, dass Sie des Öfteren in einer Situation landen werden, in der Sie sich fragen: »Hab ich das jetzt falsch gemacht oder spinnt der Browser?«

Testen Sie Ihre Webseiten am besten zuerst im Firefox oder in Opera und erst danach im Internet Explorer. Sowohl Firefox als auch Opera sprechen in aktuellen Versionen sehr gut CSS, und wenn die Seiten darin gut aussehen, haben Sie wahrscheinlich alles richtig gemacht.

7.2 Das Box-Modell in der Übersicht

Alle Boxen sind nach einem bestimmten Schema aufgebaut, das *Box-Modell* genannt wird.

Alle Boxen sind gleich: das Modell

Abbildung 7.1 zeigt eine schematische Darstellung des Box-Modells:

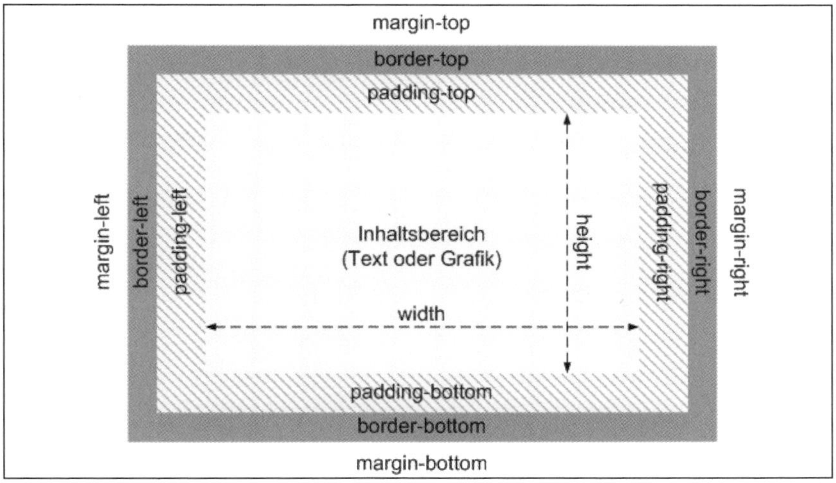

Abbildung 7.1: Das Box-Modell – Grundlage des Gestaltens mit CSS

Fast alle HTML-Elemente haben die Eigenschaften `width`, `height`, `padding`, `border` und `margin`. Je besser Sie dieses Box-Modell verstehen, desto leichter wird Ihnen das Gestalten von Webseiten mit CSS fallen.

Hier eine kleine Übersicht über die zentralen Begriffe mit Übersetzungen, die mir im Laufe der Zeit in verschiedenen Dokumentationen und Programmen begegnet sind:

Englisch	Deutsch
content	Inhalt, Inhaltsbereich
width	Breite, Inhaltsbreite
padding	Innenabstand, Polsterung, Auffüllung, Füllung
border	Rahmen, Rahmenlinie
margin	Außenabstand, Rand

Tabelle 7.1: Begriffe rund um das Box-Modell

Der Inhaltsbereich: width (Breite) und height (Höhe)

Text und Grafiken stehen im Inhaltsbereich eines Elements, dessen Breite mit `width` und dessen Höhe mit `height` definiert wird. Wenn diese Angaben nicht explizit im Stylesheet auftauchen, gelten die folgenden Grundregeln:

- Ohne Angabe von `width` werden *Block-Elemente* so breit wie das umgebende Element.
- Ohne Angabe von `height` werden alle Elemente nur so hoch wie ihr Inhalt.

Beachten Sie, dass `width` die Breite des Inhaltsbereichs definiert, und *nicht* die Gesamtbreite des Elements. Eigentlich wäre `content-width` (also Breite des Inhalts) ein genauerer Name. Auf Seite 143 finden Sie ein Beispiel zur Berechnung der Gesamtbreite eines Elements.

Tipp

Inline-Elemente ohne width und height

Eine Besonderheit in CSS ist, dass bei Inline-Elementen wie `strong`, `a` und `em` die Breite und Höhe automatisch durch die Ausdehnung des Inhalts bestimmt werden. Sie können weder mit `width` eine feste Breite noch mit `height` eine feste Höhe bekommen. Details dazu finden Sie in »Little Boxes, Teil 2« im Abschnitt »Das Box-Modell für Inliner«.

Der Innenabstand: padding (Polsterung)

Nach dem Inhaltsbereich folgt in jeder Box der Innenabstand (`padding`). Das `padding` liegt *innerhalb* der Box und übernimmt die Hintergrundfarbe des Inhaltsbereichs.

`padding` kann für alle vier Seiten einer Box einzeln definiert werden. Die Eigenschaften heißen dann wie folgt:

- `padding-top` für den oberen Innenabstand
- `padding-right` für den rechten Innenabstand
- `padding-bottom` für den unteren Innenabstand
- `padding-left` für den linken Innenabstand

Das `padding` funktioniert übrigens bei Block- und Inline-Elementen absolut identisch.

Tipp

Der Hintergrund: Inhaltsbereich plus Innenabstand

Wenn ein Element eine Hintergrundfarbe oder -grafik hat, so erstreckt diese sich über Inhaltsbereich und `padding`.

Der Rahmen drum herum: border (Rahmenlinien)

Um das `padding` legt sich der Rahmen (`border`), der Rand der Kiste, der eine eigene Breite (`width`), Linienart (`style`) und Farbe (`color`) annehmen kann.

Auch `border` kann für alle vier Seiten unterschiedlich sein. Die Eigenschaften heißen dann:

- `border-top` für die Rahmenlinie oben
- `border-right` für die rechte Rahmenlinie
- `border-bottom` für die untere Rahmenlinie
- `border-left` für die linke Rahmenlinie

`border` ist sehr flexibel und kann für jede dieser vier Seiten eine gesonderte Breite, Linienart und Farbe erhalten. Macht summa summarum maximal *zwölf* mögliche `border`-Deklarationen für *eine* CSS-Regel, die dann so wunderschöne Namen wie `border-top-width`, `border-right-color` oder `border-left-style` haben.

Die Regeln zur Erstellung von Rahmenlinien mit `border` gelten ohne Einschränkung auch für Inline-Elemente.

Der Außenabstand: margin (Rand)

Jede Box kann einen Außenabstand (`margin`) haben, der ebenfalls für alle vier Seiten einzeln definiert werden kann:

- `margin-top` für den oberen Außenabstand
- `margin-right` für den rechten Außenabstand
- `margin-bottom` für den unteren Außenabstand
- `margin-left` für den linken Außenabstand

Der Außenabstand liegt außerhalb der Box und übernimmt die Hintergrundfarbe des umgebenden Elements.

`margin` darf – im Gegensatz zu `border` und `padding` – übrigens auch negative Werte haben.

Tipp

> **Inline-Elemente ohne margin-top und margin-bottom**
>
> Kleine, aber feine Einschränkung: Inline-Elemente kennen weder `margin-top` noch `margin-bottom`. Links und rechts funktioniert mit `margin-left` und `margin-right` alles wie gewohnt, aber oben und unten gibt es bei Inline-Elementen keinen Außenabstand. Details dazu in »Little Boxes, Teil 2« im Abschnitt »Das Box-Modell für Inliner«.

Vertikale Außenabstände kollabieren: collapsing margins

Eine kleine Besonderheit von `margin` bereitet oft Kopfzerbrechen und soll deshalb gleich kurz erwähnt werden:

- Horizontale Außenabstände sich berührender nebeneinanderstehender Boxen werden ganz normal addiert.
- *Vertikale* Außenabstände sind schreckhafter: Wenn sich `margin-bottom` und `margin-top` zweier untereinanderstehender Boxen berühren, kollabieren sie.

Pfft. Luft raus. Der größere bleibt bestehen, der kleinere verschwindet:

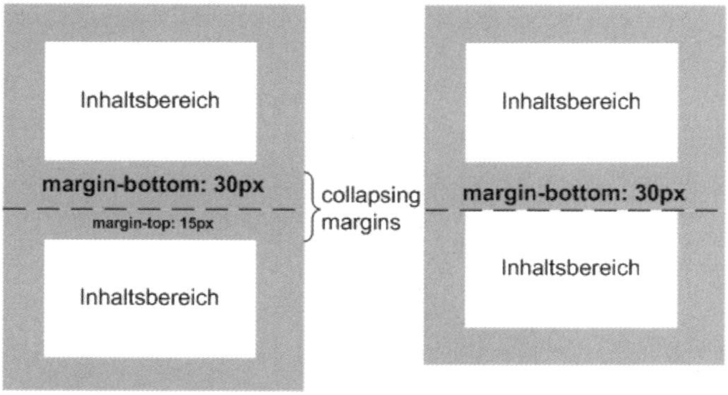

Abbildung 7.2: Wenn zwei vertikale margins sich berühren, kollabieren sie

Das klingt zunächst abstrus, ist im Alltag aber meist ganz praktisch, wenn zum Beispiel viele Absätze aufeinanderfolgen.

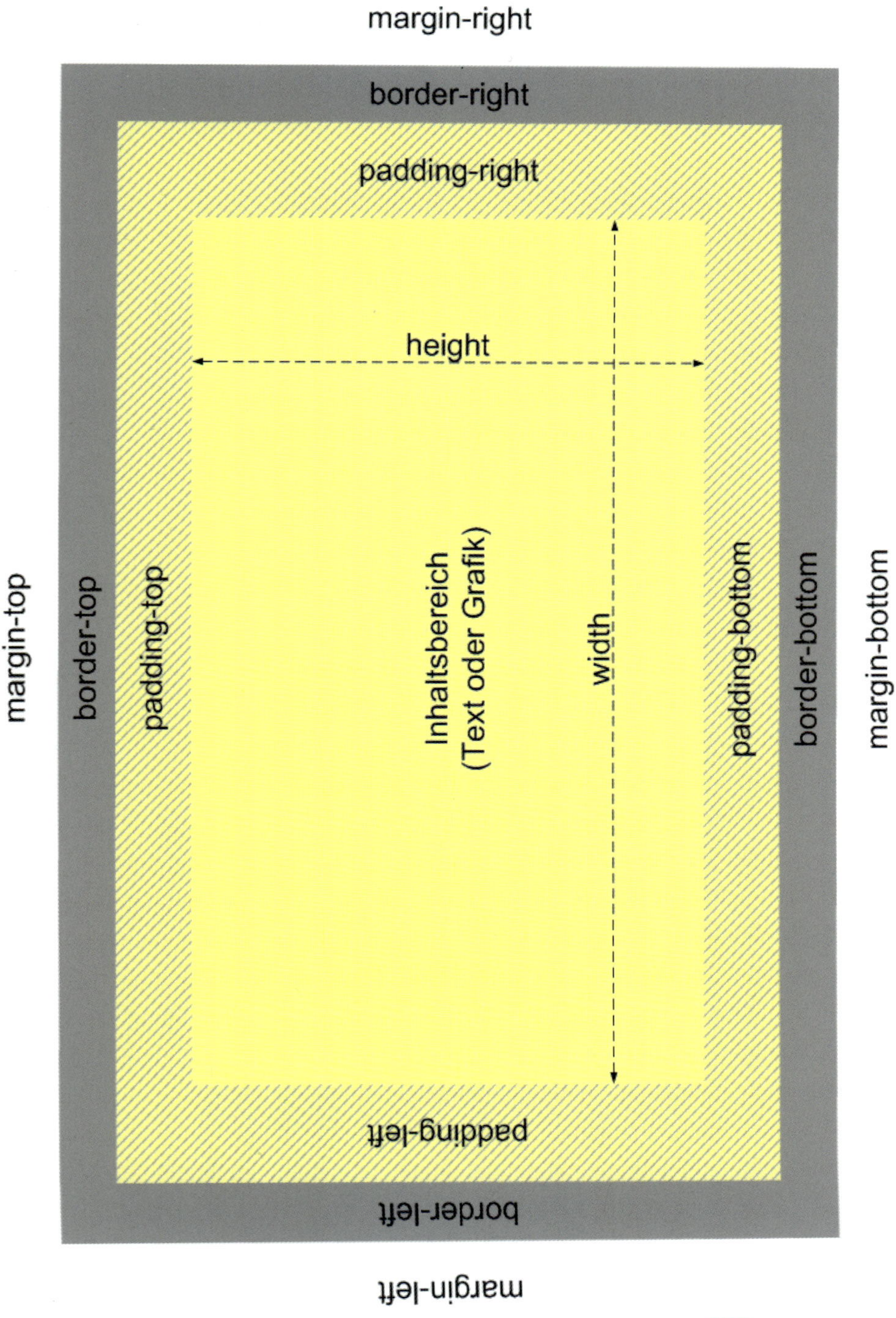

Markt+Technik

Little Boxes, Teil 1 – Die wichtigsten HTML-Elemente und -Attribute

HTML-Grundgerüst und Elemente im head		Seite
`DOCTYPE`	Verwendete HTML-Version	48
`html`	Enthält *head* und *body*	49
`head`	Vorspann der Webseite	50
`meta`	Zeichensatz und andere Meta-Infos	50
`title`	Titel der Webseite	51
`link`	Verknüpfung zu externem Stylesheet	100
`style`	Style-Block im *head* der Webseite	114
`body`	Sichtbarer Inhalt der Webseite	52

Elemente zur Strukturierung von Inhalten		Seite
`div`	*division*. Neutrales Block-Element	58
`h1-6`	*heading*. Überschriften	61
`p`	*paragraph*. Normaler Fließtextabsatz	62
`ul`	*unordered list*. Aufzählung	67
`ol`	*ordered list*. Nummerierung	69
`li`	Listenelement in *ul* oder *ol*	67
`dl`	*definition list*. Definitionsliste	71
`dt`	Zu definierender Begriff	71
`dd`	Definition des Begriffs aus *dt*	71
`hr`	*horizontal rule*. Waagerechte Linie	274
`address`	Kontaktadresse für die Webseite	82
`blockquote`	Zitat in eigenem Absatz	83
`cite`	Quelle eines Zitates	83

Inline-Elemente im Fließtext		Seite
`strong`	Stark hervorheben (fett)	63
`em`	*emphasis*. Hervorheben (kursiv)	63
`span`	Neutrales Inline-Element	82
`br`	Zeilenumbruch	81
`a href=""`	Hyperlink	76
`img`	Wegbeschreibung zu Grafiken	78

HTML-Tabellen		Seite
`table`	Tabelle	211
`thead`	Kopfbereich einer Tabelle	212
`tfoot`	Fußbereich einer Tabelle	212
`tbody`	Inhaltsbereich einer Tabelle	212
`tr`	*table row*. Tabellenzeile	211
`th`	*table heading*. Überschriftzelle	212
`td`	*table data*. Normale Zelle	211

HTML-Formulare		Seite
`form`	Formular	189
`label`	Beschriftung für Formularfeld	190
`input`	Formularfeld. Diverse Typen	189
`textarea`	Mehrzeiliges Formularfeld	190

Allgemeine Attribute		Seite
`id`	Einmaliger Name für Element	126
`class`	Gruppenname für Element	126
`style`	CSS nur für dieses Element	114
`title`	Titel für Element (Quickinfo)	51

Diese vier Attribute gelten für fast alle Elementen im body.

Tipp

Details über zusammenfallende Abstände

Weitere Informationen über zusammenfallende Abstände alias *collapsing margins* erfahren Sie bei The Styleworks auf der folgenden Seite:

- *http://thestyleworks.de/ref/margin.shtml#collaps*

Wenig intuitiv: die Gesamtbreite einer Box berechnen

Auf den ersten Blick ungewöhnlich ist die Berechnung der Gesamtbreite einer Box. `width` heißt zwar »Breite«, damit ist aber wie erwähnt nicht die Gesamtbreite der Box gemeint, sondern die Breite des *Inhaltsbereichs*.

Zur Erklärung ein Beispiel, dem folgende CSS-Regel zugrunde liegt:

Listing 7.1: CSS-Beispiel zur Berechnung der Gesamtbreite einer Box

```
div {
   width: 720px;
   padding: 20px;
   border: 0;
   margin: 10px;
}
```

Die Gesamtbreite der Box setzt sich aus `width`, `padding`, `border` und `margin` zusammen:

Tabelle 7.2: Berechnung der Gesamtbreite einer Box

Berechnung	Beispiel
`width`	720px
`+ padding-right`	+ 20px
`+ padding-left`	+ 20px
`+ border-right-width`	+ 0
`+ border-left-width`	+ 0
`+ margin-right`	+ 10px
`+ margin-left`	+ 10px
`===============`	`===============`
`Gesamtbreite der Box`	820px

Man muss manchmal wirklich rechnen, bis alles passt.

Für die Höhe gilt übrigens dasselbe: Die Gesamthöhe eines Elements setzt sich zusammen aus `height` plus `padding-top` plus `padding-bottom` plus `border-top-width` plus `border-bottom-width` plus `margin-top` plus `margin-bottom`.

Tipp

Auch der Internet Explorer hat Probleme mit der Breite von Boxen

Falls Sie die Berechnung der Gesamtbreite verwirrend finden, trösten Sie sich: Viele Browser hatten anfänglich auch ihre Probleme damit. Besonders der Internet Explorer ist in der Version 5.x oder im Quirks-Modus bekannt für die falsche Berechnung des Box-Modells. Mehr dazu im Kapitel über »Patches«.

7.3 Kalibrierung: Abstände auf null setzen

Alle Browser haben ein eingebautes Stylesheet, und eine ziemlich nervige Sache beim Lernen von CSS ist, dass die Browser für `padding` und `margin` zum Teil sehr unterschiedliche Standardvorgaben haben.

Die Abstände der eingebauten Browser-Stylesheets annullieren

Um nicht jedes Mal wieder auf Fehlersuche gehen zu müssen, greifen viele Webdesigner zu einer Maßnahme, die auf den ersten Blick radikal erscheinen mag, die sich aber bewährt hat:

- `padding` und `margin` werden für alle HTML-Elemente auf 0 (Null) gesetzt.

Betrachten Sie es als Kalibrierung, denn durch diese Maßnahme werden die unterschiedlichen Werte der eingebauten Browser-Stylesheets außer Kraft gesetzt und eine einheitliche Ausgangssituation geschaffen.

ToDo: Abstände für alle Elemente auf 0 (null) setzen

1. Ergänzen Sie die folgende CSS-Regel *am Anfang des Stylesheets, nach* dem `/* Kommentar */` und *vor* der Regel für `body`:

```
* { padding: 0; margin: 0; }
```

2. Speichern Sie das Stylesheet, betrachten Sie die Webseiten im Browser und erschrecken Sie nicht.

Das Sternchen als Selektor bedeutet »alles«. Erschrecken Sie nicht, wenn Sie die Seite nach dieser Änderung im Browser betrachten, es wird alles wieder gut:

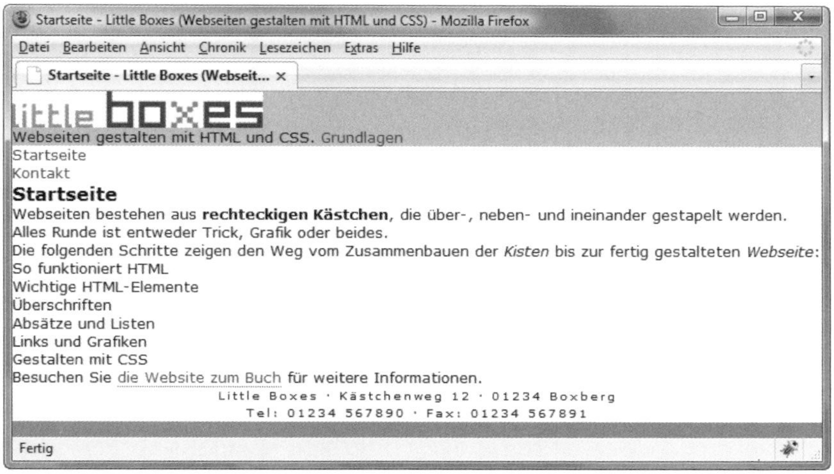

Abbildung 7.3: Radikale Kalibrierung

Überschriften, Absätze, Listen und sogar die verschachtelte Liste – alle Elemente sitzen ohne Abstand dicht aufeinander.

Tipp

Noch mehr Kalibrierung: die Bildlaufleiste im Firefox

Der Firefox blendet die Bildlaufleiste am rechten Fensterrand nur bei Bedarf ein, wodurch vom Übergang von einer Seite mit Scrollbar zu einer Seite ohne (und umgekehrt) das Layout »springt«.

Wenn Sie das stört, können Sie den Firefox mit folgender CSS-Regel zwingen, die Scrollbar immer einzublenden:

```
html { /* erzwingt Scrollbar im Firefox */
  height: 100%;
  margin-bottom: 1px;
}
```

Die Abstände für die wichtigsten Elemente neu definieren

Die Abstände für Absätze und ungeordnete Listen werden in der folgenden Regel wieder auf akzeptable Werte gesetzt.

ToDo: Abstände für Absätze und Listen restaurieren

1. Definieren Sie am Ende des Stylesheets die folgenden CSS-Regeln:

```
/* Abstand nach unten */
h2, p, ul, ol { margin-bottom: 1em; }

/* Verschachtelte Listen ohne Abstand */
ul ul { margin-bottom: 0; }

/* Abstand von links */
li { margin-left: 1em; }
```

2. Speichern Sie das Stylesheet und betrachten Sie die Webseiten im Browser.

Mit diesen Regeln definieren Sie für alle `h2`-Überschriften, Absätze und Listen einen Außenabstand nach unten von `1em`. Alle `li`-Elemente bekommen einen Abstand nach links von ebenfalls `1em`, damit sie etwas eingerückt werden und das Aufzählungszeichen wieder sichtbar wird.

Erwähnenswert ist noch der Selektor `ul ul`, der eine Liste in einer Liste auswählt und den direkt vorher definierten `margin-bottom` für `ul` für die inneren Listen wieder entfernt, damit auf der Startseite unterhalb der verschachtelten Liste keine Lücke entsteht.

Abbildung 7.4: Absätze und Listen mit restauriertem margin

Noch mehr Abstände zum Restaurieren

Tipp

Falls Sie auf Ihren Webseiten weitere Elemente wie `ol` oder `blockquote` verwenden, denken Sie daran, auch für diese die Abstände zu restaurieren.

7.4 Webseite zentrieren mit width und margin

In diesem Schritt definieren Sie mit der Eigenschaft `width` zunächst eine feste Breite für den Bereich `#wrapper` und zentrieren diesen dann im Browserfenster.

Die Breite eines Elements: width

Das folgende ToDo begrenzt die Breite des Wrappers auf 720px.

ToDo: Eine feste Breite für #wrapper definieren

1. Ergänzen Sie das Stylesheet um die fett gedruckte Zeile:

```
div#wrapper {
  color: black;
  background-color: white;
  width: 720px; /* Breite des Inhaltsbereichs */
}
```

2. Speichern Sie das Stylesheet und betrachten Sie die Webseiten im Browser.

Die Breite von 720 Pixel ist so gewählt, dass die Seite auch bei einer Bildschirmauflösung von 800 x 600 Pixel noch akzeptabel aussieht. Da auf den Beispielseiten nicht so viel Inhalt ist, reicht das völlig aus. Falls Ihnen die Seiten mit 720px zu schmal sind: 760px, oder für mehrspaltige Layouts auch 960px, sind im wahrsten Sinne des Wortes weit *verbreitet*.

Mit einer festen Breite nehmen Sie der Webseite zwar ein Stück ihrer natürlichen Flexibilität, weil die Seite sich dem Browserfenster nicht mehr anpasst, aber feste Layouts mit Pixelangaben sind zum Lernen gut geeignet.

Tipp

Flexible Breiten

Wenn Sie Lust auf Experimente haben, ersetzen Sie `720px` einfach durch eine Prozentangabe wie `70%`. In dem Fall hat `#wrapper` immer eine Breite von `70%` des umgebenden Elements, und das ist `body`.

Die Seite zentrieren mit margin: auto

Da es leider keinen Befehl wie »Zentriere das Element auf der Seite« gibt, benutzen Sie einen kleinen Trick: Wenn die Außenabstände (`margin`) für links und rechts auf *automatisch* gesetzt werden, sind sie immer gleich groß und das Element erscheint zentriert.

Gleichzeitig geben Sie `div#wrapper` einen oberen und unteren Außenrand von 10 Pixel, damit der Bereich nicht ganz oben am Rand des Browserfensters klebt.

ToDo: #wrapper auf der Webseite zentrieren

1. Ergänzen Sie den Style für `div#wrapper` durch die fett gedruckten Zeilen:

```
div#wrapper {
  color: black;
  background-color: white;
  width: 720px;
  margin-top: 10px;
  margin-right: auto; /* Abstand rechts */
  margin-bottom: 10px;
  margin-left: auto; /* Abstand links */
}
```

2. Speichern Sie das Stylesheet und betrachten Sie die Webseiten im Browser.

Nach diesem Schritt sieht die Startseite in etwa folgendermaßen aus.

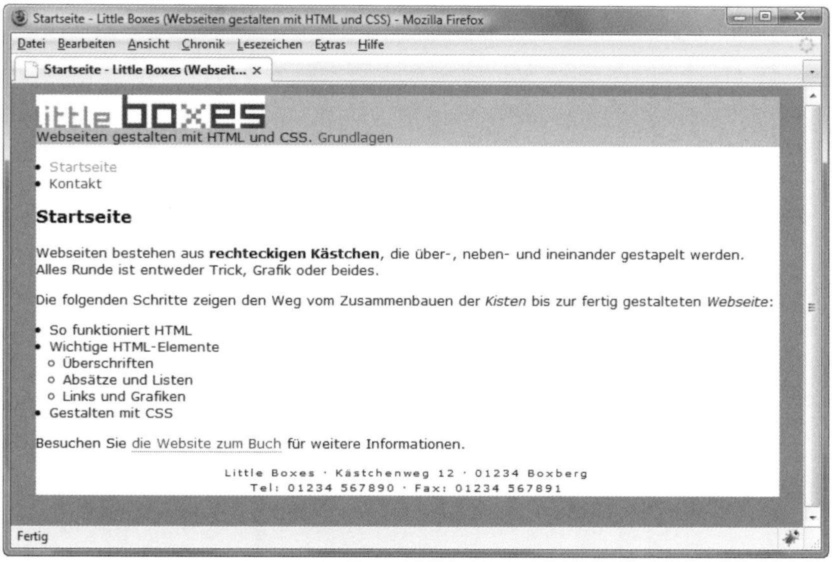

Abbildung 7.5: Zentriert und oben ein margin von 10px

`margin` liegt wie gesagt außerhalb der Box und übernimmt die Farbe des umgebenden Elements, sodass in diesem Fall rechts und links von `div#wrapper` die Hintergrundfarbe von `body` sichtbar wird.

7.5 Rahmenlinien erstellen: border

Mit *border* können Sie Rahmenlinien definieren. Im folgenden ToDo geben Sie dem Fußbereich auf den Beispielseiten eine obere Rahmenlinie und gestalten die Abstände darunter (`padding-top`) und darüber (`margin-top`).

ToDo: Eine obere Rahmenlinie für #fussbereich erstellen

1. Erstellen Sie zwischen den Styles für den Kopfbereich und das Logo folgenden Style:

```
div#fussbereich {
  padding-top: 10px;  /* unterhalb Rahmenlinie */
  border-top: 1px solid #8c8c8c; /* Linie oben */
  margin-top: 20px; /* oberhalb Linie */
}
```

2. Speichern Sie das Stylesheet und betrachten Sie die Webseiten im Browser.

Die drei Deklarationen beschreiben die Abstände wie folgt:

- `padding-top` ist der Abstand zwischen dem Text von `address` und der Rahmenlinie darüber.
- `border-top` erzeugt eine Rahmenlinie oben: 1 Pixel dick, durchgezogen (`solid`) und farbig.
- `margin-top` regelt den Abstand zwischen der Linie und dem Element darüber.

7.6 Ein bisschen Abstand drum herum: padding

Ein Problem beim Gestalten mit CSS ist, dass man manchmal nicht genau weiß, welcher Box man welche Eigenschaft zuweisen muss, um einen gewünschten Effekt zu erreichen.

Um zwischen Text und dem Rand von `div#wrapper` ein kleines Polster zu erzeugen, läge es nahe, `div#wrapper` ein `padding` von zum Beispiel 20 Pixel zu geben.

Diese Maßnahme hat allerdings nicht wirklich den gewünschten Effekt, denn dadurch bekommt auch der Kopfbereich einen weißen Abstand drum herum:

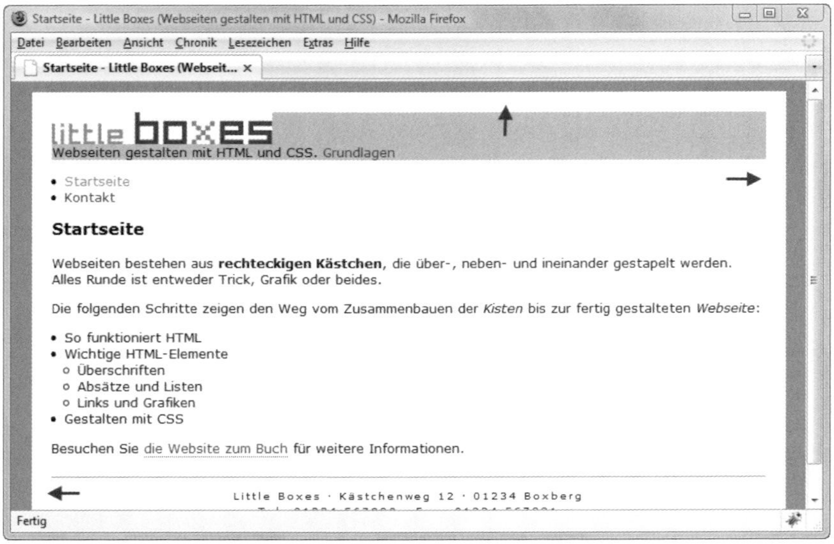

Abbildung 7.6: #wrapper mit 20px padding – nicht wirklich gelungen

Eine bessere Lösung ist in diesem Fall, für die div-Bereiche jeweils ein individuelles padding zu definieren.

ToDo: Einen Innenabstand für die div-Bereiche definieren

1. Ergänzen Sie das Stylesheet um die fett gedruckten Zeilen:

```
div#kopfbereich {
  color: black;
  background-color: #f3c600;
  padding-top: 10px;
  padding-right: 20px;
  padding-bottom: 0;
  padding-left: 20px;
}
div#navibereich {
  padding-top: 5px ;
  padding-right: 20px;
  padding-bottom: 5px;
  padding-left: 20px;
}
div#textbereich {
  padding-top: 20px ;
  padding-right: 10px;
  padding-bottom: 20px;
  padding-left: 20px;
}
div#fussbereich {
  padding-top: 10px;
  padding-right: 20px;
  padding-bottom: 20px;
  padding-left: 20px;
  border-top: 1px solid #8c8c8c;
  margin-top: 0;
}
```

2. Speichern Sie das Stylesheet und betrachten Sie die Webseiten im Browser.

Alle drei Bereiche haben ein leicht unterschiedliches padding bekommen, und insgesamt sieht das Ergebnis schon ganz brauchbar aus.

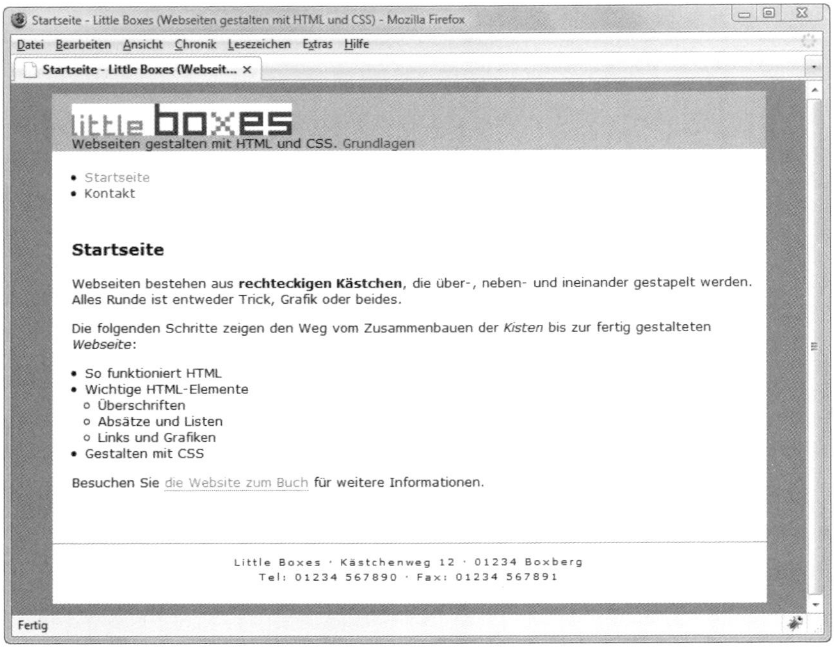

Abbildung 7.7: Startseite mit padding für die div-Bereiche

Tipp

Kurzschreibweise für padding und margin

Bei der Definition des `padding` für die `div`-Bereiche haben Sie alle vier Seiten einzeln geschrieben. Das ist zwar sehr anschaulich, aber auf Dauer sehr viel Getippe. Im Kapitel über »Ordnung halten im CSS« lernen Sie ab Seite 167 diverse Kurzschreibweisen für `padding` und `margin` kennen.

7.7 Das Box-Modell und die farbliche Gestaltung

Bei der farblichen Gestaltung der Flächen auf einer Webseite ist das Box-Modell besonders wichtig, deshalb hier eine explizite Zusammenfassung:

Tabelle 7.3: Die farbliche Gestaltung und das Box-Modell

Eigenschaft	Verhalten bei
background-color	Definiert die Hintergrundfarbe für den Inhaltsbereich der Box.
padding	Die Polsterung *in* der Kiste übernimmt die *Farbe* von background-color.

Tabelle 7.3: Die farbliche Gestaltung und das Box-Modell (Forts.)

Eigenschaft	Verhalten bei
border	Die Begrenzung der Kiste hat eine *eigene Farbe*, Linienart und Breite.
margin	Der Abstand *außerhalb* der Kiste übernimmt die *Farbe der umgebenden Box* (Eltern-Element).

Die Hintergrundfarbe des Inhaltsbereichs geht übrigens bis *unter* die Rahmenlinie. Wenn die Rahmenlinie also wie bei den Linienarten `dashed`, `dotted`, `double` Lücken aufweist, sollte darin die Hintergrundfarbe des Elements durchscheinen.

Klingt alles gut, aber ein Bild sagt mehr als tausend Worte. Im folgenden Beispiel wird das transparente GIF-Logo im Kopfbereich mit einem hellgrauen Rahmen umgeben, und zwar nur mit Eigenschaften aus dem Box-Modell:

ToDo: Die Grafik im Kopfbereich farblich gestalten

1. Ergänzen Sie die Regel von `img#logo` wie folgt:

```
img#logo {
  background-color: white;
  padding: 10px;
  border: 10px solid #d9d9d9;
}
```

2. Speichern Sie das Stylesheet und betrachten Sie die Webseiten im Browser.

So sieht die Logo-Grafik jetzt aus:

Abbildung 7.8: Logo-Grafik mit weißem Hintergrund und grauem Rahmen

7.8 Hintergrundgrafiken per CSS

Grafiken mit Informationsgehalt wie z. B. das Logo im Kopfbereich werden mit dem Element `img` in den HTML-Quelltext eingebunden. Ziergrafiken hingegen werden im CSS als Hintergrundgrafiken eingebaut.

Hintergrundgrafik einbinden: background-image

Wenn Sie zum Beispiel dem Kopfbereich einen Farbverlauf geben wollen, erreichen Sie das mithilfe einer Hintergrundgrafik. Zur Erstellung der Grafik sind mehrere Wege möglich:

Wenn Sie mit einem Bildbearbeitungsprogramm vertraut sind, können Sie Ihre eigene Hintergrundgrafik erstellen. Falls nicht, ist die Erstellung einer Grafik mit Farbverlauf (engl.: *gradient*) wahrscheinlich am einfachsten online per Browser mit dem *Gradient Image Maker*:

- *http://tools.dynamicdrive.com/gradient/*

Mit den genauen Werten können Sie ruhig etwas experimentieren. Die Beispielgrafik ist genauso breit wie `#wrapper` (720px), 5px hoch, und der Farbverlauf geht von der aktuellen Hintergrundfarbe `#f3c600` bis zu einem helleren Gelbton mit dem Wert `#ffe574`:

Abbildung 7.9: Lang und dünn – Hintergrundgrafik mit Farbverlauf

Sie finden die fertige Hintergrundgrafik auch auf der Buch-CD.

ToDo: Fügen Sie eine Hintergrundgrafik für den Kopfbereich ein

1. Ergänzen Sie das Stylesheet um die fett gedruckte Zeile:

```
#kopfbereich {
  color: black;
  background-color: #f3c600;
  background-image: url(farbverlauf.jpg);
  padding-top: 10px;
  padding-right: 20px;
  padding-bottom: 0;
  padding-left: 20px;
}
```

2. Speichern Sie das Stylesheet und betrachten Sie die Webseiten im Browser.

Die Hintergrundgrafik legt sich über die Hintergrundfarbe, sodass diese nur sichtbar wird, wenn die Grafik aus irgendeinem Grund nicht (oder nicht mehr) angezeigt wird.

Tipp

Die Wegbeschreibung zur Hintergrundgrafik

Die Pfadangabe zur Grafikdatei bezieht sich immer auf den *Speicherort der CSS-Datei*. Pro HTML-Element können Sie nur eine Hintergrundgrafik einbinden.

Hintergrundgrafiken kacheln: background-repeat

Wie im HTML wird eine Hintergrundgrafik horizontal und vertikal so lange gekachelt, bis der zur Verfügung stehende Raum aufgebraucht ist. Im CSS gibt es allerdings viel mehr Möglichkeiten.

Sie können die Grafik z. B. nur in eine Richtung kacheln, wobei es drei Variationen gibt:

- Eine vertikale Kachelung entlang der y-Achse (untereinander) erzielen Sie mit `background-repeat: repeat-y`.
- Eine horizontale Wiederholung entlang der x-Achse (nebeneinander) geben Sie mit `background-repeat: repeat-x` an.
- Wenn eine Hintergrundgrafik gar nicht gekachelt werden soll, benutzen Sie den Wert `background-repeat: no-repeat`.

Die Beispielseiten haben eine feste Breite von 720px, und deshalb ist die Angabe von `background-repeat` nicht nötig.

Bei einem flexiblen Design hingegen wissen Sie nicht im Voraus, wie breit die Webseite sein wird, und die `720px` breite Grafik würde ab dem 721. Pixel wieder von vorne beginnen, was meistens eher nicht so toll aussieht.

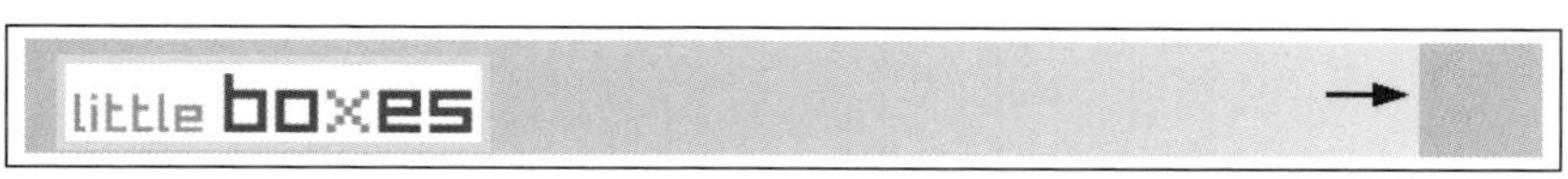

Abbildung 7.10: Die Hintergrundgrafik beginnt rechts wieder von vorne

Um dieses Problem zu lösen, gibt es zwei verschiedene Ansätze:

- Sie machen die Grafik breiter. Das grundlegende Problem bleibt dabei allerdings erhalten, denn Sie wissen nie wirklich, wie breit die Grafik sein muss, weshalb viele Webdesigner über `2000px` breite Hintergrundgrafiken benutzen.

- Sie kacheln die Grafik nur vertikal (mit `repeat-y`) und ändern die Hintergrundfarbe in die hellste Farbe des Farbverlaufs, sodass der Farbverlauf nach der Grafik nahtlos in eine konstante Hintergrundfarbe übergeht.

Mit der zweiten Möglichkeit sieht der Kopfbereich so aus:

Abbildung 7.11: Nahtloser Übergang in eine konstante Hintergrundfarbe

Dieser Effekt wird mit folgendem CSS erreicht (wobei ich `padding` und andere Eigenschaften der Übersichtlichkeit halber weggelassen habe):

Listing 7.2: Hintergrundgrafik nur untereinanderkacheln

```
#kopfbereich {
  background-color: #ffe574;
  background-image: url(farbverlauf.jpg);
  background-repeat: repeat-y; /* nur vertikal (untereinander) */
}
```

Hintergrundgrafik positionieren: background-position

Hintergrundgrafiken können auch innerhalb des Elements positioniert werden. Im folgenden Beispiel beginnt sie links oben:

Listing 7.3: Hintergrundgrafik im Element positionieren

```
#kopfbereich {
  background-color: #ffe574;
  background-image: url(farbverlauf.jpg);
  background-repeat: repeat-y; /* nur vertikal (untereinander) */
  background-position: top left;
}
```

Die Position der Hintergrundgrafik kann mit den Worten `left`, `right`, `top`, `bottom` oder `center` bestimmt werden. Wenn zwei Werte verwendet werden, steht der erste für die horizontale und der zweite für die vertikale Position.

Zentrieren können Sie eine Grafik einfach mit dem Wert `center`:

- `background-position: center;`

Tipp

Details zu background-position

Weitere Informationen und Beispiele zur Anwendung von `background-position` finden Sie zum Beispiel bei CSS4You:

- *http://css4you.de/background-position.html*

Hintergrundgrafik fixieren: background-attachment

Normalerweise scrollt eine Hintergrundgrafik mit der Seite mit, aber Sie können die Grafik auch fest positionieren:

Listing 7.4: Hintergrundgrafik fest positionieren

```
#kopfbereich {
  background-color: #ffe574;
  background-image: url(farbverlauf.jpg);
  background-repeat: repeat-y; /* nur vertikal (untereinander) */
  background-position: top left;
  background-attachment: fixed;
}
```

Wenn die Hintergrundgrafik fixiert ist, rollt der Inhalt beim Scrollen über die Hintergrundgrafik hinweg, was zum Teil wirklich verblüffende Effekte ergibt.

Tipp

Mozart und der fixierte Hintergrund

Ein wunderschönes Beispiel dafür ist die Mozart-Variante des Zen Garden:

- *http://csszengarden.com/?cssfile=189/189.css*

Achten Sie beim Scrollen auf die Noten im Hintergrund.

Die Kurzschreibweise: background

Es gibt zur Definition der Hintergrundformatierung mit der Eigenschaft *background* auch eine Kurzschreibweise. Für die Beispielseiten würde das etwa so aussehen:

Listing 7.5: Die Kurzschreibweise für background

```
#kopfbereich {
  background: #ffe574 url(farbverlauf.jpg) repeat-y left top;
}
```

Mit dieser Schreibweise legen Sie alle Formatierungen für den Hintergrund in einer einzigen Zeile fest: zuerst die Farbe, dann die Grafik und deren Wiederholung und Positionierung.

7.9 Das Stylesheet im Überblick

Am Ende dieses Kapitels wird das Stylesheet langsam, aber sicher etwas unübersichtlich. Hier der aktuelle Stand der Dinge:

Listing 7.6: Alle bisher benutzten Styles im Überblick

```
/* Stylesheet für Übungsseiten "Little Boxes, Teil 1" */
* { padding: 0; margin: 0; }
html { height: 100%; margin-bottom: 1px; }
body {
  background-color: #8c8c8c;
  color: white;
  font-family: Verdana, Arial, Helvetica, sans-serif;
   font-size: small;
}
div#wrapper {
  background-color: white;
  color: black;
  width: 720px; /* feste Breite */
  margin-top: 10px;
  margin-right: auto; /* Abstand rechts */
  margin-bottom: 10px;
  margin-left: auto; /* Abstand links */
}
div#kopfbereich {
  background: #ffe574 url(farbverlauf.jpg) repeat-y top left;
  color: black;
  padding-top: 10px;
  padding-right: 20px;
  padding-bottom: 0;
  padding-left: 20px;
}
div#navibereich {
  padding-top: 5px ;
  padding-right: 20px;
  padding-bottom: 5px;
  padding-left: 20px;
}
div#textbereich {
  padding-top: 20px ;
  padding-right: 10px;
  padding-bottom: 20px;
  padding-left: 20px;
}
div#fussbereich {
  padding-top: 10px;
  padding-right: 20px;
  padding-bottom: 20px;
  padding-left: 20px;
  border-top: 1px solid #8c8c8c;
  margin-top: 0;
}
```

```
img#logo {
  background-color: white;
  color: black;
  padding: 10px;
  border: 10px solid #d9d9d9;
}

h1 { font-size: 150%; }
h2 { font-size: 130%; }
address {
  text-align: center;
  font-size: 80%;
  font-style: normal;
   letter-spacing: 2px;
   line-height: 1.5;
}
a {
   text-decoration: none;
   /* outline: none; */
}
a:link { color: #d90000; }
a:visited { color: #cc6666; }
a:hover, a:focus {
  border-bottom: 1px solid #d90000;
}
a:active {
  background-color: #d90000;
  color: white;
}
#textbereich a {
   border-bottom: 1px dotted #cc0000;
}
#textbereich a:hover,
#textbereich a:focus {
   border-bottom: 1px solid #d90000;
}

/* Abstand nach unten */
h2, p, ul, ol { margin-bottom: 1em ; }

/* Verschachtelte Listen ohne Abstand */
ul ul { margin-bottom: 0; }

/* Abstand von links */
li { margin-left: 1em; }
```

7.10 Auf einen Blick

Hier noch einmal die wichtigsten Punkte dieses Kapitels im Überblick:

- Das Box-Modell ist das Schema, nach dem alle Kästchen auf der Webseite aufgebaut sind.
- Das Box-Modell dient zur Gestaltung von Abständen und Farbflächen.
- Jedes Kästchen besteht aus folgenden Eigenschaften:
  - Inhaltsbereich mit `width` und `height`
  - Innenabstand (`padding`)
  - Rahmen (`border`)
  - Außenabstand (`margin`)
- Vertikale Außenabstände werden zusammengefasst (*collapsing margins*).
- Die Gesamtbreite einer Box ist `width` plus `padding` plus `border` plus `margin`.
- Um Probleme mit unterschiedlichen Browsereinstellungen zu vermeiden, sollte man die Abstände kalibrieren und `padding` sowie `margin` für alle Elemente auf null setzen.
- Die horizontale Zentrierung eines Bereichs erreichen Sie mit `margin: auto`.
- Ziergrafiken werden mit der Eigenschaft `background-image` als Hintergrundgrafik im CSS eingebunden.

Kapitel 8

Ordnung halten im Stylesheet

Worin Sie einige Anregungen zur Organisation Ihrer Styles bekommen, Kurzschreibweisen für padding und margin kennenlernen und am Ende das aufgeräumte CSS validieren.

Die Themen im Überblick:

Das Stylesheet wird langsam, aber sicher immer länger und unübersichtlicher, und in diesem Kapitel möchte ich Ihnen ein paar Beispiele zur Organisation eines Stylesheets und zum effektiveren Schreiben von CSS-Regeln geben.

Wie ausführlich Sie die Vorschläge aus diesem Kapitel umsetzen, hängt unter anderem von Ihrem persönlichen Ordnungsbedürfnis ab. Wichtig ist, dass *Sie* den *Überblick* behalten, und ich hoffe, Ihnen dafür ein paar brauchbare Anregungen geben zu können.

8.1 Der Kommentar am Anfang

Am Dateinamen eines Stylesheets kann man nicht immer erkennen, zu welcher Site es gehört und welchen Zweck es erfüllt. Darum empfiehlt es sich, am Anfang jeder CSS-Datei die wichtigsten Informationen in einem Kommentar festzuhalten.

Wie ausführlich dieser Kommentar ausfällt, ist abhängig von Ihren persönlichen Vorlieben, Ihrem Ordnungsbedürfnis und der Komplexität des Projekts. Im Folgenden zwei Beispiele zur Anregung.

Zunächst eine Minimalvariante:

Listing 8.1: CSS-Kommentar am Anfang – Minimalvariante

```
/* Stylesheet für Übungsseiten Little Boxes, Teil 1, April 2009 */
```

Wenn Sie dieses Stylesheet in ein paar Wochen oder Monaten wieder öffnen, wissen Sie wenigstens noch, wann und wofür es geschrieben wurde.

Die folgende Variante erledigt im Grunde genommen dieselbe Aufgabe, ist aber etwas ausführlicher:

Listing 8.2: CSS-Kommentar am Anfang – ausführliche Variante

```
/* ========================================================
Stylesheet für Übungsseiten "Little Boxes, Teil 1"
Stand: Ende Kap. 08 - nach der Sortierung
Datei: bildschirm.css
Datum: 20. April 2009
Autor: Peter Müller

Aufbau: 1. Kalibrierung und Restauration
        2. Allgemeine Styles
        3. Styles für Layoutbereiche
        4. Sonstige Styles
========================================================== */
```

Je nach Lust und Laune können Sie zum Beispiel auch noch das verwendete *Farbschema* oder eine Liste der im CSS eingebundenen *Grafikdateien* dokumentieren.

8.2 Das Stylesheet in Abschnitte unterteilen

Stylesheets sind nicht selten mehrere hundert Zeilen lang. Deshalb sollten Sie von Beginn an versuchen, das CSS so übersichtlich wie möglich zu schreiben. Dazu bietet es sich an, das Stylesheet mit mehrzeiligen Kommentaren in verschiedene Abschnitte zu unterteilen.

Im folgenden Beispiel habe ich das bisherige Stylesheet, wie im Anfangskommentar oben angedeutet, in vier Teile untergliedert:

```
/* ========================================
   1. Kalibrierung und Restauration
   ======================================== */


/* ========================================
   2. Allgemeine Styles
   ======================================== */

/* ========================================
   3. Styles für die Layoutbereiche
   ======================================== */

/* ========================================
   4. Sonstige Styles
   ======================================== */
```

Listing 8.3: Das Stylesheet in Abschnitte unterteilen

Statt des Gleichheitszeichens können Sie innerhalb der Kommentare auch eine Raute (#) oder ein beliebiges anderes Zeichen nutzen. Wichtig ist nur, dass die gesamte Konstruktion jeweils mit /* beginnt und mit */ endet.

Teil 1 – Kalibrierung und Restauration

Dieser oft eher kurze Abschnitt enthält die Regeln zur Kalibrierung und zur Restaurierung der wichtigsten Abstände.

Teil 2 – Allgemeine Styles

Im zweiten Abschnitt legen Sie die allgemeinen, für die ganze Seite geltenden Einstellungen fest. Die meisten Selektoren in diesem Teil gelten für die gesamte `body`-Kiste, wobei sich folgende Reihenfolge anbietet:

1. die Elemente `html` und `body`
2. *Block-Elemente* wie Überschriften, Absätze, Listen, Zitate etc.
3. *Inline-Elemente*: Hyperlinks, Bilder und Elemente wie `strong` und `em`
4. allgemeine *Klassen* und *ID*s wie `.infobox` oder `img#logo`

Im Zweifelsfall ordnen Sie die Selektoren einfach nach dem Punktesystem für Selektoren in umgekehrter Spezifität: Styles mit einem Punkt zuerst, IDs zuletzt.

Teil 3 – Styles für die Layoutbereiche

Im dritten Abschnitt folgen Selektoren, die nur in einem bestimmten Bereich der Seite gelten. Die Reihenfolge entspricht dabei der des Auftretens im HTML-Quelltext, von oben nach unten.

Verschachtelte Selektoren, die nur für einen bestimmten Bereich gelten, können Sie dabei leicht einrücken, sodass leicht erkennbar wird, wo der folgende Bereich beginnt.

Im Beispiel-Stylesheet könnte das im Überblick so aussehen, wobei ich das `div` vor den IDs ab jetzt meist weglasse:

Listing 8.4: Verschachtelte Selektoren für Layoutbereiche leicht eingerückt

```
/* ======================================
   3. Styles für die Layoutbereiche
   ====================================== */
#wrapper { ... }
#kopfbereich { ... }
  #kopfbereich p span { ... }
#navibereich { ... }
#textbereich { ... }
#fussbereich { ... }
```

Teil 4 – Sonstige Styles

Teil 4 ist im Beispiel-Stylesheet momentan noch leer und fungiert als Platzhalter für alle Selektoren, die in den ersten beiden Abschnitten keinen Platz gefunden haben.

Zum großen Teil sind dies Styles, die *nur auf bestimmten Seiten* Anwendung finden, wie zum Beispiel das CSS zur Gestaltung eines Kontaktformulars, das Sie ab Seite 188 erstellen.

8.3 Verschiedene Schreibweisen für Styles

In diesem Abschnitt lesen Sie ein paar Gedanken zum übersichtlichen Aufbau von Styles.

Eine typische CSS-Regel

Eine typische CSS-Regel sieht ungefähr so aus:

```
body {
  background-color: #8c8c8c;
  color: white;
  font-family: Verdana, Arial, Helvetica, sans-serif;
  font-size: small;
}
```

Listing 8.5: Ein typischer Style

Der Aufbau dieses Styles ist recht übersichtlich und folgt einigen bisher unausgesprochenen Konventionen:

- In der ersten Zeile steht nur der Selektor und die öffnende geschweifte Klammer.
- Auf jeder Zeile steht – leicht eingerückt – nur *eine* Deklaration, und *jede* Deklaration endet mit einem Semikolon.
- Eigenschaft und Wert werden durch einen Doppelpunkt getrennt. Nach dem Doppelpunkt folgt eine Leerstelle. Sie ist zwar nicht zwingend erforderlich, entspricht aber unserer Rechtschreibung und erhöht die Lesbarkeit.
- Die schließende geschweifte Klammer steht auf einer eigenen Zeile, bündig mit dem ersten Buchstaben des Selektors.

Alles in einer Zeile

Ausnahmen bestätigen die Regel, und so liegt es bei Styles mit nur einer Deklaration nahe, alles in einer Zeile zu schreiben. Der Einzeiler spart Platz und ist übersichtlich:

```
h1 { font-size: 150%; }
```

Listing 8.6: Der Einzeiler

Manche Autoren schreiben auch Styles mit einer Deklaration konsequent nach dem mehrzeiligen Schema, andere hingegen setzen sogar mehrere Deklarationen in eine Zeile, weil es Platz spart. Das ist eine Frage des Stils und manchmal auch einfach nur abhängig von der Tagesform.

Verschachtelte und gruppierte Selektoren

Verschachtelte Selektoren wie `#textbereich a` stehen immer in einer Zeile. Bei mit Kommata gruppierten Selektoren hingegen empfiehlt es sich, pro Zeile nur eine Selektorengruppe zu notieren. Nach dem letzten Selektor folgt statt des Kommas die öffnende geschweifte Klammer:

Listing 8.7: Gruppierte Selektoren

```
#textbereich a:hover,
#textbereich a:focus {
  ...
}
```

8.4 Die Reihenfolge der Deklarationen im Style

In diesem Abschnitt möchte ich Ihnen zwei Möglichkeiten zeigen, die Deklarationen zwischen den geschweiften Klammern zu ordnen.

Probieren Sie aus, welche der beiden Methoden Ihnen besser gefällt. Oder denken Sie sich etwas völlig Neues aus, aber irgendwann sollten Sie sich entscheiden. Konsistenz ist in diesem Fall eine Tugend ...

Reihenfolge orientiert sich am Box-Modell

Schauen Sie sich folgende fiktive CSS-Regel an:

```
#kopfbereich {
  position: relative;
  font-size: 100%;
  letter-spacing: 2px;
  background-color: white;
  padding-top: 10px;
  border-top: 1px solid black;
  margin-top: 20px;
}
```

Die Reihenfolge der Deklarationen orientiert sich am Aufbau des Box-Modells:

- Positionsangaben wie `float` oder `position` und dazugehörige Deklarationen wie `top`, `right`, `bottom` und `left` bestimmen die Position der Box auf der Seite und stehen ganz am Anfang.
- Danach folgen die Eigenschaften für den Inhaltsbereich des Kästchens: `font-size`, `font-style`, `letter-spacing` und eventuell noch andere.

- Am Ende des Styles werden die Definitionen für das Kästchen selbst aufgelistet: `width`, `height`, `background`, `padding`, `border` und `margin`.

In der am Box-Modell orientierten Sortierung beschreiben die Deklarationen also zuerst die Positionierung auf der Seite und dann das Element selbst, *von innen nach außen*.

So verinnerlichen Sie beim Ordnen der Deklarationen ganz nebenbei den Aufbau des Box-Modells und können die Gestaltung des Elements schneller visualisieren.

Alphabetisch sortiert

Eine andere weit verbreitete Methode zur Notierung von Deklarationen ist die alphabetische Sortierung. Hier dieselbe CSS-Regel wie oben, aber alphabetisch sortiert:

```
#kopfbereich {
  background-color: white;
  border-top: 1px solid #003399;
  font-size: 100%;
  letter-spacing: 2px;
  margin-top: 20px;
  padding-top: 10px;
  position: relative;
}
```

Der Vorteil der alphabetischen Sortierung ist, dass sie immer eindeutig und leicht einzuhalten ist.

Nachteilig hingegen ist, dass verwandte Eigenschaften wie `background` und `padding` weit auseinandergerissen werden und wichtige Positionsangaben wie `float` oder `position` mitten zwischen den anderen Eigenschaften vergraben liegen.

8.5 Effektiv: Kurzschreibweisen für padding und margin

Im Folgenden noch ein paar Hinweise zur effektiveren Schreibweise von Deklarationen für `padding` und `margin`.

Alle vier Seiten gleich

Die beiden folgenden CSS-Regeln bewirken dasselbe:

Tabelle 8.1: Kurzschreibweise – alle vier Seiten haben den gleichen Wert

Ausführliche Schreibweise	Kurzschreibweise

`#kopfbereich {`
`padding-top: 20px;`
`padding-right: 20px;`
`padding-bottom: 20px;`
`padding-left: 20px;`
`}`
	`#kopfbereich {`
	`padding: 20px;`
	`}`

Die Reihenfolge entscheidet: nur eine Seite anders

Das folgende Beispiel gibt rundherum ein `padding` von `20px`, nur unten soll das Element keines haben. Dabei machen Sie sich die Tatsache zunutze, dass bei mehreren gleichwertigen Definitionen die jeweils zuletzt notierte gilt:

Tabelle 8.2: Kurzschreibweise – eine Seite hat einen anderen Wert

Ausführliche Schreibweise	Kurzschreibweise

`#kopfbereich {`
`padding-top: 20px;`
`padding-right: 20px;`
`padding-bottom: 0;`
`padding-left: 20px;`
`}`
	`#kopfbereich {`
	`padding: 20px;`
	`padding-bottom: 0;`
	`}`

Bei der Kurzschreibweise wird in der ersten Zeile ein `padding` von 20 Pixel definiert, und in der Zeile direkt darunter wird das `padding-bottom` auf 0 gesetzt. Bei sich widersprechenden Anweisungen gilt die zuletzt definierte.

Beachten Sie, dass der Kopfbereich im folgenden Beispiel ein `padding-bottom` von 20 Pixel haben wird, obwohl `padding-bottom` explizit auf 0 gesetzt wurde.

Der Grund liegt darin, dass `padding-bottom` aus Zeile 2 in Zeile 3 gleich wieder überschrieben wird:

Listing 8.8: Der Kopfbereich wird ein padding-bottom von 20px haben

```
#kopfbereich {
   padding-bottom: 0; /* wird in der folgenden Zeile überschrieben */
   padding: 20px;
}
```

Unterschiedliche Werte für alle vier Seiten

Im folgenden Beispiel deklarieren Sie für die vier Seiten eines Elements zum Teil unterschiedliche Werte:

Ausführliche Schreibweise	Kurzschreibweise

#kopfbereich {
   padding-top: 10px;
   padding-right: 20px;
   padding-bottom: 0;
   padding-left: 20px;
}
	#kopfbereich {
	   padding: 10px 20px 0 20px;
	}

Tabelle 8.3: Kurzschreibweise – unterschiedliche Werte für alle vier Seiten

Vorteil der ausführlichen Schreibweise ist, dass sie sehr leicht verständlich ist. Die Kurzschreibweise hingegen ist weniger Tipparbeit.

Die Reihenfolge der vier Angaben ist einfach zu merken, denn es geht immer *oben los* und dann *im Uhrzeigersinn* weiter:

- `top` (oben) – `right` (rechts) – `bottom` (unten) – `left` (links)

Paarweise: oben = unten und links = rechts

Noch kürzer können Sie eine Deklaration schreiben, wenn für rechts und links sowie oben und unten gleiche Werte stehen:

Ausführliche Schreibweise	Kurzschreibweise

#wrapper {
  margin-top: 10px;
  margin-right: auto;
  margin-bottom: 10px;
  margin-left: auto;
}
	#wrapper {
	  margin: 10px auto;
	}

Tabelle 8.4: Kurzschreibweise – oben/unten und rechts/links gleich

8.6 Das aufgeräumte Stylesheet im Überblick

So könnte das Stylesheet aus dem vorherigen Kapitel nach einer kleinen Aufräumaktion aussehen:

```
/* =================================================
Stylesheet für die Übungsseiten aus "Little Boxes, Teil 1"
Stand:  Aufgeräumtes Stylesheet (Ende Kap. 08)
Datei:  bildschirm.css
Datum:  2009-04-20
```

Listing 8.9: Das aufgeräumte Stylesheet

```
Autor:   Peter Müller
Aufbau: 1. Kalibrierung und Restauration
        2. Allgemeine Styles
        3. Styles für Layoutbereiche
        4. Sonstige Styles
================================================== */

/* ======================================
  1. Kalibrierung und Restauration
  ====================================== */
/* Reset - alle Abstände auf NULL */
*  { padding: 0; margin: 0; }
/* optional: erzwingt Scrollbar im Firefox */
html { height: 100%; margin-bottom: 1px; }
h2, p, ul, ol { margin-bottom: 1em; }
ul ul { margin-bottom: 0; }
li { margin-left: 1em ; }
/* hier ggfs. Abstände für weitere Elemente restaurieren */

/* ======================================
  2. Allgemeine Styles
  ====================================== */
body {
  background-color: #8c8c8c;
  color: white;
  font-family: Verdana, Arial, Helvetica, sans-serif;
  font-size: small;
}
h1 { font-size: 150%; }
h2 { font-size: 130%; }
address {
  text-align: center;
  font-size: 80%;
  font-style: normal;
  letter-spacing: 2px;
  line-height: 1.5;
}
a {
  text-decoration: none;
  /* outline: none; */ /* nur wenn es Sie wirklich stört */
}
a:link { color: #d90000; }
a:visited { color: #cc6666; }
a:hover,
a:focus {
  border-bottom: 1px solid #d90000;
}
a:active {
  color: white;
  background-color: #d90000;
}
/* Allgemeine Klassen und IDs */
```

```
img#logo {
  background-color: white;
  color: black;
  padding: 10px;
  border: 10px solid #d9d9d9;
}

/* ======================================
  3.  Styles für die Layoutbereiche
  ====================================== */
#wrapper {
  background-color: white;
  color: black;
  width: 720px;
  margin: 10px auto;
}
#kopfbereich {
  background: #ffe574 url(farbverlauf.jpg) repeat-y top left;
  color: black;
  padding: 10px 20px 0 20px;
}
  div#kopfbereich p span {
    color: #d90000;
  }
#navibereich {
  padding: 5px 20px 5px 20px;
}
#textbereich {
  padding: 20px 10px 20px 20px;
}
  #textbereich a {
  border-bottom: 1px dotted #cc0000;
}
  #textbereich a:hover,
  #textbereich a:focus {
    border-bottom: 1px solid #d90000;
  }
#fussbereich {
  padding: 10px 20px 20px 20px;
  border-top: 1px solid #8c8c8c;
  margin-top: 0;
}
/* ======================================
  4. Sonstige Styles
  ====================================== */



/* ======================================
  E N D E   D E S   S T Y L E S H E E T S
  ====================================== */
```

8.7 Der CSS-Validator

Nach einer solchen Aufräumaktion bietet sich eine gute Gelegenheit, das CSS einmal von einem echten Kenner überprüfen zu lassen. Am Ende des Kapitels über wichtige HTML-Elemente haben Sie bereits den Validator für HTML kennengelernt, und das W3C stellt auch für CSS einen Validator zur Verfügung:

- *http://jigsaw.w3.org/css-validator/*

Abbildung 8.1: Der CSS-Validator des W3C

Der Validator bietet drei gut zugängliche Möglichkeiten zur Überprüfung des CSS:

- per URI, wenn Ihr Stylesheet bereits im Web verfügbar ist. Wundern Sie sich nicht über das »I« am Ende. Gemeint ist das, was Sie als URL kennen.
- per File-Upload, wenn das Stylesheet auf Ihrer Festplatte gespeichert ist. Klicken Sie zum Suchen der Datei auf die Schaltfläche Durchsuchen.
- per Direkteingabe, wenn Sie die Styles per Copy and Paste einfügen möchten.

Wie alle Grammatikprüfer ist auch der CSS-Validator ziemlich penibel, und eine Eins plus mit Sternchen bekommen Sie nur selten.

Wenn der Validator aber wie in Abbildung 8.2 gratuliert und nur zwei Warnungen ausgibt, ist das Stylesheet frei von wirklich schlimmen Tipp- und Grammatikfehlern:

Abbildung 8.2: Der CSS-Validator in Aktion

Tipp

CSS validieren mit der Web Developer Toolbar

Falls Sie im Firefox die *Web Developer Toolbar* (siehe Seite 370) installiert haben, brauchen Sie nicht erst zum W3C zu surfen, um Ihr CSS zu validieren:

- Aktivieren Sie ggfs. die Web Developer Toolbar.
- Klappen Sie das Menü Extras heraus.
- Klicken Sie ganz unten auf Lokales CSS validieren.
- Dieser Befehl schickt den Quelltext direkt zum Validator.

8.8 Auf einen Blick

Hier noch einmal die wichtigsten Punkte dieses Kapitels im Überblick:

- Beginnen Sie das Stylesheet mit einem Kommentar, indem Sie das Stylesheet kurz beschreiben.
- Teilen Sie das Stylesheet in sinnvolle Abschnitte ein.
- Schreiben Sie die Styles so, dass Sie sie übersichtlich finden.
- Ordnen Sie die Deklarationen innerhalb der Styles systematisch.
- Für `padding` und `margin` gibt es diverse Kurzschreibweisen.
- Das W3C bietet auch für CSS einen Validator, der Ihre Styles auf korrekte Syntax überprüft.

Kapitel 9

Horizontale Navigation und Kontaktformular

Worin Sie den Navigationsbereich gestalten und die Listenelemente darin nebeneinanderstellen. Zuerst in einer einfachen und dann in einer etwas aufwendigeren Version mit Registern, in der der aktuelle Navigationspunkt optisch hervorgehoben ist. Anschließend bauen Sie ein einfaches, voll funktionsfähiges Kontaktformular.

Die Themen im Überblick:

9.1 Einfache horizontale Navigation: display: inline

In diesem Abschnitt erstellen Sie eine einfache horizontale Navigation, indem Sie die Listenelemente nebeneinanderstellen und dann gestalten.

Die folgende Methode ist nicht die einzige Möglichkeit, das Ziel von nebeneinanderstehenden Listenelementen zu erreichen, aber sie hat den Vorteil, dass Sie alles dazu Notwendige bereits wissen. Kreative Anwendung von einfachen Sachverhalten ist beim Gestalten mit CSS oft der Schlüssel zum Erfolg.

Der verschachtelte Selektor #navibereich li

Die Grundlage für Navigationen bilden wie erwähnt meist ganz normale ungeordnete Listen, auch wenn man dies den gestalteten Navigationsleisten nicht mehr ansieht.

Listenelemente sind Block-Elemente und stehen deshalb normalerweise untereinander. Mit der CSS-Eigenschaft `display` können Sie die Art der Anzeige ändern, z. B. ein Block- als Inline-Element darstellen lassen oder umgekehrt.

Die Anweisung `display: inline` bedeutet im Klartext ungefähr Folgendes:

> *»Liebe Listenelemente, ihr seid zwar Block-Elemente, aber bitte verhaltet euch im Browser doch ausnahmsweise einmal wie Inline-Elemente, damit ihr nebeneinanderstehen könnt. Vielen Dank und bis bald. Euer Seitenbauer.«*

Um die Änderungen an den Listenelementen auf den Navigationsbereich zu beschränken, benutzen Sie den verschachtelten Selektor `#navibereich li`, sprich »Alle Listenelemente im Navigationsbereich«. Vorher wird im folgenden ToDo die Hintergrundfarbe für den Navigationsbereich definiert.

ToDo: Listenelemente in der Navigation nebeneinanderstellen

1. Fügen Sie die fett gedruckten Zeilen in das Stylesheet ein:

```
#navibereich {
   background-color: #ffeda0;
   padding: 5px 20px 5px 20px;
}
   #navibereich li {
      display: inline;        /* li nebeneinander anzeigen */
      list-style-type: none; /* ohne Aufzählungspunkte */
   }
```

2. Speichern Sie das Stylesheet und betrachten Sie die Webseiten im Browser.

So sieht der Navigationsbereich mit diesen Anweisungen aus:

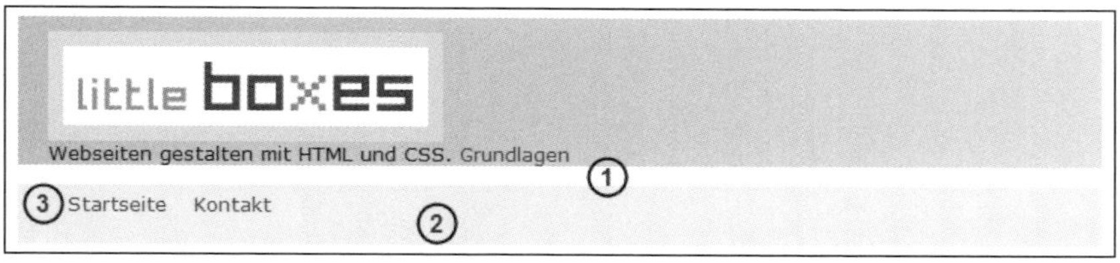

Abbildung 9.1: Listenelemente nebeneinander – schon fast gut

Drei Dinge bleiben noch zu tun:

1. Zwischen Kopf- und Navigationsbereich ist eine weiße Lücke.
2. Der Navigationsbereich hat einen zu großen Abstand nach unten.
3. Der erste Navigationspunkt hat eine ungewollte Einrückung von links.

Für alle drei Mängel stehen im Stylesheet Anweisungen, die sich hier ungewollt bemerkbar machen. Die Schwierigkeit ist, die jeweiligen Verursacher zu finden. Aber der Reihe nach:

- Der weiße Zwischenraum entsteht durch das `margin-bottom` von `1em` für die Absätze. Dadurch erhält auch das `p` im *Kopfbereich* diesen Außenabstand.
- Der große Abstand nach unten im Navigationsbereich wird durch das `margin-bottom` der ungeordneten Listen `ul` verursacht.

- Die ungewollte linke Einrückung des ersten Navigationspunkts entsteht, weil die Listenelemente `li` einen linken `margin` von `1em` haben.

Feineinstellungen: Abstände und Hyperlinks anpassen

Zur Korrektur aller drei Fehler benutzen Sie verschachtelte Selektoren, die die Änderungen auf den jeweiligen Bereich beschränken. Im ToDo wird zusätzlich die Schriftfarbe für Hyperlinks in der Navigation auf Schwarz gesetzt.

Am besten speichern Sie nach jedem Schritt das Stylesheet und überprüfen die Änderungen im Browser.

ToDo: Abstände und Hyperlinks für den Navigationsbereich ändern

1. Fügen Sie unterhalb des Styles für `#kopfbereich` folgende Regel in das Stylesheet ein:

```
#kopfbereich p {
  padding: 5px 0 5px 0;
  margin-bottom: 0; /* war 1em */
}
```

2. Fügen Sie unterhalb des Styles für `#navibereich` die fett gedruckten Zeilen ein:

```
#navibereich ul { margin-bottom: 0; }
#navibereich li {
  display: inline;
  list-style-type: none;
  margin: 0 10px 0 0;     /* rechts 10px, sonst 0 */
}
#navibereich a { color: black; }
```

3. Speichern Sie das Stylesheet und betrachten Sie die Webseiten im Browser.

So sieht es schon etwas ansprechender aus:

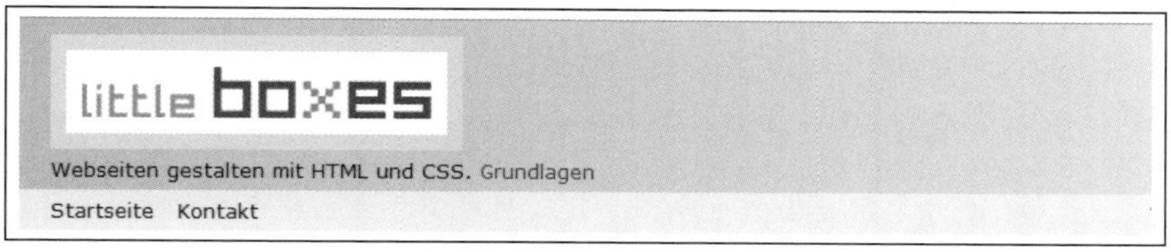

Abbildung 9.2: Eine einfache horizontale Navigation

9.2 Punktsieg: Spezifität in der Praxis

Im Kapitel über Selektoren haben Sie bereits etwas über *Spezifität* gelesen. Bei der Gestaltung der Navigationsliste ist dieses Punktesystem in voller Aktion.

margin-bottom für ul

Schauen Sie sich zum Beispiel die Regeln für `ul` an:

- `ul { margin: 0 0 1em 0; }` ist ein einfacher Selektor und bekommt 1 Punkt.
- `#navibereich ul { margin: 0; }` ist eine ID plus einfacher Selektor, macht zusammen 101 Punkte.

Mit 101 zu 1 ist `#navibereich ul` also klarer Punktsieger, und die ungeordnete Liste im Navigationsbereich bekommt *keinen* `margin-bottom`.

Die Farbe der Hyperlinks

Bei der Farbe für die Hyperlinks sieht es ähnlich aus:

- `a:link` und `a:visited` bekommen jeweils 11 Punkte: 1 für `a` und 10 für die Pseudoklasse `:link` bzw. `:visited`.
- Die Deklarationen für `#navibereich a` haben 101 Punkte und gewinnen.

Die Hyperlinks im Navigationsbereich bekommen also die Schriftfarbe *Schwarz*.

Feineinstellungen für die Hyperlinks

Wenn Sie mit der Maus über einen Link in der Navigation fahren, werden Sie sehen, dass für den Hover-Effekt immer noch die für `a:hover` definierte rote Unterstreichung per `border-bottom` gilt. Diesem Effekt fügen Sie jetzt noch einen roten Hintergrund und weiße Schrift hinzu. Außerdem wird im folgenden ToDo noch ein Style für `a:active` im Navibereich definiert.

ToDo: Feineinstellungen für die Hyperlinks in der Navigation

1. Fügen Sie unterhalb des Styles für `#navibereich a` folgende Regel hinzu:

```
#navibereich a:hover,
#navibereich a:focus {
  color: white;
  background-color: #d90000;
}
#navibereich a:active {
  color: black;
  background-color: white;
  border-bottom-color: white;
}
```

2. Speichern Sie das Stylesheet und betrachten Sie die Webseiten im Browser.

Auch diese Einstellungen gelten allesamt aufgrund einer höheren Spezifität gegenüber den Einstellungen für einfache Selektoren in Teil 1 des Stylesheets.

9.3 Tabbed Navigation – Navigation mit Registern

Tabs haben auf Webseiten nichts mit Corega zu tun, sondern sind die gängige Bezeichnung für das, was man auf Deutsch *Karteireiter* oder *Register* nennt. Tabs werden gerne zur Navigation eingesetzt, weil sie die einzelnen Optionen deutlich hervorheben und vielen Anwendern vertraut sind.

Vorbereitende Maßnahmen für #navibereich

Quasi zur Vorbereitung ändern Sie ein paar Einstellungen für `#navibereich`:

- Der Text im Navigationsbereich wird mithilfe der Eigenschaft `text-align:right` rechtsbündig ausgerichtet.
- Der Hintergrund wird dem des Kopfbereichs angepasst, damit Kopf- und Navigationsbereich wie ein Bereich aussehen.
- Das `padding` wird ein wenig geändert, damit der Bereich hübscher aussieht.
- Der Navigationsbereich erhält zur optischen Abgrenzung eine hellgraue, untere Rahmenlinie.

ToDo: Den Navigationsbereich für die Register vorbereiten

1. Ändern Sie den Navigationsbereich im CSS wie folgt:

```
#navibereich {
  text-align: right;   /* rechtsbündig */
  color: black;
  background: #ffe574 url(farbverlauf.jpg) repeat-y top left;
  padding: 5px 10px 4px 10px;
  border-bottom: 1px solid #8c8c8c;
}
```

2. Speichern Sie das Stylesheet und betrachten Sie die Webseiten im Browser.

Nach diesen Änderungen sieht der obere Bereich der Webseite in etwa so aus:

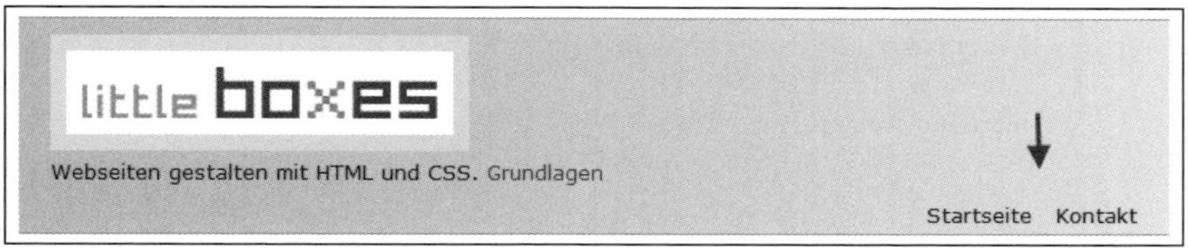

Abbildung 9.3: Text rechts, Farbe anders, dunkle Rahmenlinie unten

Eine Anmerkung noch zur Ausrichtung der Listenelemente: `text-align` ist eine Eigenschaft zur Ausrichtung von Text und Inline-Elementen innerhalb eines Block-Elements. Da Listenelemente aber von Haus aus Block-Elemente sind, dürfte `text-align` hier eigentlich gar nicht funktionieren. `text-align` funktioniert nur deshalb, weil die `li`-Elemente im Navibereich per `display:inline` gebeten wurden, sich wie Inline-Elemente zu verhalten.

Statt des Werts `right` können Sie für `text-align` auch `left` (Standardwert) oder `center` probieren.

Die Hyperlinks im Navigationsbereich ändern

Die Hyperlinks im Navigationsbereich müssen ebenfalls etwas angepasst werden:

- Die Links bekommen eine eigene Hintergrundfarbe.
- Das `padding` wird erhöht, damit der Text etwas Abstand vom Kistenrand hat.
- Die Hyperlinks bekommen rundherum die gleiche Rahmenlinie wie der Navigationsbereich unten.

Da die Hyperlinks jetzt ein eigenes `padding` bekommen, ist der rechte Außenrand für die Listenelemente nicht mehr nötig und wird im ToDo von `10px` auf `0` gesetzt.

ToDo: Die Hyperlinks im Navigationsbereich vorbereiten

1. Ändern Sie das CSS für den Navigationsbereich wie folgt:

```
#navibereich li {
  display: inline;
  list-style-type: none;
  margin: 0; /* war vorher 10px für rechts */
}
#navibereich a {
  color: black;
  background-color: #ffeda0;
  padding: 4px 8px 4px 8px;
  border: 1px solid #8c8c8c;
}
```

2. Speichern Sie das Stylesheet und betrachten Sie die Webseiten im Browser.

Nach diesen Änderungen sieht der obere Bereich der Webseite etwa so aus:

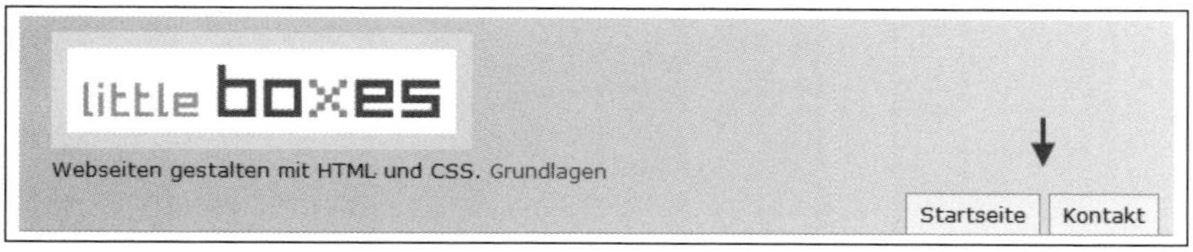

Abbildung 9.4: Mit geänderten Hyperlinks – schon fast fertig

Einen Rollover-Effekt für die Hyperlinks definieren

Die Hyperlinks in der Navigation sollen einen Rollover-Effekt mit folgenden Gestaltungsmerkmalen bekommen. Sobald der Mauszeiger über den Links weilt,

- wird die Unterstreichung der Links in jedem Fall entfernt,
- bekommen die Hyperlinks schwarze Schrift auf weißem Hintergrund,
- verschwindet die untere Rahmenlinie, sodass der Tab sich scheinbar nach unten öffnet.

Das Verschwinden der Rahmenlinie erreichen Sie durch eine einfache, aber geniale Variation: Wenn der Mauszeiger über dem Hyperlink schwebt, wird die untere Rahmenlinie weiß statt grau.

ToDo: Rollover-Effekt für die Links im Navigationsbereich definieren

1. Ändern Sie das CSS für den Navigationsbereich wie folgt:

```
#navibereich a:hover,
#navibereich a:focus {
  color: black;
  background-color: white;
  border-bottom-color: white; /* war #d90000 */
}
```

2. Speichern Sie das Stylesheet und betrachten Sie die Webseiten im Browser.

Nach diesen Änderungen sieht der obere Bereich der Webseite ungefähr so aus:

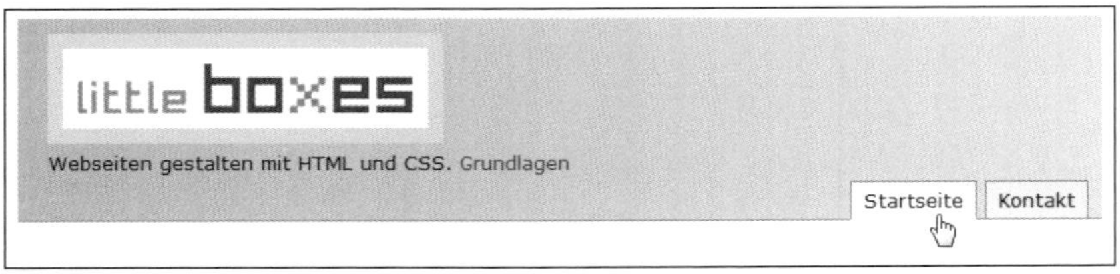

Abbildung 9.5: Gar nicht schlecht – die Navigation mit Rollover-Effekt

9.4 »Sie sind hier«: aktuelle Seite hervorheben

Was jetzt noch fehlt, ist das, was viele in der Stadt aufgestellte Stadtpläne mit einem roten Punkt und der Beschriftung »Sie sind hier« anbieten: die optische Rückmeldung an den Besucher, wo er sich gerade befindet.

Und wie so oft ist die Lösung einfach, wenn man weiß, wie. Im HTML-Grundgerüst haben Sie für body vorsorglich eine ID definiert:

- <body id="startseite"> auf der Startseite
- <body id="kontaktseite"> auf der Kontaktseite

Bei der Erstellung der Navigationsliste haben Sie den beiden Listenelementen vorsorglich ebenfalls eine ID zugewiesen:

- <li id="navi01"> im Menüpunkt für die Startseite
- <li id="navi02"> im Menüpunkt für die Kontaktseite

Eine Kombination dieser IDs benutzen Sie, um mithilfe einfacher verschachtelter Selektoren den aktuellen Menüpunkt hervorzuheben. Völlig ohne Programmierung, nur mit CSS.

ToDo: Den aktuellen Navigationspunkt optisch hervorheben

1. Fügen Sie nach der Regel für `#navibereich a` den folgenden Style hinzu:

```
#startseite #navi01 a,
#kontaktseite #navi02 a {
  color: black;
  background-color: white;
  border-bottom-color: white;
 }
```

2. Speichern Sie das Stylesheet und betrachten Sie die Webseiten im Browser.

Die CSS-Anweisungen sind identisch mit denen für den Rollover-Effekt, aber indem Sie zwei Styles definieren, können Sie die Hervorhebung für »Sie sind hier« und den Effekt beim Hovern bei Bedarf ganz einfach getrennt gestalten.

Der Trick ist eigentlich nicht schwer, wobei ich in der folgenden Liste den Typ-Selektor davor geschrieben habe, um deutlicher zu machen, wo im Quelltext die IDs definiert wurden:

- Die Kombination `body#startseite li#navi01 a` existiert nur auf der Startseite.
- Den Selektor `body#kontaktseite li#navi02 a` gibt es nur auf der Kontaktseite.

Einfach, aber genial. Nach diesen Änderungen sieht der obere Bereich der Webseite so aus:

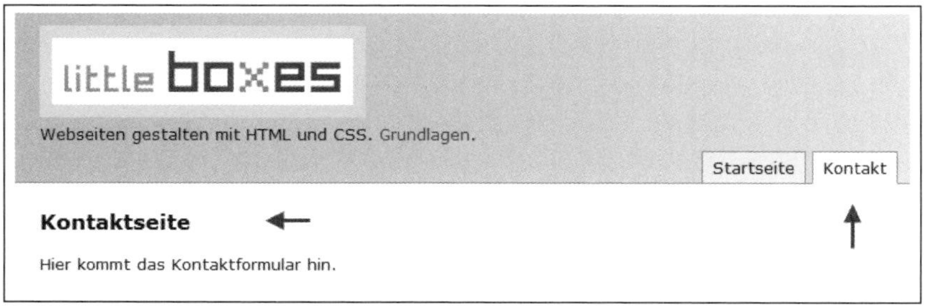

Abbildung 9.6: Navigation mit Tabs, aktueller Menüpunkt hervorgehoben

9.5 Die fertige Navigation im Überblick

Mit wenigen CSS-Regeln haben Sie eine ganz normale ungeordnete HTML-Liste in eine recht ansehnlich horizontale Navigation mit Registern verwandelt.

Standardkonform, barrierefrei und flexibel

Wofür Webdesigner früher diverse Grafiken und Tabellenzellen benötigten, reichen heute ein paar Zeilen CSS, und das Ergebnis wird den Möglichkeiten des Mediums gerecht:

- *Standardkonform* – HTML und CSS entsprechen den W3C-Standards.
- *Barrierefrei* – ohne CSS bleibt eine einfache Linkliste, die von einem Screenreader problemlos vorgelesen werden kann.
- *Flexibel* – wenn die Schrift vergrößert wird, wächst die Navigation einfach mit.

Abbildung 9.7: Die Navigation mit ziemlich großer Schrift im Firefox

Einziger potenzieller Nachteil einer horizontalen Navigation mit `display: inline` ist, dass Breite und Höhe der Register von der Beschriftung abhängen. Da die `li`-Elemente sich im Browser wegen `display:inline` wie Inline-Elemente verhalten, kennen sie kein `width` und `height` und können demzufolge auch keine feste Breite oder Höhe haben.

Um den Eindruck gleich breiter Navigationspunkte zu erwecken, bleibt nur ein bisschen Experimentieren mit den Beschriftungen der

Navigationspunkte und das Ausbalancieren mit einigen unkaputtbaren Leerstellen ` `.

Eine horizontale Navigation mit fest definierten Breiten geht natürlich auch, aber nicht mit `display:inline`, sondern mit einer Eigenschaft namens `float`, die Sie weiter hinten noch kennenlernen. In »Little Boxes, Teil 2« wandeln Sie das hier gezeigte Inline-Beispiel in eine float-basierte Navigation um und lernen dabei jede Menge Feinheiten über das Verhalten von Inline- und Block-Elementen.

Tipp

IE7: Und es hat *Zoom* gemacht

Der Internet Explorer 7 kann viel besser CSS als seine Vorgänger, hat aber eine neue Zoom-Funktion, die beim Vergrößern von Inline-Elementen oft Probleme bereitet. In der Navigation aus dem Beispiel fühlt sich das Wort »Kontakt« beim Zoomen plötzlich einsam, springt aus seinem Kästchen und schmiegt sich an die »Startseite«. Dieser Fehler wird im Kapitel über »Patches« behoben, und zwar ab Seite 360.

Die Styles zur Navigation im Überblick

Im Folgenden finden Sie das komplette CSS zur Erstellung der horizontalen Navigation mit Tabs, inklusive Hervorhebung des aktuellen Menüpunkts:

Listing 9.1: Das CSS zur Gestaltung der Navigation mit Tabs

```
#kopfbereich {
  background-color: #f3c600;
  color: black;
  background-image: url(farbverlauf.jpg);
  padding: 10px 20px 0 20px;
}
  #kopfbereich p {
    padding: 5px 0 5px 0;
    margin-bottom: 0; /* war 1em */
  }
  div#kopfbereich p span {
    color: #d90000;
  }
#navibereich {
  text-align: right;
  color: black;
  background: #ffe574 url(farbverlauf.jpg) repeat-y top left;
  padding: 5px 10px 4px 10px;
  border-bottom: 1px solid #8c8c8c;
}
```

```
#navibereich ul { margin-bottom: 0; }
#navibereich li {
  display: inline;
  list-style-type: none;
  margin: 0; /* war vorher 10px für rechts */
}
#navibereich a {
  color: black;
  background-color: #ffeda0;
  padding: 4px 8px 4px 8px;
  border: 1px solid #8c8c8c;
}
/* "Sie sind hier" */
#startseite #navi01 a,
#kontaktseite #navi02 a {
  color: black;
  background-color: white;
  border-bottom-color: white;
}
#navibereich a:hover,
#navibereich a:focus {
  color: black;
  background-color: white;
  border-bottom-color: white;
}
#navibereich a:active {
  color: black;
  background-color: white;
  border-bottom-color: white;
}
```

9.6 Ein Formular für die Kontaktseite

Von der Wiege bis zur Bahre – Formulare, Formulare. Im analogen Alltag haben Formulare einen eher negativen Beiklang, im Web basieren alle Interaktionen mit dem Besucher darauf:

- In Schritt 1 bis 3 erstellen und gestalten Sie ein einfaches Kontaktformular.
- In Schritt 4 bis 6 bringen Sie das Formular ohne eigene Programmierung dazu, Ihnen die eingegebenen Daten per E-Mail zuzuschicken.

Schritt 1: Das Formular im HTML-Quelltext

Die Kontaktseite wartet bereits seit geraumer Zeit auf ein Kontaktformular, das sie jetzt bekommen soll.

ToDo: Ein einfaches HTML-Kontaktformular erstellen

1. Öffnen Sie die Beispielseite *kontakt.html* im Editor.
2. Fügen Sie im Textbereich unterhalb der `h2`-Überschrift *Kontakt* die folgenden Zeilen ein (der dort vorhandene Absatz kann weg):

```
<form id="kontaktformular" name="kontaktformular" action="">
<div>
  <label for="absender">Ihre E-Mail-Adresse:</label>
  <input type="text" id="absender" name="absender" />
</div>
<div>
  <label for="nachricht">Ihre Nachricht:</label>
  <textarea id="nachricht" name="nachricht"
   cols="20" rows="5"></textarea>
</div>
<div>
  <input type="submit" value="Abschicken" />
</div>
</form>
```

3. Speichern Sie die Webseite und betrachten Sie sie im Browser.

Dieser Quelltext erzeugt ein Formular mit einem einzeiligen Eingabefeld für die E-Mail-Adresse, einem mehrzeiligen Bereich für den Text und einer Schaltfläche zum Abschicken des Formulars. Nicht hübsch, aber alles da:

Abbildung 9.8: Das ungestaltete Formular

id und name mit identischen Werten

Fast alle Formularfelder haben sowohl eine ID (`id=""`) als auch einen Namen (`name=""`) mit identischen Werten. Die ID benötigen Sie für die Beschriftung mit `label` und zur Gestaltung per CSS, das Attribut `name` zur Auswertung der Formulardaten und für die Zeile JavaScript etwas weiter unten.

Beschriftung der Formularfelder mit label

Die Beschriftung der Formularfelder steht im Element `label`. Das Attribut `for` bezieht sich auf die ID des zu beschriftenden Formularfelds, wodurch eine logische Verbindung zwischen Beschriftung und Formularfeld hergestellt wird.

Ein netter Nebeneffekt dieser Vorgehensweise ist, dass der Benutzer auf die Beschriftung klicken kann, um das Formularfeld zu aktivieren. Besonders bei Optionsfeldern und Kontrollkästchen ist das sehr praktisch. Da der Mauszeiger sich aber nicht wie bei einem Link verändert, wenn er über dem Label schwebt, weiß das kaum ein Benutzer. Da werden Sie gleich bei der Gestaltung des Formulars ein klein wenig nachhelfen.

textarea ohne Leerstelle zwischen Anfangs- und Ende-Tag

Zwischen dem Anfangs-Tag `<textarea ...>` und dem Ende-Tag `</textarea>` sollte nichts stehen. Kein Leerzeichen, kein Zeilenumbruch, kein gar nichts. Viele Browser setzen den Cursor sonst beim Ausfüllen des Formulars nicht an den Anfang des Felds, sondern mitten hinein, was ziemlich nerven kann.

Tipp

Details zu HTML-Formularen

Falls Sie das Kontaktformular erweitern möchten, finden Sie bei SelfHTML weitere Informationen:

- *http://de.selfhtml.org/html/formulare/*

Schritt 2: Das Formular per CSS gestalten

Mit ein paar einfachen CSS-Regeln gestalten Sie das Formular ein wenig ansprechender. Die Erklärung der einzelnen Definitionen folgt nach dem ToDo.

ToDo: Das Kontaktformular per CSS gestalten

1. Öffnen Sie das Stylesheet *bildschirm.css* und fügen Sie ganz unten in Abschnitt 4 für sonstige Styles die folgenden Zeilen hinzu:

```
/* Das Kontaktformular */
form {
  background-color: #eee;
  width: 370px; /* Breite des Formulars */
  padding: 20px;
  border: 1px solid #8c8c8c;
}
label { /* Beschriftung auf eigener Zeile */
  display: block;
  cursor: pointer;  /* Mauszeiger wird zur Hand */
}
input#absender,
textarea {
  width: 300px;
  border: 1px solid #8c8c8c;
  margin-bottom: 1em;
}
textarea {
  height: 7em;
}
input:focus,
textarea:focus {
  background-color: #d9d9d9;
}
```

2. Speichern Sie das Stylesheet und betrachten Sie die Webseite im Browser.

So sieht das Formular jetzt aus:

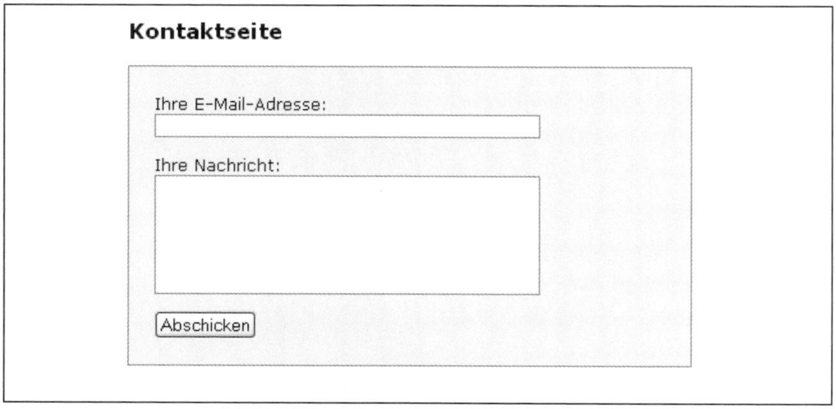

Abbildung 9.9: Das gestaltete Formular

Und hier die CSS-Regeln im Überblick:

- Als Selektor für das Formular nehmen Sie den Typ-Selektor `form`. Gestaltet werden Hintergrundfarbe, Breite, Polsterung und Rahmenlinie. Alles inzwischen schon fast alte Bekannte.
- In der zweiten Regel wird das Inline-Element `label` zum Block-Element befördert. Dadurch rutscht das Formularfeld in eine neue Zeile, und Sie haben für die Beschriftung so viel Platz, wie Sie benötigen.

  Die Deklaration `cursor: pointer;` bewirkt, dass der Mauszeiger wie bei einem Hyperlink zur Hand wird, wenn er über der Beschriftung schwebt. So merkt der Benutzer leichter, dass er klicken kann, um den Cursor in das Formularfeld zu platzieren.
- Das Eingabefeld `input#absender` für die E-Mail-Adresse und das Kommentarfeld `textarea` werden gemeinsam formatiert: 300 Pixel breit, mit einer dünnen Rahmenlinie und einem Außenabstand nach unten von `1em`.
- Das Kommentarfeld `textarea` bekommt in der nächsten Regel zusätzlich noch eine Höhe von `7em`, sodass es bei einer Vergrößerung der Schriftart ebenfalls mehr Platz bietet.
- Die letzte Regel weist den Formularfeldern mit der Pseudoklasse `:focus` eine Hintergrundfarbe zu, wenn der Benutzer etwas in das Formularfeld schreibt. Das funktioniert zwar nicht in allen Browsern, verursacht bei Nichtfunktionieren aber keinerlei nachteilige Effekte.

Tipp

Mehr zu Formularen in »Little Boxes, Teil 2«

Formularfelder wie Eingabefelder, Optionsfelder, Kontrollkästchen und Dropdown-Listen werden automatisch vom Browser erzeugt, und dieselben CSS-Anweisungen haben zum Teil sehr unterschiedliche Auswirkungen.

Falls Sie mehr über die Gestaltung von Formularen wissen möchten: In »Little Boxes, Teil 2« gestalten Sie im Kapitel über »Tabellen und Formulare« ein etwas komplexeres Bestellformular, bei dem die Beschriftung *vor* den Eingabefeldern steht.

Schritt 3: Den Cursor in das erste Feld setzen

Zum Abschluss der Formulargestaltung noch ein kleines i-Tüpfelchen: Mit einem einzeiligen JavaScript vereinfachen Sie die Benutzung des Formulars für Ihre Besucher, indem Sie den Cursor beim Laden der Seite gleich ins erste Formularfeld setzen.

ToDo: Den Cursor im ersten Formularfeld positionieren

1. Ändern Sie den `<body>`-Tag auf *kontakt.html* wie folgt (der gesamte Anfangs-Tag sollte *in einer Zeile* stehen).

```
<body id="kontaktseite"
onload="document.kontaktformular.absender.focus();">
```

2. Speichern Sie die Webseite und betrachten Sie sie im Browser.

Nach dem Laden der Webseite sollte der Cursor direkt im ersten Formularfeld blinken. Und hier die Erklärung:

- `onload` sagt dem Browser, dass er die folgende Anweisung beim Laden der Webseite ausführen soll.
- Die Anweisung `document.kontaktformular.absender.focus();` heißt im Klartext:
  - Suche auf der angezeigten Webseite (`document`) ein Element mit dem Namen `kontaktformular`.
  - In diesem Element gibt es ein Feld mit dem Namen `absender`.
  - Setze den Cursor in dieses Feld und lass ihn blinken (`focus`).

Falls JavaScript im Browser ausgestellt sein sollte, passiert einfach gar nichts.

Schritt 4: Das Reiseziel für das Formular festlegen

Ein Klick auf die Schaltfläche Abschicken sendet die Formulardaten zur Verarbeitung an ein Programm auf einem Webservercomputer.

Falls Sie auf Ihrem Webspace keinen Zugriff auf ein solches Programm haben, bietet der Formular-Chef von nettz.de eine einfache und sichere Alternative. Ohne Registrierung und ohne Verpflichtungen:

- *http://formular-chef.de/*

Falls Sie bereits Webspace haben und Ihr Webhoster Ihnen ein Programm zum Versenden von Formulardaten zur Verfügung stellt, können Sie natürlich statt des Formular-Chefs gerne dieses Programm benutzen.

ToDo: Die Formulardaten zum Formular-Chef schicken

1. Ergänzen Sie `form` wie folgt (der Tag kann *in einer Zeile* stehen):

```
<form id="kontaktformular" name="kontaktformular"
 action="http://www.formular-chef.de/fc.cgi"
 method="post">
```

2. Speichern Sie die Webseite und betrachten Sie sie im Browser.

Das Attribut `action` gibt das Reiseziel der Formulardaten an, also das Programm, das die Formulardaten verarbeitet. Hier tragen Sie die komplette URL zum Formular-Chef ein.

Beim Formular-Chef müssen Sie außerdem `method="post"` angeben. Dieses Attribut stellt unter anderem sicher, dass die Formulardaten unsichtbar verschickt werden.

Optional ist im Anfangs-Tag von `form` das Attribut `enctype="multipart/form-data"`, dass bei einem Formular mit Datei-Upload dafür sorgt, dass dieser reibungslos funktioniert.

Tipp

Die Seriosität des Formular-Chefs

nettz.de betreibt den Formular-Chef seit 1998, und in dieser Zeit hat es keine rechtlichen oder sonstigen Probleme gegeben. *nettz.de* verbürgt sich außerdem dafür, dass keinerlei Adressen oder Daten gesammelt oder protokolliert werden.

Schritt 5: Dem Formular-Chef die E-Mail-Adresse mitteilen

Fast fertig. Sie müssen dem Formular-Chef nur noch Ihre E-Mail-Adresse mitteilen, damit er Ihnen die Daten per E-Mail zuschicken kann.

ToDo: Dem Formular-Chef Ihre E-Mail-Adresse mitteilen

1. Ergänzen Sie die fett gedruckte Zeile im Quelltext von *kontakt.html*. Ersetzen Sie dabei bitte die Zeichenfolge *IHRE_EMAIL* durch Ihre E-Mail-Adresse:

```
<form id="kontaktformular" name="kontaktformular"
 action="http://www.formular-chef.de/fc.cgi"
 method="post">
<input type="hidden" name="empfaenger" value="IHRE_EMAIL" />
<div>
  <label for="absender">Ihre E-Mail-Adresse:</label>
  <input type="text" id="absender" name="absender" />
</div>
```

2. Haben Sie beim Attribut `value` den Wert `"IHRE_EMAIL"` wirklich durch Ihre eigene E-Mail-Adresse ersetzt?
3. Speichern Sie die Datei.

Der HTML-Befehl erzeugt ein im Browserfenster nicht sichtbares (`hidden`) Formularfeld mit dem Namen `empfaenger`. Der Formular-Chef erwartet die benötigte E-Mail-Adresse in einem Formularfeld mit *genau diesem Namen.*

Formular-Chef: So schützen Sie sich gegen Spam

Tipp

Damit die im Quelltext notierten E-Mail-Adressen nicht für Spam-Zwecke missbraucht werden können, bietet der Formular-Chef eine einfache Verschleierung. Ersetzen Sie dazu einfach das »@«-Zeichen durch die Zeichenfolge »X§X« – so können Spam-Roboter und Suchmaschinen Ihre Mailadresse nicht so leicht erkennen. Statt

```
<input type="hidden" name="empfaenger" value="beispiel@test.de"/>
```

schreiben Sie

```
<input type="hidden" name="empfaenger" value="beispielX§Xtest.de"/>
```

> Trotzdem sollten Sie für ein im Web veröffentlichtes Kontaktformular eine gesonderte E-Mail-Adresse nutzen, denn die Spam-Programme werden beim automatisierten Einsammeln der Adressen auch immer pfiffiger.

Schritt 6: Testen des fertigen Formulars

Sie können das Formular direkt von Ihrer Festplatte im Browser aufrufen und testen, sofern Sie eine Verbindung zum Internet haben:

- Rufen Sie die Kontaktseite im Browser auf.
- Füllen Sie das Formular aus.
- Klicken Sie auf ABSCHICKEN.

Der Formular-Chef schickt die eingegebenen Formulardaten an die E-Mail-Adresse im versteckten Formularfeld, und der Besucher erhält im Browser eine Antwortseite, auf der nettz.de in der kostenlosen Version des Formular-Chefs ein Werbebanner einblendet.

9.7 Auf einen Blick

Hier noch einmal die wichtigsten Punkte dieses Kapitels im Überblick:

- Grundlage für viele Navigationsbereiche ist eine ganz normale ungeordnete HTML-Liste.
- Mit `display: inline` können Sie Listenelemente nebeneinanderstellen.
- Mit CSS können Sie eine horizontale Navigation sehr unterschiedlich gestalten:
  - Navigation mit den Listenelementen nebeneinander
  - horizontale Navigation mit Tabs (Register)
  - Rollover-Effekte für Hyperlinks in der Navigation
  - Hervorhebung des aktuellen Menüpunkts

- Zur Hervorhebung des aktuellen Menüpunkts können Sie eine Kombination von verschiedenen IDs benutzen.
- Mit CSS kann man leicht ansprechende Kontaktformulare gestalten.
- Der Formular-Chef ist eine kostenlose Alternative, wenn keine serverseitigen Skripte zur Verarbeitung von Formulardaten verfügbar sind.

Kapitel 10

Skip-Links, Druckversion und Tabellen

Worin Sie Skip-Links kennenlernen, eine Druckversion für die Webseiten erstellen und HTML-Tabellen gestalten.

Die Themen im Überblick:

In diesem Kapitel wird der erste Teil dieses »CSS-Grundkurs« mit Skip-Links, einer Druckversion und der Gestaltung einer HTML-Tabelle abgerundet.

10.1 Skip-Links: Hyperlinks auf derselben Seite

Kennen Sie Skippy, das Buschkänguru? *To skip* heißt »hüpfen« oder »springen«, und daher wird ein Hyperlink, der zu einer anderen Stelle auf *derselben* Webseite springt, manchmal auch *Skip-Link* genannt.

Ein Skip-Link zum Überspringen der Navigation

Das Web ist so konzipiert, dass eine Webseite nicht nur am Bildschirm betrachtet werden kann, auch wenn das prozentual gesehen wohl die häufigste Nutzungsform ist. Besucher, die sich die Webseite vorlesen lassen, müssten sich auf jeder Seite die komplette Navigation wieder anhören, bevor sie zum eigentlichen Inhalt kommen. Mit einem Skip-Link kann man z. B. die Navigation überspringen und so direkt zum Inhalt der Seite gelangen.

Die Stelle auf einer Webseite, zu der der Hyperlink springt, wird *Sprungmarke* genannt und im Quelltext durch das Attribut `id` gekennzeichnet. Als Sprungziel für den Hyperlink benutzen Sie eine ID, im Beispiel `#textbereich`.

ToDo: Erstellen Sie einen Skip-Link zum Überspringen der Navigation

1. Öffnen Sie die Seiten *index.html* und *kontakt.html* im Editor.
2. Ergänzen Sie auf beiden Seiten die fett gedruckte Zeile:

```
<body>
  <div id="wrapper">
  <div id="kopfbereich">
  <div class="skiplink"><a href="#textbereich">Zum Inhalt</a></div>
  <h1> ...
```

3. Speichern Sie die beiden Seiten und betrachten Sie sie in einem Browser.

Und so sieht der Skip-Link im Browserfenster aus:

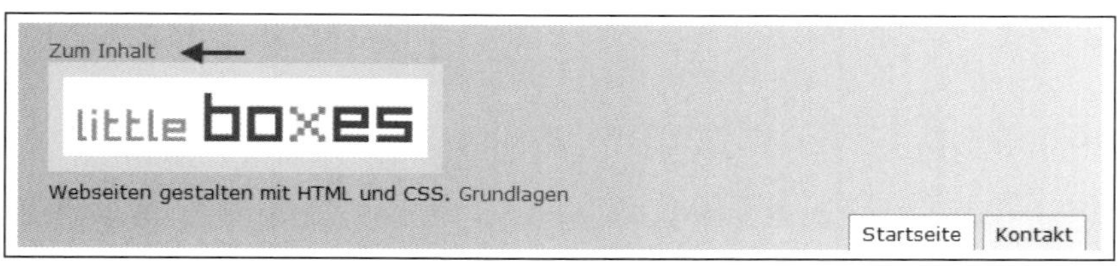

Abbildung 10.1: Der Skip-Link – noch nicht ausgeblendet

Die Hyperlinks springen zum HTML-Element mit dem Attribut `id="textbereich"`. Falls Sie den Sprung zum Textbereich nicht sehen können, verkleinern Sie das Browserfenster einfach so weit wie nötig.

Im Stylesheet wird der Skip-Link bei Bedarf für die Anzeige in einem visuellen Browser später ausgeblendet.

Auf der Beispielseite wäre ein Skip-Link nicht wirklich notwendig, weil die Navigation extrem kurz ist, aber es gehört zum guten Stil für eine Webseite mit Anspruch auf Barrierefreiheit, einen Skip-Link einzubauen. Und jetzt wissen Sie, wie es geht.

Ein Hyperlink zurück nach oben

Tipp

Falls Sie auf einer langen Webseite Ihren Besuchern einen Link »zurück nach oben« anbieten möchten, können Sie dieselbe Technik benutzen:

- `<a href="#wrapper">Nach oben</a>`

Dieser Link würde auf der Beispielseite zum Element `<div id="wrapper">` springen, das direkt unterhalb von `body` steht.

Den Skip-Link ausblenden

Da der Skip-Link in erster Linie als Hilfe beim Vorlesen der Webseite gedacht ist, werden Sie ihn mithilfe von CSS gleich wieder ausblenden.

Im HTML hat der Skip-Link das Attribut `class="skiplink"`, und wenn im HTML-Element das Attribut *class* auftaucht, gebrauchen Sie im CSS einen vorangestellten Punkt vor dem Namen der Klasse:

- `.skiplink` bedeutet »das Element mit dem Attribut `class="skiplink"`«.

Eine einfache Art, ein HTML-Element auf einer Webseite auszublenden, wäre die Deklaration

```
.skiplink {display: none;} /* nicht so gut */
```

Leider hat sie den entscheidenden Nachteil, dass einige Screenreader einen so unsichtbar gemachten Skip-Link nicht mehr vorlesen und er unter Umständen vor genau den Leuten versteckt wird, für die er eigentlich gedacht war. Detailliertere Informationen zum Ausblenden von HTML-Elementen finden Sie auf der folgenden Webseite:

- *http://wai-austria.at/tipps/verbergen.php*

Die im folgenden ToDo gezeigte CSS-Regel ist zwar ein ganz schöner Brocken, stellt aber den relativ zuverlässigsten Weg dar, um HTML-Elemente unsichtbar werden zu lassen.

ToDo: Eine CSS-Regel für die Klasse skiplink erstellen

1. Fügen Sie in Abschnitt 2 für allgemeine Klassen und IDs des Stylesheets folgende CSS-Regel ein:

```
.skiplink {
  position: absolute;
  top: -9999px;
  left: -9999px;
  width: 0;
  height: 0;
  font-size: 0;
  line-height: 0;
}
```

2. Speichern Sie das Stylesheet und betrachten Sie die Webseiten im Browser.

Alle mit der Klasse `skiplink` ausgezeichneten HTML-Elemente werden durch diese Regel ausgeblendet, indem sie durch Angabe von (`position`, `top` und `left`) weit außerhalb des Bildschirms positioniert werden. Die Angabe von 9999 Pixeln erscheint vielleicht übertrieben, aber im Zeitalter immer größer werdender Bildschirmauflösungen sollte man lieber auf Nummer sicher gehen. Die Eigenschaft `position` lernen Sie übrigens im Kapitel über den Flow und die Positionierung ab Seite 238 genauer kennen.

Die abschließenden Deklarationen (`width`, `height`, `font-size` und `line-height`) geben den Elementen sicherheitshalber noch ein paar Anweisungen mit auf den Weg, damit sie auf der sichtbaren Webseite auch wirklich keinerlei Platz beanspruchen.

Tipp

Skip-Links für Fortgeschrittene in »Little Boxes, Teil 2«

In »Little Boxes, Teil 2« wird im Laufe der Optimierung der Beispielseiten ein Skip-Link erstellt, der bei einer Aktivierung durch Tastaturnavigation (mit ⇥) automatisch vorübergehend wieder eingeblendet wird.

10.2 Eine Druckversion für die Webseiten

Haben Sie schon einmal eine Webseite ausgedruckt und dann festgestellt, dass auf dem Ausdruck rechts am Rand ein Stück Text fehlt? Dann erinnern Sie sich an die am Anfang des Buches auf Seite 33 beschriebene Tatsache, dass sowohl Zwiebeln als auch Webseiten aus Schichten bestehen.

Stylesheet nur für die Anzeige am Bildschirm

Zu Beginn eine gute Nachricht, denn genau genommen haben Sie sogar schon eine Druckversion. Um Papier zu sparen, drucken Sie zum Testen die Beispielseiten nicht jedes Mal aus, sondern betrachten sie einfach in der DRUCKVORSCHAU des Browsers, die Sie irgendwo im Menü DATEI finden:

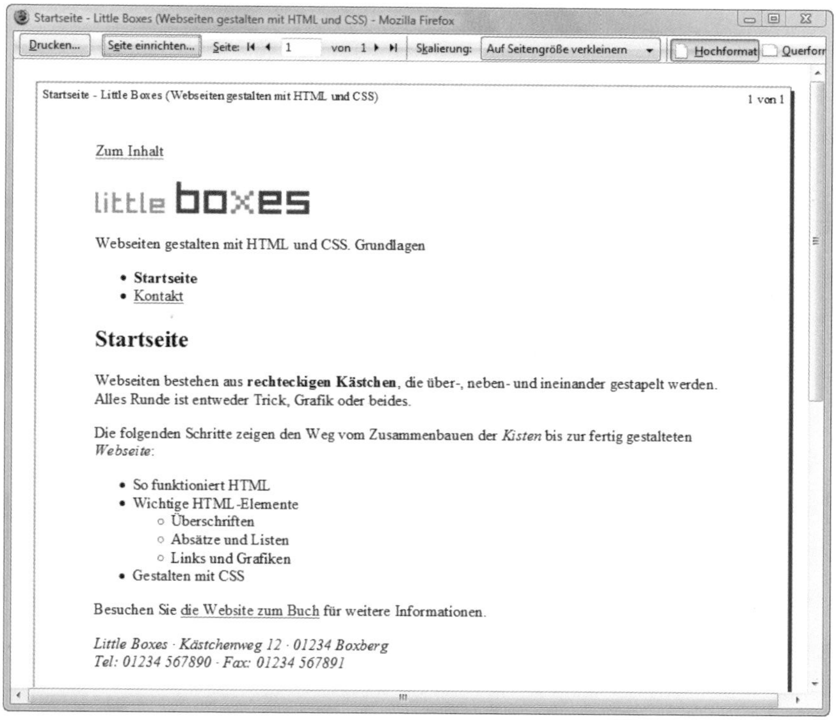

Abbildung 10.2: Genau genommen gibt es schon eine Druckversion

In der Druckvorschau zeigt der Browser die Beispielseiten ungestaltet, komplett ohne CSS. So sehen sie zwar nicht hübsch aus, passen sich aber den Gegebenheiten beim Ausdruck flexibel an, sodass rechts am Rand nichts vom Text fehlen wird.

Ein Blick in den HTML-Quelltext der Beispielseiten zeigt, warum das so ist:

```
<link href="bildschirm.css" rel="stylesheet" type="text/css"
media="screen" />
```

Das Attribut `media` definiert, für welche Medien das Stylesheet gilt. `media="screen"` beschränkt die Gestaltung auf den Bildschirm. Das bisher erstellte Stylesheet *bildschirm.css* wird also vom Browser für den Ausdruck der Webseite nicht verwendet.

Tipp

Weitere Ausgabemedien in CSS

CSS kennt neben `screen` und `print` noch andere Ausgabemedien wie `projection` und `handheld`.

Ein zweites Stylesheet nur für den Ausdruck

In diesem Abschnitt erstellen Sie ein zweites Stylesheet mit dem passenden Namen *druckversion.css* und binden es im HTML mit einem zweiten `link`-Element ein. Durch die Angabe von `media="print"` wird dieses Stylesheet nur zum Ausdrucken der Seite verwendet.

Erstellen Sie zunächst ein zweites Stylesheet mit dem Namen *druckversion.css*.

ToDo: Ein zweites Stylesheet für den Ausdruck erstellen

1. Erzeugen Sie mit einem Editor eine leere Datei.
2. Fügen Sie am Anfang der Datei folgenden Kommentar ein:

```
/* ====================================================
Stylesheet für die Übungsseiten aus "Little Boxes, Teil 1"
Stand:  Druckversion (Kap. 10)
Datei:  druckversion.css
Media:  print
Datum:  ...
Autor:  ...
==================================================== */
```

3. Speichern Sie die Datei unter dem Namen *druckversion.css* in Ihrem Übungsordner.

Jetzt müssen Sie im HTML der beiden Beispielseiten noch ein zweites `link`-Element einbauen.

ToDo: Ein zweites link-Element für den Ausdruck einbinden

1. Öffnen Sie die Webseiten *index.html* und *kontakt.html* in einem Editor und fügen Sie das fett gedruckte `link`-Element ein:

```
<head>
  <!-- Andere HTML-Elemente unverändert lassen -->
  <link href="bildschirm.css" rel="stylesheet" type="text/css"
   media="screen" />
  <link href="druckversion.css" rel="stylesheet"
   type="text/css" media="print" />
</head>
```

2. Speichern Sie beide Dateien und schließen Sie sie wieder.

Damit sind die Vorbereitungen fertig, und es kann losgehen.

Grundlegende Schriftgestaltung

Sie beginnen die Gestaltung der Druckversion mit einer einfachen CSS-Regel zur Schriftgestaltung.

ToDo: Die grundlegende Schriftgestaltung für body erstellen

1. Öffnen Sie ggfs. das Stylesheet *druckversion.css* in einem Editor und geben Sie unterhalb des Kommentars die folgende CSS-Regel ein:

```
body {
  font-family: Georgia, "Times New Roman", Times, serif;
  font-size: 11pt;
}
```

2. Speichern Sie die Änderungen im Stylesheet.

Testen Sie die Druckversion in der Druckvorschau des Browsers:

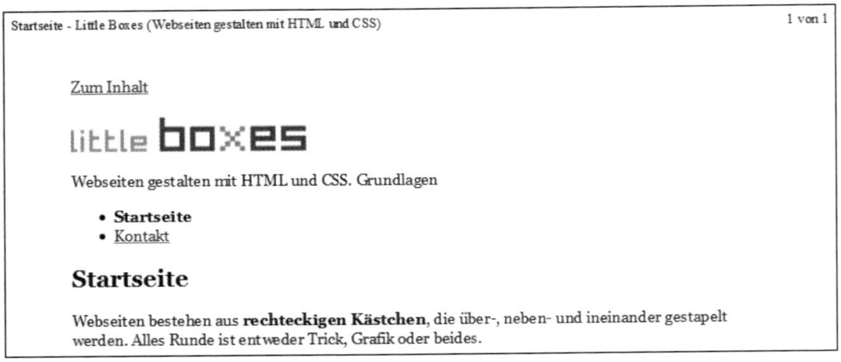

Abbildung 10.3: Die Druckversion mit formatierter Schrift

Die Eigenschaften `font-family` und `font-size` kennen Sie bereits, und doch ist einiges neu:

- `font-family` definiert eine Serifenschrift für die Druckausgabe. Auf dem Monitor sind wie gesagt serifenlose Schriften besser lesbar, auf Papier hingegen, besonders für den Fließtext, Schriften mit Serifen wie Georgia oder Times New Roman.
- `font-size` definiert die Schriftgröße, aber mit der Einheit `pt`. Am Bildschirm ist die Skalierbarkeit der Schrift wichtig, daher werden relative Einheiten wie `em` oder `%` bevorzugt. In einem Druckstylesheet können Sie genau wie in Word die Einheit `pt` benutzen.

Auf diese Weise können Sie die Schrift für alle gewünschten HTML-Elemente speziell für den Ausdruck formatieren.

Gestaltung der Überschriften

Die Anweisungen für Schriftart und -grad werden – wie in CSS üblich – an alle Elemente zwischen `<body>` und `</body>` vererbt, sofern für sie nicht etwas anderes definiert wurde.

Mit den folgenden Regeln gestalten Sie die Überschriften auf den Beispielseiten.

> **ToDo: Die Überschriften für den Ausdruck gestalten**
>
> 1. Geben Sie am Ende des Stylesheets die folgenden CSS-Regeln ein:
>
> ```
> h1, h2 { font-family: Verdana, Arial, Helvetica, sans-serif; }
> h1 {font-size: 24pt; }
> h2 {
>   font-size: 18pt;
>   padding-top: 6pt;  /* Abstand zwischen Text und Rahmenlinie */
>   border-top: 3pt solid #d90000; /* rote Rahmenlinie oben */
>   margin-top: 12pt;
> }
> ```
>
> 2. Speichern Sie das Stylesheet und betrachten Sie die Webseiten in der Druckvorschau eines Browsers.

Und so sieht die Druckversion in der Druckvorschau des Browsers jetzt aus:

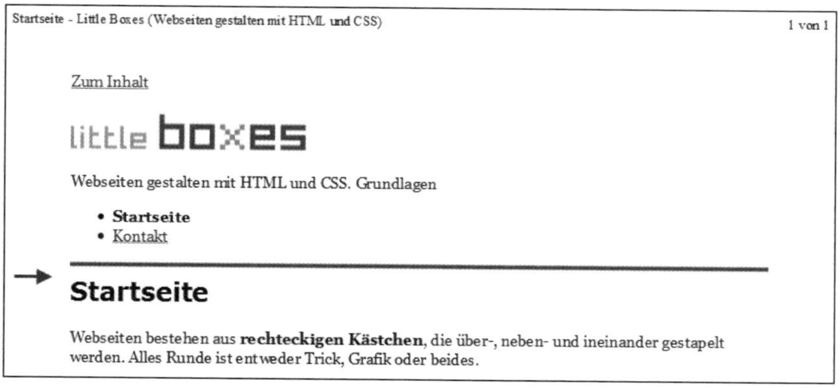

Abbildung 10.4: Die Druckversion mit formatierter Überschrift

Auch hier gilt, dass Sie den Text wie gewohnt gestalten können. Sollen z. B. Zitate eingerückt und kursiv erscheinen, verwenden Sie eine CSS-Regel wie die folgende:

```
blockquote {
  font-style: italic;
  padding-left: 2cm;
  padding-right: 2cm;
}
```

Zentimeter. Sie haben richtig gelesen. In einem Druckstylesheet können Sie die Einheit `cm` zur Gestaltung von Abständen problemlos einsetzen, am Bildschirm nicht.

Navigation und Skip-Link ausblenden

In einer Druckversion sind Skip-Link und Navigation ziemlich nutzlos und können deshalb einfach ausgeblendet werden.

ToDo: Navigation und Skip-Link ausblenden

1. Geben Sie am Ende des Stylesheets die folgenden CSS-Regeln ein:

```
.skiplink,
#navibereich {
  display: none;
}
```

2. Speichern Sie das Stylesheet und betrachten Sie die Webseiten in der Druckvorschau eines Browsers.

Im Druckstylesheet können Sie problemlos `display: none` verwenden und müssen nicht wie beim Ausblenden des Skip-Links am Bildschirm mit einem aufwendigen Style die Bereiche außerhalb des sichtbaren Bereichs positionieren.

Zum Testen rufen Sie wieder die Druckvorschau des Browsers auf:

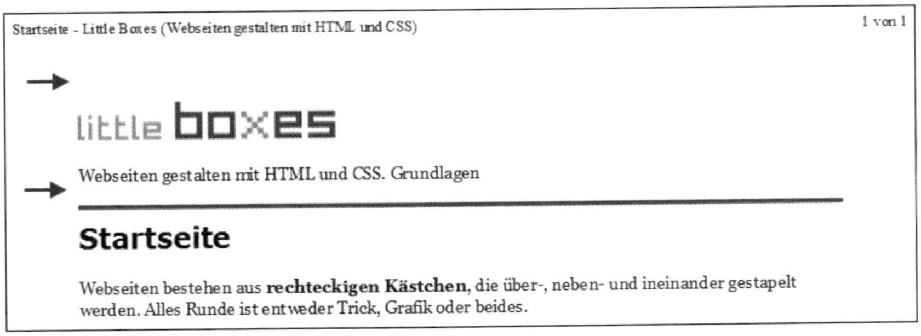

Abbildung 10.5: Die Druckversion ohne Navigation und Skip-Link

URL der Hyperlinks sichtbar machen

Hypertext gibt es nicht auf Papier, sondern nur in elektronischen Medien. Sobald Sie eine Webseite ausdrucken, verliert der Hypertext das »Hyper« und wird ganz normaler Text. Die Links auf einer ausgedruckten Webseite sind dann zwar nach wie vor unterstrichen, aber Sie können draufdrücken, so viel Sie wollen, Sie springen nirgendwo hin.

Die folgenden CSS-Regeln gestalten die Hyperlinks und machen in einigen Browsern die URL des Hyperlinks auf dem Ausdruck sichtbar.

ToDo: URLs der Hyperlinks sichtbar machen

1. Geben Sie am Ende des Stylesheets die folgenden CSS-Regeln ein:

```
a {
  color: black ;
  text-decoration: none;
}
a[href]:after {
  content:" [Adresse: "attr(href)"] "; /* [URL] nach dem Linktext
*/
}
```

2. Speichern Sie das Stylesheet und betrachten Sie die Webseiten in der Druckvorschau eines Browsers.

Die erste Regel ist einfach, die zweite hingegen wirkt auf den ersten Blick eher unübersichtlich. In Browsern, die `:after` verstehen, gibt sie direkt hinter dem Text in eckigen Klammern die URL des Links aus:

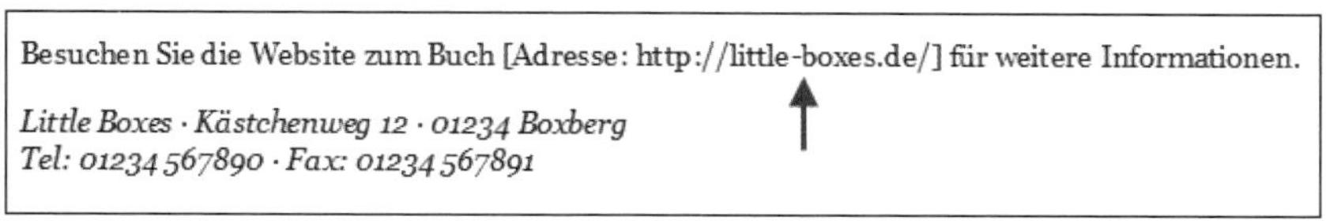

Abbildung 10.6: Die URL steht in eckigen Klammern auf Papier

Der Selektor `a[href]:after` enthält gleich zwei neue Dinge:

- `a[href]` ist ein sogenannter Attribut-Selektor und selektiert alle `a`-Elemente , die das Attribut `href` enthalten.

- `:after` ist ein Pseudoelement, mit dem Sie nach einem Element beliebigen Inhalt einfügen können, der mit der Eigenschaft `content` definiert wird.

Die Deklaration `content:" [Adresse: "attr(href)"] ";` ist nicht ganz so kompliziert, wie sie auf den ersten Blick aussieht. Sie bewirkt Folgendes:

- `content` sagt dem Browser, dass er auf der Webseite Inhalt einfügen soll.
- Der einzufügende Inhalt steht nach dem Doppelpunkt, und zwar in Anführungsstrichen: `" [Adresse: "attr(href)"] "`.

  Der Browser soll also eine Leerstelle, eine eckige öffnende Klammer und das Wort *Adresse* ausgeben, gefolgt von Doppelpunkt und Leerstelle.

  Nach dem Wert `attr(href)` kommt dann – wieder in Anführungsstrichen – eine schließende eckige Klammer und noch eine Leerstelle.
- `attr(href)` heißt auf Deutsch so viel wie »Schreibe an dieser Stelle den Wert des Attributs `href` hin«, also die URL des Hyperlinks.

Tipp

Internet Explorer 6 und 7 kennen kein :after

Der Internet Explorer versteht bis inklusive Version 7 das für diesen Trick benötigte Pseudoelement `:after` nicht und ignoriert daher den betreffenden Style. Nix mit URLs im Ausdruck. Aber auch keinerlei Nebenwirkungen. IE8 kann es dann.

10.3 Tabellen sind nicht verboten

Wie im ersten Kapitel gezeigt, waren Tabellen lange Zeit die einzige Möglichkeit, Objekte auf einer Webseite zu positionieren. CSS hat diese Rolle übernommen, und inzwischen werden Tabellen mehr entsprechend ihrer ursprünglichen Absicht eingesetzt, nämlich zur Darstellung tabellarischer Daten.

Eine einfache Tabelle: table, tr und td

Es gibt nur wenige HTML-Elemente, die zum Erstellen einer einfachen Tabelle benötigt werden:

- Die Tabelle: `table`

  Beginn und Ende der Tabelle werden mithilfe der Tags `<table>` und `</table>` markiert.

- Die Tabellenzeilen: `tr`

  `tr` steht für *table row*. `<tr>` und `</tr>` kennzeichnen den Beginn und das Ende einer Zeile.

- Die Tabellenzellen: `td`

  td heißt *table data* und enthält die Daten der Tabelle. Die Tags `<td>` und `</td>` begrenzen die einzelnen Zellen in der Tabelle. *Alle* Textzeichen und Grafiken in der Tabelle stehen zwischen `<td>` und `</td>`.

Tabellen sind nicht schwierig, sie werden im Quelltext nur sehr schnell sehr unübersichtlich. Achten Sie bei Tabellen von Anfang an auf korrekte Einrückungen, um den Quelltext lesbar und übersichtlich zu halten. Während der Bearbeitung einer Tabelle bietet es sich an, die Rahmenlinien mit dem Attribut `border` sichtbar zu machen:

```
<table border="1">
<tr>
  <td>Zeile 1, Spalte 1</td>
  <td> Zeile 1, Spalte 2</td>
</tr>
<tr>
  <td>Zeile 2, Spalte 1</td>
  <td> Zeile 2, Spalte 2</td>
</tr>
</table>
```

Listing 10.1: Eine einfache Tabelle mit zwei Zeilen und zwei Spalten

Im Browser sieht diese Tabelle so aus:

Zeile 1, Spalte 1	Zeile 1, Spalte 2
Zeile 2, Spalte 1	Zeile 2, Spalte 2

Abbildung 10.7: Tabelle mit zwei Zeilen und zwei Spalten

Es gibt noch das Element `th` wie *table heading*, das für Überschriftenzeilen in einer Tabelle benutzt werden sollte. `th` verhält sich genau wie `td`, mit dem Unterschied, dass der Zellinhalt zwischen `<th>` und `</th>` von den meisten Browsern fett und zentriert dargestellt wird.

Tipp

Im Quelltext stehen die Spalten *untereinander*

Die Unübersichtlichkeit des Quelltextes von Tabellen kommt daher, dass die Darstellung im Quelltext nicht der Darstellung im Browser entspricht.

Während im Browser eine Tabelle aus waagerechten Zeilen und senkrechten Spalten besteht, gibt es im Quelltext nur waagerechte Zeilen (`tr`) und Zellen (`td`). Es gibt kein Element zur Erstellung von Spalten, denn die Spalten ergeben sich aus der Anzahl der Zellen innerhalb der Zeilen. Tabellen sind im Quelltext verwirrend:

- Im Browser stehen die Spalten einer Tabelle *nebeneinander.*
- Im Quelltext stehen die Spalten einer Tabelle *untereinander.*

Kopf, Fuß und Körper einer Tabelle

In HTML können Sie eine Tabelle in die logischen Bereiche Kopf, Fuß und Rumpf unterteilen. Dadurch gibt es einige neue Möglichkeiten:

- Die logischen Bereiche der Tabelle lassen sich in einem Stylesheet ganz einfach selektieren und unterschiedlich gestalten.
- Beim Ausdruck einer langen Tabelle könnte ein Browser auf jeder Seite die Spaltenüberschriften im Tabellenkopf wiederholen.

Die Elemente zur logischen Einteilung heißen (in der Reihenfolge des Auftretens) `thead`, `tfoot` und `tbody`. Bemerkenswert ist dabei die den Grundsätzen der Anatomie widersprechende Reihenfolge: Kopf, Fuß, Körper.

In Kopf und Fuß stehen Informationen über die Tabellenspalten, zum Beispiel die Überschriften, im Rumpf die eigentlichen Daten.

Listing 10.2: Einfache Tabelle mit Kopf, Fuß und Rumpf

```
<table border="1">
<thead>
  <tr>
    <th>thead, Spalte 1</th>
    <th>thead, Spalte 2</th>
  </tr>
</thead>
```

```
<tfoot>
  <tr>
    <td>tfoot, Spalte 1</td>
    <td>tfoot, Spalte 2</td>
  </tr>
</tfoot>
<tbody>
  <tr>
    <td>tbody, Zeile 1, Spalte 1</td>
    <td>tbody, Zeile 1, Spalte 2</td>
  </tr>
  <tr>
    <td>tbody, Zeile 2, Spalte 1</td>
    <td>tbody, Zeile 2, Spalte 2</td>
  </tr>
</tbody>
</table>
```

Diese Tabelle sieht im Browser so aus:

thead, Spalte 1	**thead, Spalte 2**
tbody, Zeile 1, Spalte 1	tbody, Zeile 1, Spalte 2
tbody, Zeile 2, Spalte 1	tbody, Zeile 2, Spalte 2
tfoot, Spalte 1	tfoot, Spalte 2

Abbildung 10.8: Einfache Tabelle mit Kopf, Fuß und Rumpf

Mit dem Attribut `colspan` (kurz für engl.: *column span*, auf Deutsch etwa *über Spalten erstrecken*) kann eine Zelle mehrere Spalten oder Zeilen »überspannen«. Eine Zelle mit `colspan="2"` steht dabei für zwei Tabellenzellen, sodass man manchmal ein bisschen zählen muss, bis alles passt.

Um die Fußzeile aus obigem Beispiel über zwei laufen zu lassen, müssen Sie den Quelltext wie folgt ändern:

Listing 10.3: tfoot läuft über zwei Spalten

```
<tfoot>
  <tr>
    <td colspan="2">tfoot über 2 Spalten mit colspan</td>
    <!-- Das zweite td muss weg -->
  </tr>
</tfoot>
```

Im Browserfenster sieht die Tabelle dann so aus:

Abbildung 10.9: Tabelle mit durchlaufendem Fußbereich

thead, Spalte 1	thead, Spalte 2
tbody, Zeile 1, Spalte 1	tbody, Zeile 1, Spalte 2
tbody, Zeile 2, Spalte 1	tbody, Zeile 2, Spalte 2
tfoot über 2 Spalten mit colspan	

Wenn eine Zelle sich über zwei *Zeilen* erstrecken soll, heißt das Attribut dazu `rowspan` und funktioniert im Prinzip genau wie `colspan`.

Tipp

Weitere Informationen zu HTML-Tabellen

Falls Sie mehr zu Tabellen wissen möchten (oder müssen), finden Sie z. B. bei SelfHTML weitere Informationen:

- *http://de.selfhtml.org/html/tabellen/*

Beispiel: Tabellen gestalten per CSS

Im Prinzip können Sie alle in HTML-Tabellen verwendeten Elemente wie gewohnt gestalten. Probieren Sie einmal, in Ihrem Editor die Tabelle aus Abbildung 10.10 zu erstellen. Hier noch ein paar hilfreiche Hinweise:

- `table` hat das Attribut `border="1"`, um die Struktur der Tabelle sichtbar zu machen. Bei der Gestaltung wird dieses Attribut nicht benötigt.
- Die Kopfzeile soll als `theader` ausgezeichnet werden.
- Die Fußzeile soll als `tfoot` ausgezeichnet werden und über alle drei Spalten gehen (`colspan="3"`).

Und so soll die Tabelle aussehen:

Nr.	Titel	Erstausstrahlung
1.	Jim Knopf und Lukas der Lokomotivführer	1961
2.	Jim Knopf und die Wilde 13	1962
3.	Kater Mikesch	1964
4.	Der Löwe ist los	1965
5.	Kommt ein Löwe geflogen	1966
6.	Gut gebrüllt, Löwe	1967
7.	Bill Bo und seine Kumpane	1968
8.	Urmel aus dem Eis	1969
9.	Kleiner König Kalle Wirsch	1970
Zum Teil wurden die Stücke in den 70er Jahren neu aufgelegt		

Abbildung 10.10: Beispieltabelle mit Kopf, Rumpf und Fuß

Das folgende Listing zeigt den Grundaufbau der Tabelle:

Listing 10.4: Das HTML der zu gestaltenden Tabelle

```
<table border="1">
<thead>
  <tr>
    <th>Nr. </th>
    <th>Titel</th>
    <th>Erstausstrahlung</th>
  </tr>
</thead>
<tfoot>
  <tr>
    <td colspan="3">Zum Teil [...] neu aufgelegt</td>
  </tr>
</tfoot>
<tbody>
  <tr>
    <td>1.</td>
    <td>Jim Knopf und Lukas der Lokomotivführer</td>
    <td>1961</td>
  </tr>
  <tr>
    <td>2.</td>
    <td>Jim Knopf und die Wilde 13</td>
    <td>1962</td>
  </tr>

<!-- Noch ein paar Tabellenzeilen -->

</tbody>
</table>
```

Diese Tabelle soll so gestaltet werden, dass sie Abbildung 10.11 gleicht:

Nr.	Titel	Erstausstrahlung
1.	Jim Knopf und Lukas der Lokomotivführer	1961
2.	Jim Knopf und die Wilde 13	1962
3.	Kater Mikesch	1964
4.	Der Löwe ist los	1965
5.	Kommt ein Löwe geflogen	1966
6.	Gut gebrüllt, Löwe	1967
7.	Bill Bo und seine Kumpane	1968
8.	Urmel aus dem Eis	1969
9.	Kleiner König Kalle Wirsch	1970

Zum Teil wurden die Stücke in den 70er Jahren neu aufgelegt

Abbildung 10.11: Die Beispieltabelle fertig gestaltet

Dazu sind die folgenden Schritte nötig:

- Zunächst bekommt `table` eine Hintergrundfarbe (z. B. `#ffeda0`).
- Danach werden mit der Anweisung `border-collapse: collapse` die Zwischenräume zwischen den Tabellenzellen entfernt. Im HTML hieß das früher `cellspacing="0"`.
- `thead` und `tfoot` bekommen jeweils eine Hintergrundfarbe (z. B. `#f3c600` bzw. `#f7f1d4`).
- Alle Zellen werden links ausgerichtet (`text-align: left`) und bekommen ein leichtes Padding.

Abschließend noch das CSS im Überblick, das in einem Styleblock im `head`-Bereich der Übungsseite steht:

Listing 10.5: Das CSS für die zu gestaltende Tabelle

```
table {
  background-color: #ffeda0;
  border-collapse: collapse;
  border: none;
}
thead {
  background-color: #f3c600;
}
```

```
tfoot {
  background-color: #F7F1D4;
  font-size: 80%;
  border-top: 1px solid #999;
}
td, th {
  text-align: left;
  padding: 0.5em 1em;
}
```

10.4 Auf einen Blick

- Skip-Links helfen nicht visuellen Benutzern bei der Navigation im Dokument und können per CSS für Bildschirm und Druckversion ausgeblendet werden.
- Durch Definition des Ausgabemediums `print` für das HTML-Element `link` können Sie per CSS ganz einfach eine Druckversion erstellen.
- In Stylesheets für den Ausdruck können Sie problemlos absolute Einheiten wie `pt` oder `cm` benutzen.
- HTML-Tabellen dienen zur Darstellung von tabellarischen Daten. Mit CSS kann man die Tabellen überaus hübsch und übersichtlich gestalten.

Kapitel 11

CSS und der Browser: Kaskade, Vererbung oder Standardwert

Worin Sie die Webseite aus der Sicht eines Browsers betrachten. Der Browser erstellt einen Dokumentenstammbaum, sucht für jede Eigenschaft eines jeden Elements nach einem Wert, mit dem er es gestalten soll. Dabei benutzt er drei Konzepte namens Kaskade, Vererbung und Standardwert.

Die Themen im Überblick:

Dieses Kapitel ist eher theoretischer Natur, und wenn Sie gerade keine Lust auf Theorie haben, können Sie es gerne erst einmal überspringen.

Falls Sie in Ihrem Stylesheet allerdings vor scheinbar unlösbaren Phänomenen stehen, die Sie an den Rand des Wahnsinns treiben, kommen Sie einfach zurück und lesen sich dieses Kapitel ganz in Ruhe durch. Es ist die Antwort auf viele Rätsel.

11.1 Überblick: DOM und Kaskade

Eine HTML-Datei ist im Grunde genommen nichts anderes als eine hierarchische Verschachtelung von HTML-Elementen. Wenn ein Browser vom Webserver einen Quelltext bekommt, versucht er als Erstes, sich eine Übersicht über diese Hierarchie zu verschaffen, und erstellt dazu ein Modell.

Der Browser nennt dieses Modell des Quelltextes das »Document Object Model« (abgekürzt DOM), weil es ein Modell der Objekte, also der Dinge auf einer Webseite ist. Wie bei Computern üblich, steht auch dieser Baum auf dem Kopf:

- Das oberste Element einer jeden Webseite ist `html`. Das Stammelement. Abraham. Der Urvater aller Elemente auf dieser Seite.
- Von `html` gehen zwei Elemente ab: `head` und `body`. Man kann also sagen, dass sowohl `head` als auch `body` Kinder von `html` und somit Geschwister sind.

Und so ist das ganze HTML-Dokument eine schrecklich nette Familie mit diversen verwandtschaftlichen Beziehungen und Al Bundy in der Rolle des `body`.

Der DOM-Baum für die Startseite

In Abbildung 11.1 sehen Sie einen Ausschnitt aus dem Baum für die Startseite *index.html*.

Sie sind kein Browser und müssen nicht für jede Webseite einen solchen Stammbaum entwerfen, aber bei der Planung des Stylesheets oder wenn etwas partout nicht klappen will, ist so ein DOM-Baum manchmal durchaus hilfreich.

Ob Sie ihn auf Papier skizzieren oder gedanklich im Kopf entwerfen, spielt dabei keine Rolle, wobei für Einsteiger die Papiervariante einfacher sein dürfte.

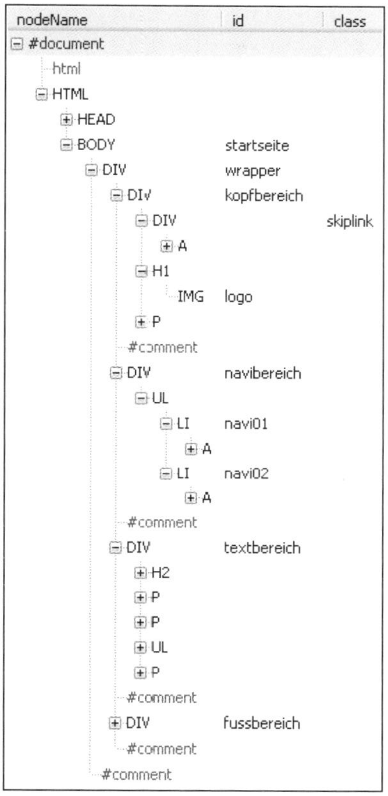

Abbildung 11.1: Der Stammbaum der Startseite im DOM-Inspector

Tipp

Der Stammbaum im Firefox: Extras/DOM Inspector

Wenn im Menü Extras der Befehl DOM-Inspector steht, können Sie sich den Baum anschauen, den der Firefox aus dem HTML gebaut hat (per Tastatur [Strg]+[⇧]+[i]).

Ein Tutorial dazu hat Thomas Stich geschrieben:

- *http://stichpunkt.de/mozilla/moz-inspector.html*

Drei Konzepte: Kaskade, Vererbung und Standardwert

Nachdem der Browser den Dokumentenstammbaum erstellt hat, versucht er herauszufinden, wie er die HTML-Elemente im Browserfenster darstellen soll. Dabei muss er für jedes zu gestaltende Element jeder CSS-Eigenschaft einen eindeutigen Wert zuweisen.

Sollte er dabei für eine bestimmte CSS-Eigenschaft genau einen Wert finden, nimmt er ihn. Klare Sache. Wenn es hingegen keinen oder mehrere Werte gibt, helfen dem Browser drei Konzepte bei seiner Entscheidung:

- *Kaskade*
- *Vererbung*
- *Standardwert*

Diese drei Konzepte werden im Folgenden vorgestellt und erläutert.

Beispiel: margin-bottom für #navibereich ul

Im folgenden Abschnitt soll für die Navigationsliste `ul` der Beispielsite herausgefunden werden, wie viel `margin-bottom` sie bekommt:

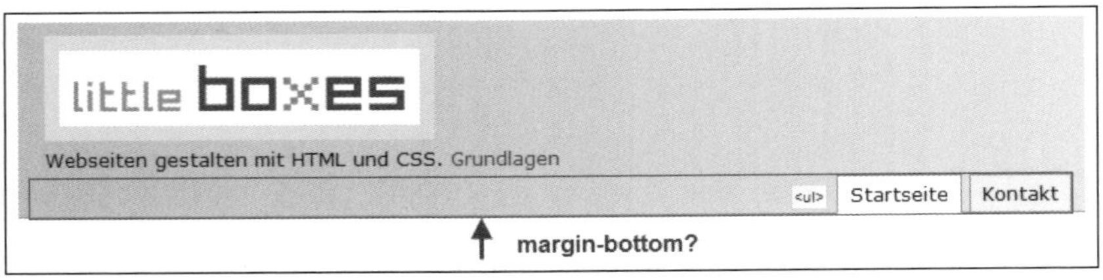

Abbildung 11.2: Wie viel margin-bottom bekommt #navibereich ul?

Die Frage lautet also: »Wie viel unteren Außenrand bekommt die ungeordnete Liste im Navigationsbereich?« Los geht's. Sie sind der Browser. Los geht es zunächst mit der Sammlung aller relevanten Deklarationen.

Tipp

Deklaration, Eigenschaft und Wert und so

Nur zur Erinnerung: Eine *Deklaration* ist die Kombination aus *Eigenschaft* und *Wert*. Getrennt durch einen Doppelpunkt, beendet mit einem Semikolon, zum Beispiel:

- **margin-bottom: 1em;**

Ein anderes Wort für Deklaration ist *Anweisung*.

11.2 Sammle alle relevanten Deklarationen

Bei der Gestaltung eines Elements sammelt der Browser zunächst für jede CSS-Eigenschaft alle relevanten Deklarationen und schreibt sie auf einen metaphorischen Zettel. *Relevant* ist eine CSS-Deklaration dann, wenn der Selektor des Styles das zu gestaltende HTML-Element auswählt.

Relevante Deklarationen: keine, eine oder mehrere

Nach der Sammlung aller relevanten Deklarationen gibt es für jede Kombination von HTML-Element und CSS-Eigenschaft drei Möglichkeiten:

- **Keine Deklaration**

  Findet der Browser gar keine Deklaration, prüft er, ob die Eigenschaft vererbt wird. Wird nichts vererbt, nimmt er den Standardwert.

- **Eine Deklaration**

  Findet der Browser genau eine Deklaration, nimmt er diese zur Gestaltung des Elements.

- **Mehrere Deklarationen**

  Findet der Browser mehrere Deklarationen, werden diese nach *Wichtigkeit*, *Spezifität* und *Reihenfolge* sortiert, bis ein eindeutiger Gewinner feststeht.

Schematisch dargestellt sieht dieser Sachverhalt etwa so aus:

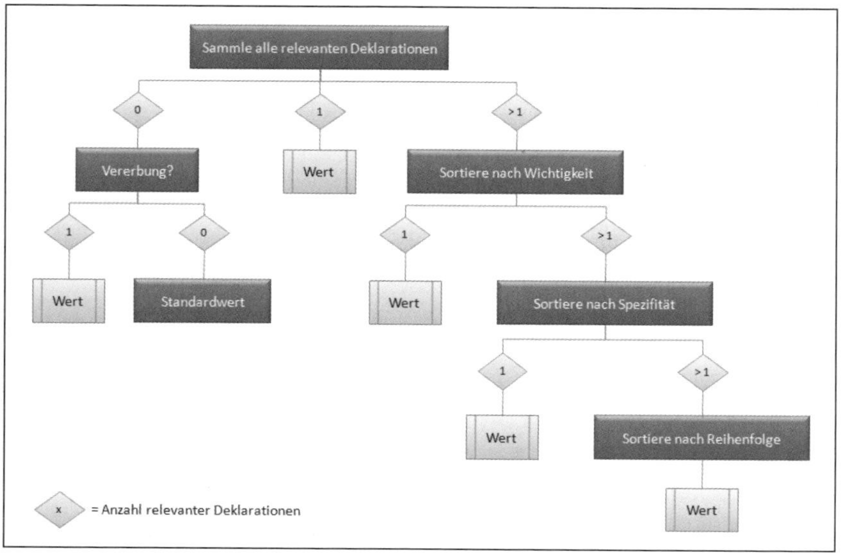

Abbildung 11.3: Der Browser auf der Suche nach einem Wert

Der Browser muss wie gesagt für *jedes* Element im Baum, für jede einzelne mögliche CSS-Eigenschaft einen Wert finden. Viel zu tun. Los geht's.

Mögliche Quellen sind Browser, Autor und Benutzer

Bei der Sammlung relevanter Deklarationen muss ein Browser folgende Quellen berücksichtigen:

- *Browser-Stylesheet*: sein eigenes, fest eingebautes Stylesheet.
- *Autoren-Stylesheet*: Der Autor der Webseite kann CSS in externen Stylesheets oder im HTML-Quelltext einer Webseite definieren.
- *Benutzer-Stylesheet*: Der Benutzer, also der Besucher der Webseite, kann seinem Browser ein eigenes Stylesheet mit auf den Weg geben.

Zuerst schaut der Browser in sein eigenes Stylesheet. Beim Mozilla Firefox heißt es *html.css* und liegt im Programmordner des Firefox im Unterorder `/res` (wie *resources*). In diesem Browser-Stylesheet steht für `ul` folgende CSS-Regel:

```
ul { display: block; margin: 1em 0; }
```

Der Selektor `ul` passt, und `margin-bottom` ist `1em`. Treffer. Diese Regel notiert der Browser auf seinen Zettel. Der Internet Explorer ist übrigens nicht ganz so offenherzig und behält seine eingebauten Styles für sich.

Weiter geht's. Im `head` der Webseite findet der Browser eine Verknüpfung zum Stylesheet *bildschirm.css*. Er untersucht dieses Stylesheet und findet für die `ul` drei Styles, die alle eine Deklaration zu `margin-bottom` enthalten:

```
* {padding: 0; margin: 0; }
h2, p, ul, ol { margin-bottom: 1em; }
#navibereich ul { margin-bottom: 0; }
```

Da es im HTML-Quelltext der Startseite keine weiteren Styles gibt und der Benutzer ebenfalls keine speziellen CSS-Anweisungen gegeben hat, beendet der Browser seine Suche. Insgesamt wurden vier Anweisungen gefunden, von denen zwei einen `margin-bottom` von `1em` definieren und die anderen beiden jeweils eine `0`.

11.3 1. Sortiere nach Wichtigkeit

Bei der Sammlung wurden mehrere Deklarationen gefunden, und dementsprechend versucht der Browser mithilfe eines »Kaskade« genannten Prozesses einen eindeutigen Wert zu finden. Dabei wird zunächst geschaut, ob die gefundenen Deklarationen mit dem Zusatz `!important` (engl. für »wichtig«) als ganz besonders außergewöhnlich unwahrscheinlich wichtig gekennzeichnet wurden.

Normal: Deklarationen ohne !important

Bei normalen Deklarationen ohne den Zusatz `!important` gilt, dass Angaben im Browser-Stylesheet durch Angaben im Benutzer-Stylesheet überschrieben werden, die wiederum von Anweisungen aus einem Autoren-Stylesheet außer Kraft gesetzt werden. Oder kürzer:

- Bei Deklarationen ohne `!important` gilt *Autor* vor *Benutzer* vor *Browser.*

Bei solchen Deklarationen haben Sie als Autor also das letzte Wort. Wenn Benutzer oder Browser einen anderen Wert definiert haben sollten, gewinnt *Ihre* Anweisung.

Wichtig: Deklarationen mit !important

Bei der Auswertung von Deklarationen mit dem Zusatz `!important` sieht das hingegen anders aus. Im Browser-Stylesheet gibt es per Definition keine als wichtig gekennzeichneten Deklarationen, bleiben also Autor und Benutzer als mögliche Quelle. Wenn nun sowohl Autor als auch Benutzer eine Deklaration als `!important` markiert haben, gewinnt *der Benutzer*:

- Bei Deklarationen *mit* `!important` gilt *Benutzer* vor *Autor.*

Im Zweifelsfall haben Sie als Autor der Webseite bei der Gestaltung gegenüber den Besuchern Ihrer Webseite also tatsächlich das Nachsehen. Fazit: Wenn ein Benutzer in seinem Stylesheet eine Anweisung mit `!important` kennzeichnet, werden diese vom Browser genommen. Egal, was Sie als Autor der Webseite sich gewünscht haben.

Die Sortierung nach Wichtigkeit im Überblick

Aus dem Gesagten ergibt sich folgende Abstufung für die Sortierung der Deklarationen, von wichtig nach unwichtig:

- Stufe 1: Deklarationen aus einem Benutzer-Stylesheet *mit* `!important`.
- Stufe 2: Vom Autor definierte Deklarationen *mit* `!important`.
- Stufe 3: Vom Autor definierte Deklarationen *ohne* `!important`.
- Stufe 4: Deklarationen aus einem Benutzer-Stylesheet *ohne* `!important`.
- Stufe 5: Deklarationen aus dem Browser-Stylesheet.

Stufe 3 ist in der Praxis wohl am häufigsten vertreten. Tabelle 11.1 zeigt die Sortierung nach Wichtigkeit für den unteren `margin` der ungeordneten Liste im Navibereich:

Tabelle 11.1: Das Beispiel, sortierrt nach Wichtigkeit

	Relevante Deklarationen	Sortiere nach Wichtigkeit

1.	`ul {`
	`  display: block;`
	`  margin: 1em 0;`
	`}`
		Stufe 5

2.	`* {`
	`  padding: 0;`
	`  margin: 0;`
	`}`
		Stufe 3

3.	`h2, p, ul, ol {`
	`  margin-bottom: 1em;`
	`}`
		Stufe 3

4.	`#navibereich ul {`
	`  margin-bottom: 0;`
	`}`
		Stufe 3

Konkret bedeutet diese Tabelle Folgendes:

- Der Benutzer hat keinerlei CSS-Angaben gemacht.
- Anweisung Nr. 1 ist aus dem Browser-Stylesheet.
- Nr. 2 bis 4 stammen aus dem Autoren-Stylesheet (*bildschirm.css*).
- Keine der Deklarationen hat den Zusatz `!important`.

Da Autoren-Styles in jedem Fall über Browser-Styles stehen, scheidet Anweisung Nr. 1 in dieser Runde aus. Nummer 2 bis 4 stammen alle aus dem Autoren-Stylesheet *bildschirm.css* und ziehen gemeinsam in die nächste Runde der Kaskade.

11.4 2. Sortiere nach Spezifität

In dieser Runde entscheidet die *Spezifität*, das bereits bekannte Punktesystem für Selektoren:

- Der Universalselektor * ist ein Sonderfall und bekommt gar keinen Punkt. No points.
- `ul` ist ein Typ-Selektor und bekommt einen Punkt. One point.
- `#navibereich ul` hingegen bekommt nicht nur twelve points, sondern gleich 101.

Tabelle 11.2 zeigt den Überblick:

	Deklarationen	Sortiere nach Spezifität
1.	`* { padding: 0; margin: 0; }`	0 Punkte
2.	`h2, p, ul, ol { margin-bottom: 1em; }`	1 Punkt
3.	`#navibereich ul { margin-bottom: 0; }`	101 Punkte

Tabelle 11.2: Das Beispiel, sortiert nach Spezifität

Klarer Punktsieger ist also der Selektor `#navibereich ul`, und deswegen hat die ungeordnete Liste im Navigationsbereich einen unteren Außenabstand von 0 (null).

Mit dieser Feststellung ist also bereits eine eindeutige Entscheidung gefallen und die letzte Stufe der Kaskade findet für das Beispiel eigentlich gar nicht mehr statt.

Tipp

Inline-Styles bekommen 1000 Punkte

Ein mit dem Attribut `style` im Anfangs-Tag der `ul`-Liste definierter Inline-Style hätte in dieser Stufe übrigens 1000 Punkte erhalten und locker gewonnen.

11.5 3. Sortiere nach Reihenfolge

Für das Beispiel ist die Suche für den Browser wie gesagt eigentlich erledigt, aber es kann noch eine weitere Stufe der Kaskade geben, nämlich die Sortierung nach der Reihenfolge des Auftretens im Quelltext.

Schauen Sie sich folgenden fiktiven Style an:

Listing 11.1: margin-bottom wird genau genommen zweimal definiert

```
01 #navibereich ul {
02    margin: 20px;
03    margin-bottom: 0;
04 }
```

In diesem Fall wird `margin-bottom` genau genommen gleich zweimal beschrieben. In Zeile 2 werden in Kurzschreibweise 20px unterer Außenabstand definiert, in Zeile 3 hingegen explizit 0. Da beide Deklarationen dieselbe Wichtigkeit (Stufe 3) und eine gleich hohe Spezifität (101 Punkte) haben, sortiert der Browser nach Reihenfolge:

- Wenn zwei Deklarationen aus demselben Stylesheet stammen und sowohl die gleiche Wichtigkeit als auch die gleiche Spezifität haben, gewinnt die *zuletzt notierte Anweisung.*

Die zuletzt notierte Anweisung. Also je dichter am zu gestaltenden Element die Deklaration steht, desto vorrangiger ist sie. Dabei liest der Browser von links nach rechts und von oben nach unten. In Listing 11.1 gilt also der Wert `margin-bottom: 0`.

Nach dieser Runde gibt es *in jedem Fall* eine Entscheidung und die Kaskade ist beendet.

Tipp

Quellen zur Kaskade

Zum Abschluss noch ein paar Quellen zur Kaskade. Zuerst eine sehr gute Erklärung des Konzepts von Tommy Olsson (in English):

- *http://dev.opera.com/articles/view/28-inheritance-and-cascade/*

Die offizielle CSS-Spezifikation vom W3C ist etwas unzugänglicher:

- *http://w3.org/TR/CSS21/cascade.html#cascade*

Auf Deutsch wird die Kaskade von Klaus Langenberg erklärt:

- *http://thestyleworks.de/basics/cascade.shtml*

11.6 Die Vererbung (inheritance)

Wenn der Browser bei der Sammlung relevanter Deklarationen überhaupt keine gefunden hat, tritt die Vererbung auf den Plan. Vererbung bedeutet, dass bestimmte Eigenschaften (z. B. `font-family`) von Vorfahren (z. B. `body`) an Nachfahren (z. B. `#navibereich ul`) weitergegeben werden.

Auch wenn Sie von den mendelschen Gesetzen aus dem Biologie-Unterricht nicht mehr viel wissen, sollten Sie sich die Vererbungslehre für CSS etwas genauer anschauen.

Vererbung macht ein Stylesheet übersichtlicher

Auf der Startseite haben Sie das Prinzip der Vererbung bereits benutzt, zum Beispiel bei der Deklaration der Schriftart und -größe. Eine der ersten Regeln im Stylesheet für die Beispielseiten sieht – etwas verkürzt – so aus:

```
body {
   font-family: Verdana, Arial, Helvetica, sans-serif;
}
```

Listing 11.2: Alle Nachfahren von body erben die Schriftart

Diese Deklaration gilt nicht nur für `body`, sondern auch für alle Nachfahren. Da im Prinzip alle Elemente einer Webseite Nachfahren von `body` sind, gilt die Schriftart für alle Elemente dieser Webseite, sofern im Rahmen der Kaskade nicht bereits etwas anderes definiert wurde.

Wenn es das Prinzip der Vererbung nicht geben würde, müssten Sie alle Elemente namentlich erwähnen, und die gleiche Deklaration könnte ungefähr so aussehen:

Listing 11.3: Ohne Vererbung müssten alle Selektoren explizit aufgeführt werden

```
body, h1, h2, p, ul, li, a, strong, em, address {
   font-family: Verdana, Arial, Helvetica, sans-serif;
}
```

Deutlich umständlicher als vorher. Geschickter Einsatz von Vererbung macht ein Stylesheet übersichtlicher.

Bestimmte Eigenschaften werden nicht vererbt

Einige Eigenschaften werden nicht vererbt. Das gilt zum Beispiel für die Box-Modell-Eigenschaften wie `width`, `padding`, `border` und `margin`. Der Grund liegt auf der Hand:

- Stellen Sie sich ein Dokument vor, in dem für `body` eine 2 Pixel breite rote Rahmenlinie definiert wurde.
- Jetzt stellen Sie sich die Webseite vor, wenn die Eigenschaft `border` an alle Kind-Elemente vererbt würde:

Sie müssten für *jedes Element* auf der Seite explizit `border: none` deklarieren, damit nicht alle Elemente einen roten Rahmen bekommen.

Die wichtigsten *nicht vererbbaren Eigenschaften* sind:

- `padding`, `border` und `margin`
- alle Eigenschaften für `background`
- `width` und `height` (auch in den Varianten `min-` und `max-`)
- `position`, `top`, `right`, `bottom`, `left`
- `float` und `clear`
- `display`

Eine komplette Übersicht finden Sie in der hervorragenden Schnellreferenz von Klaus Langenberg:

- *http://thestyleworks.de/quickref/*

Diese Schnellreferenz gibt es dort auch als PDF zum Download.

Tipp

Mit »inherit« können Sie Vererbung erzwingen

Mit der Deklaration von `inherit` kann ein Webautor erreichen, dass der vom Browser errechnete Wert für das Elternelement übernommen wird. Allerdings verstehen nicht alle Browser `inherit` und deshalb sollte es eher vorsichtig eingesetzt werden.

Potenzielle Probleme bei der Vererbung relativer Werte

Wie im Abschnitt über Werte und Maße gesehen, gibt es in CSS absolute und relative Werte. Während absolute Werte wie `top` oder `pt` oder auch Farbwerte wie `orange` unabhängig von den Werten anderer Elemente und somit immun gegen Veränderung durch Vererbung sind, ist das bei relativen Werten wie Prozent oder `em` anders:

- Eine in `em` definierte Schriftgröße orientiert sich an der Schriftgröße für das Elternelement. Eine Angabe von `0.8em` wird also von Vererbung zu Vererbung ein bisschen kleiner.
- Ebenso geht eine in Prozent definierte Breite von der Breite des umgebenden Elements aus.

Falls beim Umgang mit relativen Werten also seltsame Effekte wie zu kleine Schriftgrößen oder zu schmale Elemente auftreten, denken Sie an die Vererbung und anschließend noch einmal gründlich drüber nach, was da genau passiert sein könnte.

Tipp

Vererbt wird der berechnete Wert

Vererbt wird nicht der im Stylesheet definierte Wert (*specified value*), sondern der vom Browser berechnete Wert (*computed value*). Im Falle einer Schriftgröße also z. B. nicht der angegebene Wert `80%`, sondern die vom Browser berechnete Schriftgröße, z. B. `12px`.

Mit dem Firefox-Add-on *Firebug* können Sie sich genau anschauen, welchen Wert der Browser für welche Eigenschaft berechnet hat.

11.7 Der Standardwert (initial value)

Wenn trotz Vererbung kein Wert für eine bestimmte Eigenschaft gefunden wurde, nimmt der Browser den in der CSS-Spezifikation festgelegten Standardwert, den Sie bei Bedarf auf den Webseiten des W3C in einer unansehnlichen, aber nützlichen Tabelle mit dem schönen Namen *Full Property Table* nachlesen können:

- *http://www.w3.org/TR/CSS21/propidx.html*

11.8 Auf einen Blick

Hier noch einmal die wichtigsten Punkte dieses Kapitels im Überblick:

- Wenn ein Browser den Quelltext einer Webseite erhält, erstellt er zuerst einen Stammbaum des Dokuments (DOM, »Document Object Model«), der die verschachtelte Hierarchie der HTML-Elemente abbildet.
- Bei der Gestaltung eines Elements sammelt der Browser für jede CSS-Eigenschaft zunächst alle relevanten Deklarationen.
- Kaskade. Findet er mehrere Deklarationen, sortiert er diese nach:
  - Sortiere nach Wichtigkeit (`!important`)
  - Sortiere nach Spezifität des Selektors
  - Sortiere nach Reihenfolge des Auftretens
- Vererbung. Findet der Browser keine Deklaration, prüft der Browser, ob er durch *Vererbung* einen Wert findet. Die meisten Eigenschaften des Box-Modells (und einige andere) werden nicht vererbt.
- Der Standardwert. Wird auch nichts vererbt, kommt der in der CSS-Spezifikation festgelegte *Standardwert* zur Anwendung.

IV

CSS-Positionierung – Kästchen verschieben

Kapitel 12

Der Flow und Positionieren mit position

Worin Sie sehen, dass die Kästchen auf einer Seite einem natürlichen Fluss folgen. Überdies lernen Sie, wie Sie den Verlauf dieses Flusses manipulieren und Elemente mit einer Eigenschaft namens position positionieren können.

Die Themen im Überblick:

Es gibt drei Möglichkeiten, Boxen auf einer Webseite zu positionieren:

1. **Normaler Flow:** Zur Abteilung normaler »Fluss« gehören die bereits bekannten normalen Block- und Inline-Elemente sowie Boxen mit relativer Positionierung.
2. **Absolute Positionierung:** Absolut positionierte Elemente werden ganz aus dem Fluss herausgehoben und sind für die anderen Elemente nicht vorhanden. Dazu zählen `position:absolute` und `position:fixed`.
3. **Float:** Schwebende, im CSS-Jargon *gefloatete*, Elemente sind ein Zwischending. Zuerst wird die Box normal positioniert, dann wird sie zum Teil aus dem Fluss herausgehoben und schwebt so weit wie möglich nach rechts oder links.

In diesem Kapitel lernen Sie die Grundlagen der Positionierung mit `position` kennen. Danach folgen zwei Kapitel mit den Grundlagen zu `float`, bevor Sie dieses Wissen in mehrspaltigen Layouts praktisch anwenden. Aber zunächst ein paar Erläuterungen zum Normalzustand einer Webseite, dem *document flow*.

12.1 Flow: Die Seite ist ein langer, ruhiger Fluss

Normalerweise folgen die Elemente auf einer Webseite dem *document flow*, dem »Fluss des Dokuments«. Alle HTML-Elemente schwimmen in diesem Fluss. Er ist der natürliche Zustand einer Webseite und für Webdesigner so wichtig wie Schwerkraft für Architekten. Im Grunde ist die Sache einfach:

- Ein einzelnes Element wird so weit wie möglich links und oben positioniert.
- Wenn weitere Elemente dazukommen, werden sie jeweils rechts davon angeordnet, und zwar so lange, bis kein Platz mehr ist.
- Wenn rechts kein Platz mehr ist, rutschen sie eine Zeile tiefer und beginnen wieder ganz links.

Panta rhei. Alles fließt. Der Flow macht Webseiten so flexibel wie die im ersten Kapitel auf Seite 32 beschriebene Zeitung. Als Webdesigner sollten Sie diesen Flow *verstehen* und versuchen, mit ihm zu arbeiten, nicht gegen ihn.

12.2 Der normale Fluss der Boxen

Um ein bisschen Gefühl für den Flow zu bekommen, wird vor der Zähmung der Widerspenstigen beim Layouten zunächst das natürliche Verhalten der Boxen in freier Wildbahn studiert.

Drei Boxen im Fluss

Schauen Sie sich folgendes HTML und CSS an:

Tabelle 12.1: Drei Boxen in Fluss des Dokuments

HTML	CSS

`<body>`
  `<div>Box 1</div>`
  `<div>Box 2</div>`
  `<div>Box 3</div>`
`</body>`
	`body {`
	  `color: black;`
	  `background-color: gray;`
	  `padding: 0;`
	  `margin:0;`
	`}`
	`div {`
	  `background-color: white;`
	  `padding: 10px;`
	  `border: 1px solid black;`
	  `margin: 5px;`
	`}`

Weil `div` ein Block-Element ist, stehen die drei Kästen untereinander, auch wenn sie nur wenig Inhalt haben.

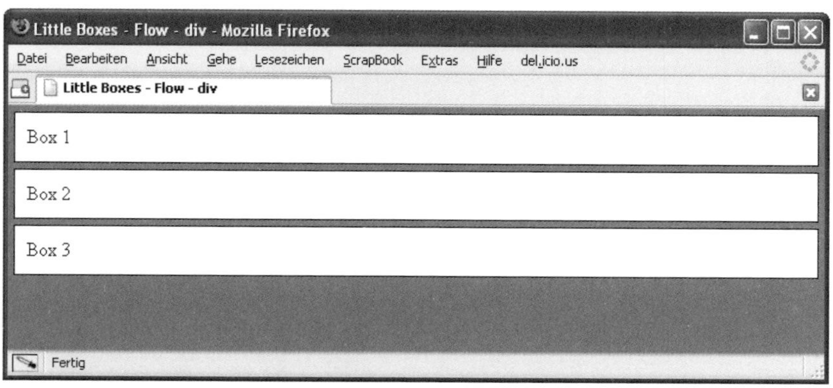

Abbildung 12.1: Block-Elemente werden so breit, wie es geht, und stehen untereinander

Ein Block-Element ist von Natur aus raumgreifend veranlagt und nimmt immer die verfügbare Breite des Eltern-Elements ein, in diesem Fall also von `body`.

Drei verkürzte Boxen im Fluss

Im nächsten Schritt werden die drei `div`-Geschwister mit `width` auf 20% verkürzt:

Listing 12.1: Verkürzung von div auf 20%

```
div {
   width: 20%;
   background-color: white;
   padding: 10px;
   border: 1px solid black;
   margin: 5px;
}
```

Alles andere bleibt unverändert. 3 mal 20 sind 60. Stehen die Boxen jetzt nebeneinander? No. They don't. Auch die kurzen Boxen stehen untereinander (siehe Abbildung 12.2). `div` ist ein Block-Element, und Block-Elemente haben einen integrierten Zeilenumbruch. Die Eigenschaft `width` verkürzt die Box zwar, der Zeilenumbruch aber bleibt.

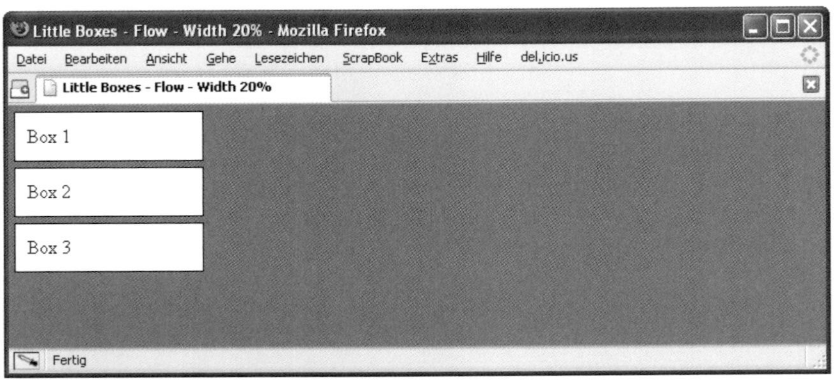

Abbildung 12.2: Auch die kurzen Boxen bleiben untereinander

Dieses normale Verhalten der Boxen im Flow wird im CSS-Jargon übrigens auch als `position:static` bezeichnet. Ausgerechnet die Positionierung, die dem natürlichen Fluss der Elemente freien Lauf lässt, bekommt den Namen *static*. Such is life.

12.3 Versetzt weiterfließen: position: relative

Die relative Positionierung mit `position: relative` macht zwei Dinge:

- Sie verschiebt die Box von ihrer normalen Position im Fluss.
- Sie markiert den ursprünglichen Platz des Elements als geschützt.

Die anderen Elemente im Dokument verhalten sich so, als ob das Element noch an seinem *ursprünglichen* Platz im normalen Fluss steht.

HTML und CSS werden für dieses Beispiel ein klein wenig geändert:

Tabelle 12.2: Relative Positionierung

HTML	CSS

<body>
<div **id="anders"**>Box 1</div>
<div>Box 2</div>
<div>Box 3</div>
</body>
	body {
	color: black;
	background-color: gray;
	padding: 0;
	margin:0;
	}
	div {
	background-color: white;
	padding: 10px;
	border: 1px solid black;
	margin: 5px;
	}
	#anders {
	position: relative;
	top: 25px;
	right: 25px;
	background-color: #f3c600;
	}

Und hier das Ergebnis:

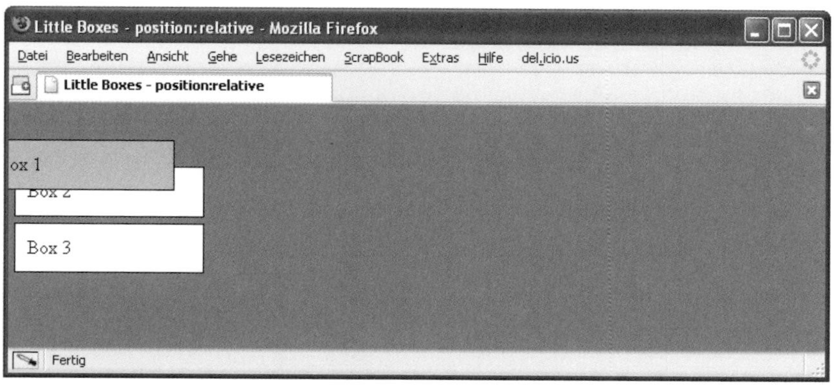

Abbildung 12.3: Relative Positionierung in Aktion

Beachten Sie, dass Box 2 und 3 sich überhaupt nicht verändern. Bei der relativen Positionierung bleibt die ursprüngliche Position des Elements wie gesagt geschützt und wird nicht von den nachfolgenden Elementen beansprucht.

Ein positioniertes Element bekommt seine genauen Koordinaten mit den Eigenschaften `top`, `right`, `bottom` und `left`, die bei der relativen Positionierung von der ursprünglichen Position im Flow aus gemessen werden:

- `top:25px` drückt die Box nach *unten*. An der normalen Position der Box werden oben 25 Pixel eingefügt.
- `right:25px` schiebt die Box nach *links*, sodass sie zum Teil verschwindet. An der ursprünglichen Position werden rechts 25 Pixel eingefügt.

Alle Angaben sind relativ zur ursprünglichen Position und geben an, wo der Wert eingefügt wird, und nicht, in welche Richtung die Box geschoben werden soll. Eigentlich logisch, aber `position:relative` wirkt auf den ersten Blick ein bisschen wie von hinten durch die Brust ins Auge.

12.4 Raus aus dem Fluss: position: absolute

Im Gegensatz zur relativen nimmt die *absolute Positionierung* das Element komplett aus dem Fluss heraus. Das Element wird – bildlich gesprochen – hochgezogen, und alle anderen Elemente auf der Seite verhalten sich so, als ob es gar nicht da wäre.

Das HTML für dieses Beispiel ist absolut identisch mit dem für die relative Positionierung, und im CSS wird genau ein Wort geändert:

Tabelle 12.3: Absolute Positionierung

HTML	CSS
<body>	body {
<div id="anders">Box 1</div>	color: black;
<div>Box 2</div>	background-color: gray;
<div>Box 3</div>	padding: 0;
</body>	margin:0;
	}
	div {
	background-color: white;
	padding: 10px;
	border: 1px solid black;
	margin: 5px;
	}
	#anders {
	position: **absolute**;
	top: 25px;
	right: 25px;
	background-color: #f3c600;
	}

Nur ein einziges Wort geändert, aber die Wirkung ist enorm. Box 1 steht plötzlich rechts, und bemerkenswerterweise rutschen die Boxen 2 und 3 nach oben:

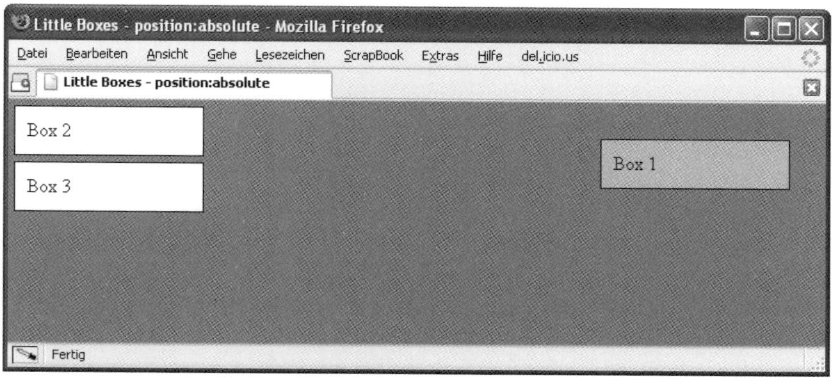

Abbildung 12.4: Nur ein Wort geändert – absolute Positionierung

Absolut positionierte Elemente werden aus dem Fluss herausgehoben und liegen *über* den anderen Elementen.

Die genaue Position wird wieder durch `top`, `right`, `bottom` oder `left` angegeben, aber die Werte für diese vier Eigenschaften orientieren sich nicht mehr an der ursprünglichen Position der Box im Fluss:

1. Die absolute Positionierung eines Elements bezieht sich auf das nächste umgebende Element (*containing block*), das mit `relative`, `absolute` oder `fixed` positioniert ist.
2. Falls kein positioniertes umgebendes Element vorhanden ist (was in der Praxis häufig der Fall ist), erfolgt die Positionierung relativ zum obersten Element des Dokumentbaums, und das ist nicht `body`, sondern `html`.

Diese beiden Aussagen kann man so zusammenfassen:

- *Absolute* Positionierung ist *relativ* zu irgendeinem Bezugspunkt.
- Es gibt *zwei verschiedene* mögliche Bezugspunkte:
  - ein umgebendes positioniertes Element
  - das Stammelement `html`

Diese Tatsachen sorgen im Alltag für viel Verwirrung und sollen deshalb im Folgenden der Reihe nach etwas genauer unter die Lupe genommen werden.

Tipp

Überlappungen kontrollieren mit z-index

Falls sich absolut positionierte Elemente überlappen, können Sie mithilfe der Eigenschaft `z-index` festlegen, welche Elemente vorne und welche hinten liegen. z-index bekommt eine beliebige Zahl zugewiesen, wobei die Grundregel lautet: »Je höher der Wert, desto dichter am Betrachter«. Ein absolut positioniertes Element mit `z-index: 300` liegt also über einem Element mit `z-index: 100`. Mehr dazu finden Sie in Little Boxes, Teil 2.

12.5 Absolute Positionierung auf der Beispielsite

In diesem Abschnitt möchte ich Ihnen zeigen, wie Sie absolute Positionierung in der Praxis einsetzen können.

Auf der »Little Boxes«-Startseite steht das Logo im Kopfbereich zwischen `<h1>` und `</h1>`. Darunter steht der Absatz »Webseiten gestalten mit HTML und CSS. Grundlagen.«, der in diesem Abschnitt mithilfe absoluter Positionierung rechts neben die Grafik verschoben werden soll.

Nur absolute Positionierung: relativ zum Stammelement html

In der ersten Variante wird nur die absolute Positionierung verwendet. Der Absatz im Kopfbereich wird dadurch relativ zum Stammelement `html` positioniert:

ToDo: Positionierung des Absatzes relativ zum Stammelement html

1. Ändern Sie die Regel für `#kopfbereich p` wie folgt:

```
#kopfbereich p {
  position:absolute;
  top: 25px ;
  left: 50%;
  padding: 5px 0 5px 0;
  margin-bottom: 0;
 }
```

2. Speichern Sie das Stylesheet und betrachten Sie die Webseiten im Browser.

Die Webseite sieht mit dieser Regel im Browser ungefähr so aus:

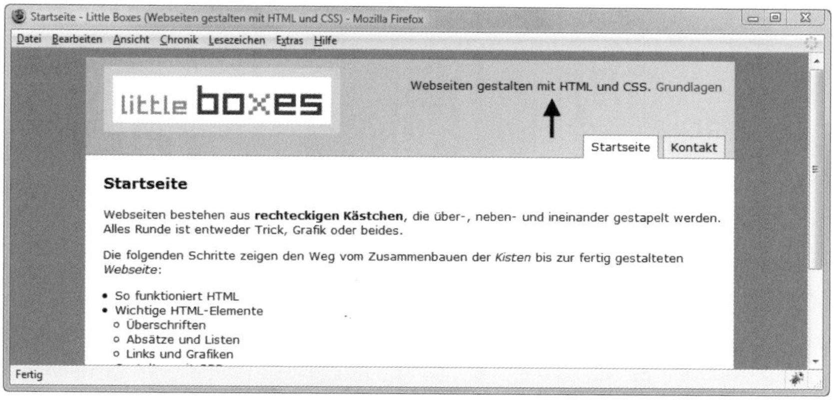

Abbildung 12.5: Absolut positioniert, scheinbar okay

Auf den ersten Blick sieht die Seite ganz okay aus. Die folgenden Dinge sind passiert:

- Zuerst wird `#kopfbereich p` komplett aus dem Fluss herausgehoben und ist somit für andere Elemente nicht mehr vorhanden. Dadurch rutscht der Navigationsbereich ein Stück nach oben.
- Da es kein umgebendes positioniertes Element gibt, beziehen sich die Angaben `top:25px` und `left:50%` auf das Stammelement `html`. Der Absatz beginnt `25px` von oben und genau auf der Hälfte des Browserfensters.

Die vertikale Positionierung vom oberen Rand des Browserfensters ist auf diese Weise noch einigermaßen genau möglich, aber die horizontale Positionierung mit `50%` von links beruht auf Versuch und Irrtum und ist reine Glückssache.

Auch wenn die Webseite in Abbildung 12.5 okay aussieht, ist sie ein Kartenhaus und nicht besonders stabil. Abbildung 12.6 zeigt was passiert, wenn zum Beispiel der Wrapper nicht mehr im Browserfenster zentriert wird.

Dem positionierten Absatz sind solche Änderungen egal. Er bleibt horizontal einfach bei 50% des Browserfensters stehen, weil sein Bezugspunkt das Stammelement `html` ist. Er weiß nichts von einem Kopfbereich.

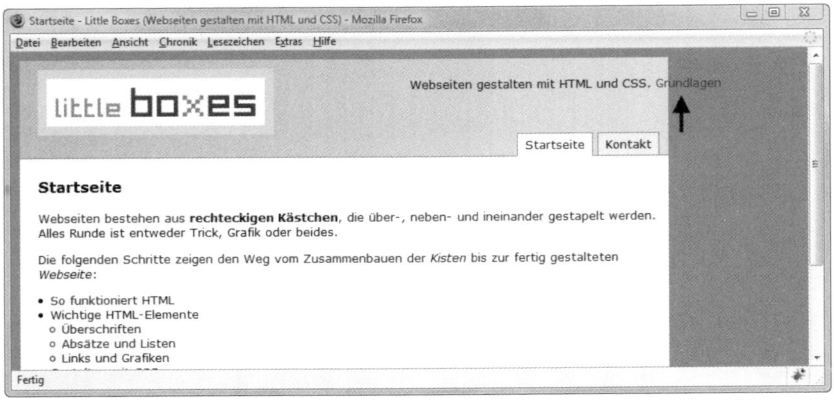

Abbildung 12.6: Absolut positioniert, nicht mehr okay

Um Missverständnissen vorzubeugen: Die absolute Positionierung zum Stammelement `html` hat durchaus ihre Berechtigung, zum Beispiel in den ab Seite 291 gezeigten mehrspaltigen Layouts mit absoluter Positionierung, aber in diesem Beispiel ist die im folgenden Abschnitt gezeigte Kombination von absoluter Positionierung mit einem relativ positionierten umgebenden Element die bessere Lösung.

Absolute Positionierung kombiniert mit einem umgebenden, relativ positionierten Element

Besser und vor allem zuverlässiger wäre es, den Absatz *relativ zum Kopfbereich* zu positionieren, und genau das erreichen Sie durch einen einfachen Trick. Wie hieß es etwas weiter oben so schön:

> *Die absolute Positionierung eines Elements erfolgt relativ zum nächsten umgebenden Element* (containing block)*, das ebenfalls positioniert ist (`relative`, `absolute` oder `fixed`).*

Und jetzt der Trick: Wenn Sie den Kopfbereich mit `position:relative` versehen, ihm aber keinerlei Werte mit auf den Weg geben, bleibt er zwar im *flow*, gilt aber als positioniert und wird dadurch zum Bezugspunkt für die absolute Positionierung von `#kopfbereich p`. Klingt kompliziert? Probieren Sie es aus:

ToDo: Positionierung des Absatzes relativ zum Kopfbereich

1. Ändern Sie das Stylesheet *bildschirm.css* wie folgt:

```
#kopfbereich {
  position: relative; /* positioniert, aber bleibt im Fluss */
  color: black;
  background: #ffe574 url(farbverlauf.jpg) repeat-y top left;
  padding: 10px 20px 0 20px;
}

  #kopfbereich p {
    position:absolute;
    top: 10px ;
    right: 10px;    /* war vorher left: 50% */
    padding: 5px 0 5px 0;
    margin-bottom: 0;
  }
```

2. Speichern Sie das Stylesheet und betrachten Sie die Webseiten im Browser.

Auf den ersten Blick sieht das Ergebnis gar nicht so viel anders aus als in Abbildung 12.5:

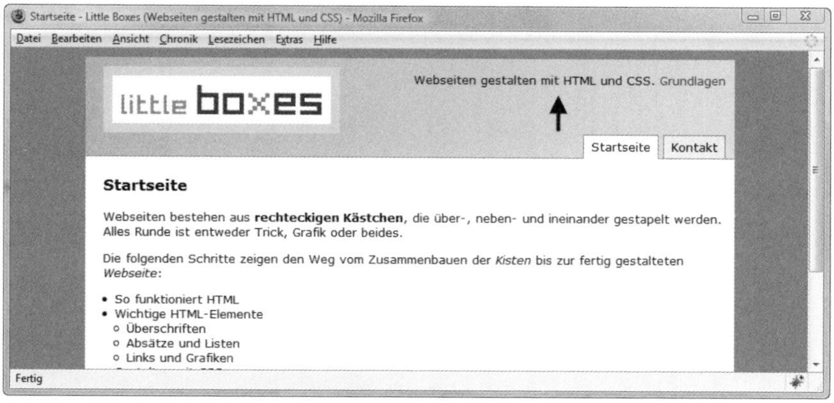

Abbildung 12.7: Absolut positioniert, relativ zum Kopfbereich

Diese Kombination von absoluter und relativer Positionierung bietet einige Vorteile:

- Der Bezugspunkt für den Absatz ist jetzt `#kopfbereich`, und zwar genau genommen die äußere Kante des `padding` (»the padding edge«) oben und rechts.
- Wenn zum Beispiel die Seite selbst nicht mehr zentriert wird, macht das nichts, der Absatz wird den Kopfbereich niemals verlassen.

Merke: Die *absolute* Positionierung wird durch diesen kleinen Trick *relativ* flexibel.

Wenn der Wrapper nicht mehr im Browserfenster zentriert wird, bleibt der Absatz trotzdem innerhalb des Kopfbereichs:

Abbildung 12.8: Absolut positioniert, relativ zum Kopfbereich

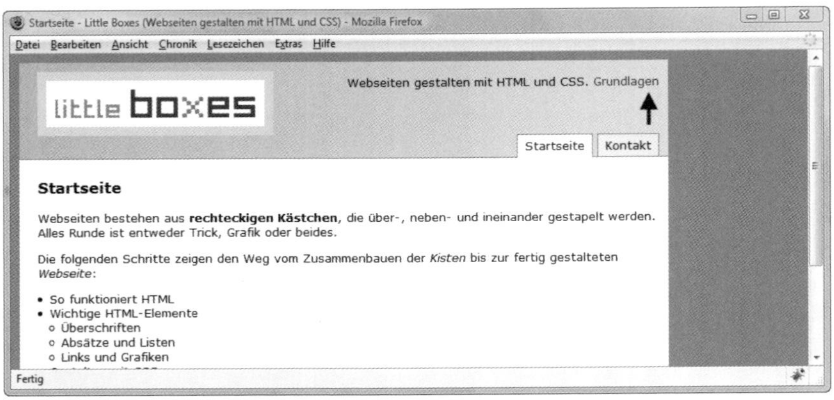

Mit einem einfachen `display: block` für das `span`-Element können Sie das rot eingefärbte Wort »Grundlagen« übrigens eine Zeile tiefer setzen. Und mit einem `text-align: right` für das umgebende `p` würden beide Zeilen rechts ausgerichtet werden. Probieren Sie es einmal aus.

Tipp

Grundlagentechnik: absolute und relative Positionierung kombinieren

Die in diesem Beispiel gezeigte Kombination von absoluter Positionierung in Verbindung mit einem umgebenden, relativ positionierten Element ist eine sehr nützliche Grundlagentechnik zur Positionierung, die auf Webseiten häufig eingesetzt wird.

12.6 Wie ein Fels in der Brandung: position: fixed

Die feste Positionierung mit `position:fixed` verhält sich fast genau wie `position:absolute`, mit einem kleinen, aber feinen Unterschied:

- Ein fixiertes Element scrollt nicht mit.

Absolut positionierte Elemente sind relativ zu einem Bezugspunkt im Dokument und scrollen daher mit. Bei fixierten Elementen ist das anders:

- Das umgebende Element (*containing block*) ist für fixierte Elemente immer das Browserfenster (der sogenannte *viewport*).

Da das Browserfenster selbst nicht mitscrollt, bleiben auf der Seite fixierte Elemente stehen. `position:fixed` ist ideal geeignet für Navigationsbereiche und würde die Benutzung der zu Recht in Verruf geratenen Frames fast vollständig überflüssig machen. Leider ignoriert der Internet Explorer bis inkl. V6 `position:fixed`, was für das gewünschte Layout zum Teil drastische Folgen haben kann. IE7 und IE8 interpretieren `position: fixed` korrekt.

Hier ein kleines Beispiel. Gegeben sei folgendes HTML, in dem das fett gedruckte `div`-Element per CSS fixiert wird (den Blindtext können Sie sich übrigens bei *http://lipsum.org* erzeugen lassen):

```
<body>
<div id="fixiert">Fixierte Box</div>
<p>Absatz 1. Lorem ipsum dolor sit amet, consectetuer adipiscing elit.
Morbi rhoncus volutpat nisl. Praesent elementum odio ac nibh. Duis at
quam nec dolor consequat blandit. Sed libero. Vivamus faucibus purus non
purus. Suspendisse id ante ut nulla facilisis porta.</p>
<p>Absatz 2. Nullam vulputate hendrerit nunc. Nullam dapibus blandit
orci. Nunc metus. Sed sed ante. Cras interdum, erat at pharetra sodales,
elit ligula nonummy nisi, sit amet auctor purus leo vel urna.
Pellentesque ac augue sit amet ipsum nonummy sodales. Sed libero augue,
ultricies et, tristique ut, posuere commodo, ligula. Integer aliquet.
Donec varius lectus. </p>
</body>
```

Listing 12.2: Ein bisschen HTML mit zu fixierendem div-Element

Und hier das CSS dazu:

Listing 12.3: Das CSS zur Fixierung des div-Elements

```
p { margin-left: 25%; }
#fixiert {
   position: fixed;
   top: 10px;
   left: 10px;
   background-color: #f3c600;
   width: 15%;
   padding: 10px;
   border: 1px solid black;
}
```

Diese beiden Quelltext-Schnipsel ergeben folgendes Bild, links im Firefox, rechts im Internet Explorer 6:

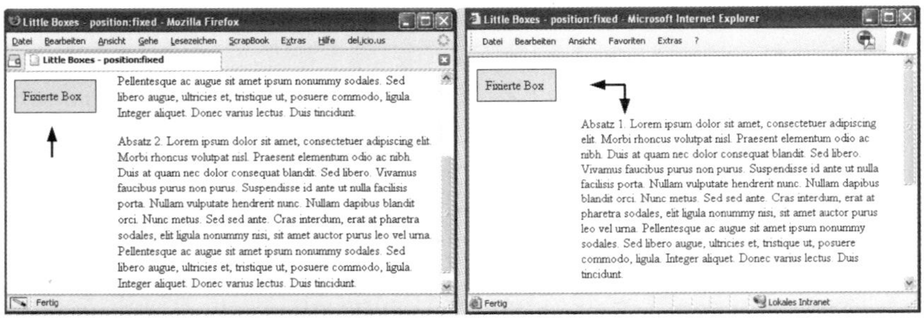

Abbildung 12.9: position-fixed im Firefox und im Internet Explorer 6

Wie Sie sehen, ignoriert der Internet Explorer 6 `position:fixed` komplett, und die HTML-Elemente fließen ganz normal weiter. Diese Tatsache macht den Einsatz von `position:fixed` zwar nicht prinzipiell unmöglich, erhöht den Aufwand aber doch beträchtlich.

Tipp

Workarounds für IE6 und position: fixed

Wenn Sie trotzdem nicht auf den Einsatz von fixierten Bereichen verzichten möchten, gibt es im Web zahlreiche Tutorials zu Workarounds, zum Beispiel bei The Styleworks:

- *http://thestyleworks.de/tut-art/iewinfixed.shtml*

12.7 Auf einen Blick

Hier noch einmal die wichtigsten Punkte dieses Kapitels im Überblick:

- Die HTML-Elemente einer Webseite folgen dem *document flow*, dem natürlichen Fluss des Dokuments:
  - Ein einzelnes Element beginnt so weit wie möglich links und oben.
  - Weitere Elemente werden rechts davon angeordnet, bis kein Platz mehr ist.
  - Falls kein Platz ist, rutschen sie eine Zeile tiefer und beginnen wieder links.
- Block-Elemente haben einen integrierten Zeilenumbruch und beanspruchen unabhängig von ihrer Breite immer eine ganze Zeile.
- Es gibt drei Werte zur CSS-Eigenschaft `position`, und zwar `relative`, `absolute` und `fixed`. Die genauen Koordinaten zur Positionierung werden jeweils mit den Eigenschaften `top`, `right`, `bottom` und `left` angegeben.
- Relative Positionierung verschiebt das Element relativ zu seiner ursprünglichen Position im *flow*. Die ursprüngliche Position bleibt geschützt.
- Absolute Positionierung nimmt das Element aus dem Fluss. Die Werte für `top`, `right`, `bottom` und `left` beziehen sich entweder auf das Stammelement `html` oder auf das nächste umgebende Element, das ebenfalls positioniert ist.
- Fixierte Elemente bleiben an ihrer Position stehen und scrollen nicht mit. Der Internet Explorer 6 versteht `position: fixed` nicht und lässt fixierte Elemente normal weiterfließen.

Kapitel 13

Positionieren mit float: schwebende Boxen

Worin Sie eine schwebende Grafik von Text umfließen lassen, den Schwebezustand per clear beenden und anschließend ein paar Übungen zum Floaten mit mehreren Boxen machen.

Die Themen im Überblick:

Neben den im vorherigen Kapitel gesehenen vier Positionierungsarten gibt es noch die Eigenschaft `float`, mit der Sie ebenfalls die Positionierung eines Elements verändern können. Float ist im Gegensatz zu `static`, `relative`, `absolute` und `fixed` aber kein Wert von `position`, sondern eine eigenständige CSS-Eigenschaft.

»To float« heißt »schweben«, und eine schwebende Box macht drei Bewegungen: Sie erhebt sich aus dem normalen Fluss, schwebt wie ein losgelassener Heliumluftballon in der umgebenden Kiste auf der einen Seite nach oben und driftet dann je nach Windrichtung so weit es geht auf die andere Seite.

13.1 Text um Bilder fließen lassen

Das klassische Einsatzgebiet für `float` ist die Positionierung von Grafiken in einem Fließtext. Um zu zeigen, wie `float` funktioniert, binden Sie auf der Startseite eine Grafik ein und lassen den Text auf der Seite drum herum fließen.

Die Grafik einbinden

Als Beispielfoto bietet sich ein schwebender Luftballon an. Sie können für das folgende Beispiel eine beliebige eigene Grafik benutzen oder die Beispieldatei *ballon.jpg* von der Buch-CD nehmen.

ToDo: Eine Grafik auf der Startseite einbinden

1. Kopieren Sie die Grafik *ballon.jpg* in den Übungsordner, in dem auch die Startseite *index.html* liegt.
2. Öffnen Sie die Startseite *index.html* und fügen Sie die Grafik an den Anfang des ersten Fließtextabsatzes ein:

```
<div id="textbereich">
<h2>Startseite</h2>
<p>
<img src="ballon.jpg" alt="Roter Luftballon" width="78"
height="100" /> Webseiten bestehen aus <strong>rechteckigen
Kästen</strong>, <!-- Rest des Absatzes -->
</p>
```

3. Speichern Sie die Webseite und betrachten Sie sie im Browser.

Das Bild ist drin, aber so besonders hübsch sieht es nicht aus:

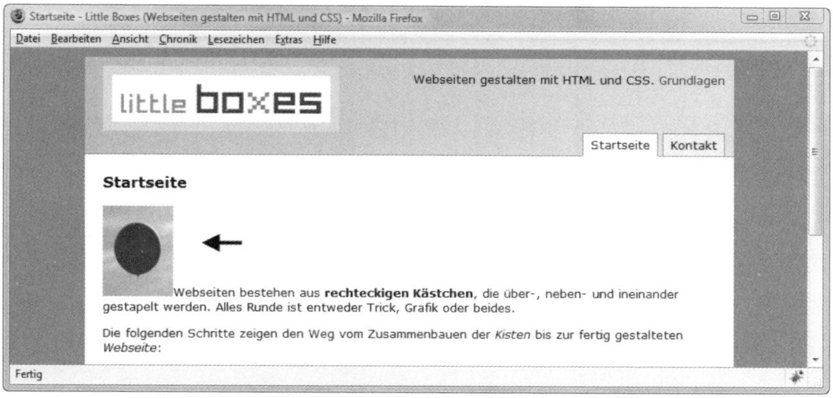

Abbildung 13.1: Der Ballon ist drin, schwebt aber noch nicht

Die Grafik floaten

Die Eigenschaft `float` kann die Werte `left` oder `right` bekommen, um das Element nach links (`float: left`) oder nach rechts (`float: right`) schweben zu lassen. Nur der Vollständigkeit halber: In die Mitte schweben lassen geht nicht, es gibt kein `float: center`. Versuchen Sie es gar nicht erst.

Um den Ballon nach rechts schweben zu lassen, können Sie die Deklaration `float:right` mit dem Attribut `style` direkt in das `img`-Element schreiben:

ToDo: Die eingebundene Grafik auf der Startseite nach rechts floaten

1. Öffnen Sie die Startseite *index.html* und ändern Sie den Quelltext wie folgt:

```
<h2>Startseite</h2>
<p><img src="ballon.jpg" alt="Roter Luftballon" width="78"
height="100" style="float:right;" />Webseiten bestehen aus ...
```

2. Speichern Sie die Webseite und betrachten Sie sie im Browser.

Noch nicht besonders hübsch, aber der Text fließt um die Grafik herum. Die Grafik macht zunächst die drei typischen Float-Bewegungen:

- aus dem Fluss heraus,
- in der umgebenden `p`-Kiste (am linken Rand) ganz nach oben
- und dann so weit wie möglich nach rechts.

Da die Grafik in der `p`-Kiste sitzt, schwebt sie nicht höher als die obere Grenze des Absatzes, ragt aber nach unten heraus:

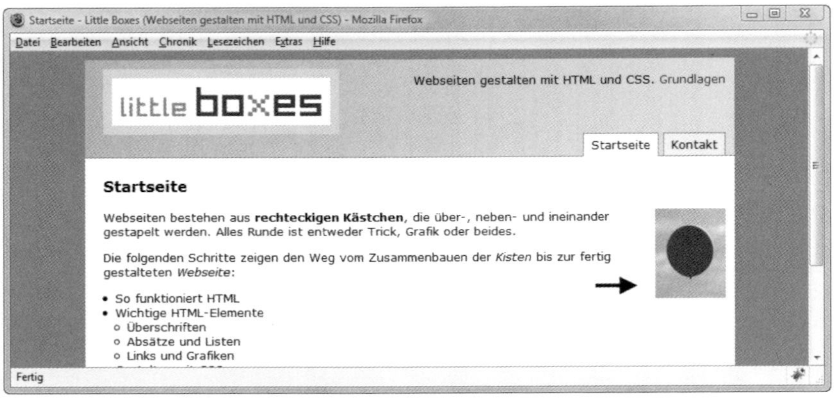

Abbildung 13.2: Der Ballon schwebt nach rechts

Wichtig beim Floaten ist unter anderem die folgende Tatsache:

- Der Text im Inhaltsbereich des Absatzes umfließt die Grafik.
- `background`, `padding`, `border` und `margin` des Absatzes hingegen fließen *nicht* um die Grafik, sondern rutschen darunter.

Mit anderen Worten: Nur der Text im Inhaltsbereich des Absatzes fließt um die Grafik, die Eigenschaften `background`, `padding`, `border` und `margin` reichen bis unter die gefloatete Grafik und befinden sich tatsächlich *dahinter*.

Abstand zwischen Grafik und Text definieren

Um einen bestimmten Abstand zwischen Text und Grafik zu definieren, weisen Sie ihn am einfachsten nicht dem drum herum fließenden Absatz zu, sondern der schwebenden Grafik.

ToDo: Abstand zwischen der Grafik und umfließendem Text festlegen

1. Öffnen Sie die Startseite *index.html* und ändern Sie den Quelltext wie folgt:

```
<h2>Startseite</h2>
<p><img src="ballon.jpg" alt="Roter Luftballon" width="78"
height="100" style="float:right; margin-left: 15px;" />
Webseiten bestehen aus ...
```

2. Speichern Sie die Webseite und betrachten Sie sie im Browser.

Jetzt ist durch das `margin-left` ein Abstand von 15px zwischen umfließendem Text und gefloateter Grafik. Falls kein Unterschied sichtbar wird, spielen Sie einfach ein bisschen mit dem Wert für `margin-left`.

13.2 Praktisch: CSS-Klassen zum Floaten

Zum Testen ist es völlig in Ordnung, wie im vorherigen ToDo Inline-Styles direkt in den HTML-Quelltext zu schreiben, aber unter dem Gesichtspunkt der Wiederverwendbarkeit bietet es sich an, im Stylesheet jeweils eine Klasse für nach links und nach rechts schwebende Bilder einzurichten. Passende Namen wären zum Beispiel `.bildlinks` und `.bildrechts`.

Diese Klassen können Sie den Grafiken auf den Webseiten nach Belieben zuweisen:

- Soll ein Element nach links schweben, bekommt es im HTML `class="bildlinks"`.
- Soll es nach rechts floaten, entsprechend `class="bildrechts"`.

Im folgenden ToDo wird mithilfe von `padding` und `border` gleich noch ein hübscher (Bilder)rahmen definiert.

ToDo: CSS Klassen erstellen und der Grafik zuweisen

1. Öffnen Sie ggf. das Stylesheet *bildschirm.css*.
2. Definieren Sie im Stylesheet am Ende von Abschnitt 2 für allgemeine Klassen die folgenden zwei Styles:

```
.bildlinks {
  float:left;
  padding: 3px;
  border: 5px solid #ccc;
  margin-right: 10px;
  margin-bottom: 10px;
}
.bildrechts {
  float:right;
  padding: 3px;
  border: 5px solid #ccc;
  margin-bottom: 10px;
  margin-left: 10px;
}
```

3. Speichern Sie das Stylesheet.
4. Entfernen Sie auf der Startseite *index.html* das Attribut `style` für die Grafik und fügen Sie stattdessen die Klasse `bildrechts` hinzu:

```
<p><img src="ballon.jpg" alt="Roter Luftballon" width="78"
height="100" class="bildrechts" /> ...
```

5. Speichern Sie die Webseite und betrachten Sie sie im Browser.

So sieht die Seite mit einer per `.bildrechts` formatierten Grafik jetzt im Browser aus:

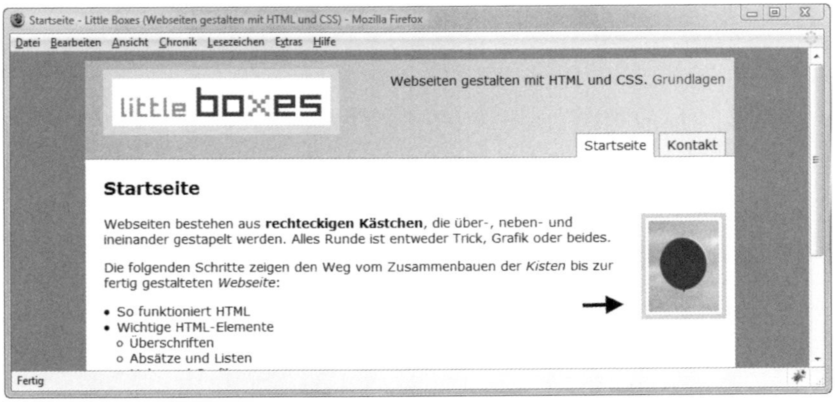

Abbildung 13.3: Der Ballon schwebt und sieht gut aus

Tipp

Doppelter Außenabstand im Internet Explorer 6?

Wenn ein gefloatetes Element einen horizontalen margin hat, verdoppelt der Internet Explorer diesen manchmal einfach. Dieser »double-margin float bug« lässt sich leicht beheben, indem Sie dem gefloateten Element die Deklaration display: inline; zuweisen.

Diese Anweisung ist eigentlich völlig sinnlos, denn ein gefloatetes Element ist *immer* ein Block-Element, aber der Trick hat keine bekannten Nebenwirkungen in anderen Browsern und veranlasst den IE6 mysteriöserweise zur korrekten Berechnung von margin.

13.3 Floats beenden mit clear

In Abbildung 13.3 sehen Sie, dass nicht nur der erste Absatz die Grafik umfließt, sondern auch alle folgenden. Das liegt daran, dass die gefloatete Grafik aus dem ersten Absatz nach unten herausragt.

Um diesen Sachverhalt zu verdeutlichen, bekommt der Absatz mit der Grafik einen farbigen Hintergrund (z. B. <p style="background-color: pink">). Dadurch wird sichtbar, dass die Grafik wirklich nach unten aus diesem Absatz herausragt. Achten Sie auch darauf, dass die Hintergrundfarbe des Absatzes *hinter* dem Bild weitergeht:

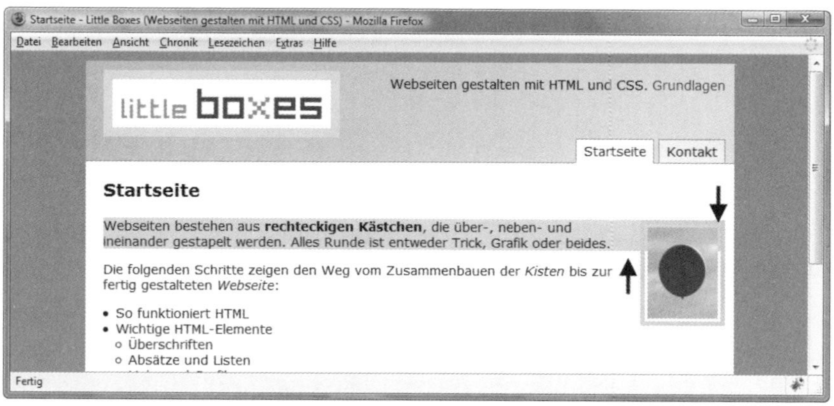

Abbildung 13.4: Der Ballon ragt unten aus dem ersten Absatz heraus

Wenn dieses Verhalten nicht gewünscht ist, muss der durch float ausgelöste Schwebezustand für die folgenden Elemente mit der Eigenschaft clear beendet werden.

`clear` zwingt ein folgendes Element, *unterhalb* eines gefloateten Elements zu beginnen, und nicht daneben. `clear` kann die Werte `left`, `right` oder `both` bekommen:

- `clear:left` beendet ein `float:left` ,
- `clear:right` ein `float: right` ,
- `clear:both` beendet sowohl `float: right` als auch `float:left`.

Es spricht nicht viel dagegen, fast immer `clear: both` zu verwenden, und auch hierzu kann man gleich eine Klasse im CSS einrichten, die Sie später noch einsetzen werden. Im ToDo heißt diese Klasse *clearing*, aber der Name ist beliebig wählbar:

ToDo: CSS-Klasse zum Clearen von Elementen erstellen

1. Öffnen Sie ggf. das Stylesheet *bildschirm.css*.
2. Definieren Sie im Stylesheets am Ende des Abschnitts für allgemeine Klassen den folgenden Style:

   ```
   .clearing { clear: both; }
   ```
3. Speichern Sie das Stylesheet.

Wenn der zweite Textabsatz auf der Beispielseite nicht mehr *neben*, sondern *unter* der Grafik beginnen soll, weisen Sie ihm im HTML die eben definierte Klasse zu:

Listing 13.1: Einem Absatz die Klasse .clearing zuweisen

```
<p class="clearing">Die folgenden Schritte zeigen ...</p>
```

Im Browser würde das so wie in Abbildung 13.5 aussehen, wobei der Absatz mit der Grafik zur Verdeutlichung des Sachverhalts wie in Abbildung 13.4 eine Hintergrundfarbe bekommen hat.

Der obere `margin` des »geclearten« Absatzes wird so weit aufgefüllt, dass der Text erst unterhalb des gefloateten Ballons beginnt. Bemerkenswert ist in Abbildung 13.5 noch, dass der farblich hervorgehobene Absatz die Grafik nicht einschließt. Sie ragt nach wie vor nach unten heraus.

Besonders beim Layouten hängt die Kunst des *Floatens* oft vom richtigen Einsatz von `clear` an strategisch wichtigen Punkten ab.

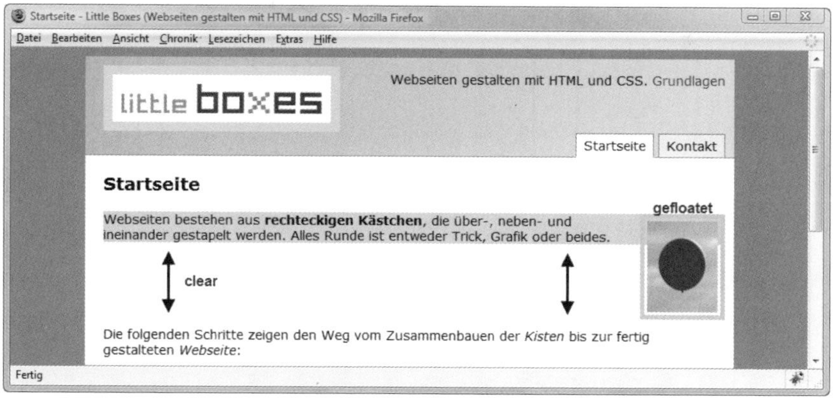

Abbildung 13.5: Der geclearte Absatz beginnt unterhalb des gefloateten Ballons

Tipp

Clear: lokale oder globale Wirkung

Eine wichtige Besonderheit der Eigenschaft `clear` ist, dass sie je nach Umgebung unterschiedliche Auswirkungen hat:

- Wenn `clear` für ein HTML-Element definiert wird, das sich in einem statisch positionierten (also im Flow befindlichen) Eltern-Element befindet, gilt das `clear` für alle auf der Seite vorhandenen `float`-Umgebungen, also auf der ganzen Webseite, weshalb man auch von einer *globalen Wirkung* spricht.
- Steht das geclearte Element hingegen in einem gefloateten Eltern-Element, gilt das `clear` nur innerhalb dieser `float`-Umgebung, weswegen man von einer *lokalen Wirkung* spricht.
- Das klingt zunächst vielleicht theoretisch und kompliziert, aber besonders beim Erstellen von mehrspaltigen Layouts mit `float` hat die globale Wirkung von `clear` manchmal drastische Auswirkungen, wie Sie in dem Beispiel ab Seite 316 sehen können.

13.4 Floats mit mehreren Boxen

Im folgenden Abschnitt machen Sie ein paar Trockenübungen, um das manchmal etwas seltsame Verhalten von Floats besser verstehen zu können, bevor Sie im nächsten Kapitel bei der Erstellung einer kleinen Bildergalerie mit Floats jonglieren.

Das Beispiel: drei Boxen ohne float

Die Grundlage für die folgenden Beispiele bilden drei einfache, nicht gefloatete `div`-Boxen:

Tabelle 13.1: HTML und CSS für die drei Beispielboxen

HTML	CSS

<div id="eins">Box 1</div>
<div id="zwei">Box 2</div>
<div id="drei">Box 3</div>
	body {
	color: black;
	background-color: gray;
	padding: 0;
	margin:0;
	}
	div {
	font-weight: bold;
	width: 200px;
	height: 50px;
	padding: 10px;
	border: 1px solid black;
	margin: 5px;
	}
	#eins {
	background-color: #fff;
	}
	#zwei {
	background-color: #ddd;
	}
	#drei {
	background-color: #aaa;
	}

Die drei Beispielboxen haben verschiedene Hintergrundfarben, eine Breite von `200px`, eine Höhe von `50px` und sehen im Browser so aus:

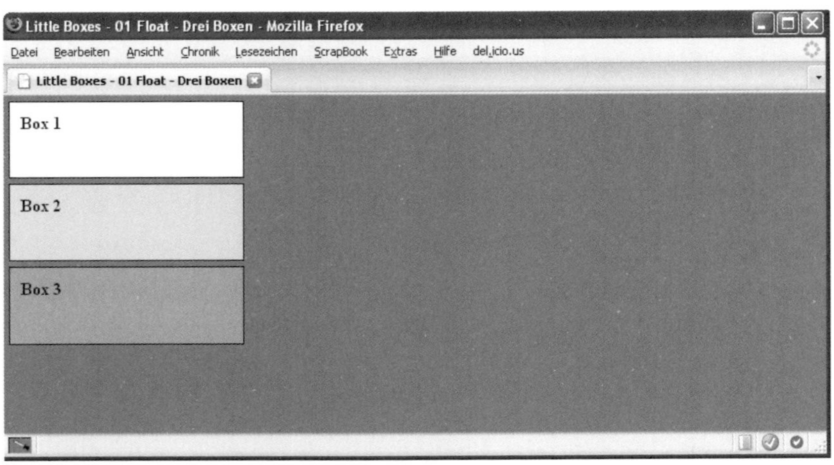

Abbildung 13.6: Die drei ungefloateten Boxen im normalen Flow

Tipp

Beim Layouten float fast immer mit width

Die Boxen im Beispiel haben alle eine mit `width` definierte Breite. Das ist kein Zufall. Gefloatete Elemente sind zwar Block-Elemente, schrumpfen aber ohne Angabe von `width` und werden nur so breit wie ihr Inhalt. »Shrink to fit« heißt das im Englischen.

In bestimmten Situationen wie bei einer Navigationsleiste kann dies nützlich und beabsichtigt sein, aber beim Layouten wird die Breite von gefloateten Boxen ohne `width` unberechenbar. Bei gefloateten Grafiken ist `width` nicht nötig, weil Grafiken immer eine feste Breite haben.

Drei Kästchen nach links floaten

In der ersten Übung werden alle drei Boxen nach links gefloatet. Das CSS dazu ist simpel:

```
div {
   float: left;
   font-weight: bold;
   width: 200px;
   height: 50px;
   padding: 10px;
   border: 1px solid black;
   margin: 5px;
}
```

Listing 13.2: Alle drei Boxen nach links floaten

Im Browser stehen die drei Boxen jetzt *nebeneinander*:

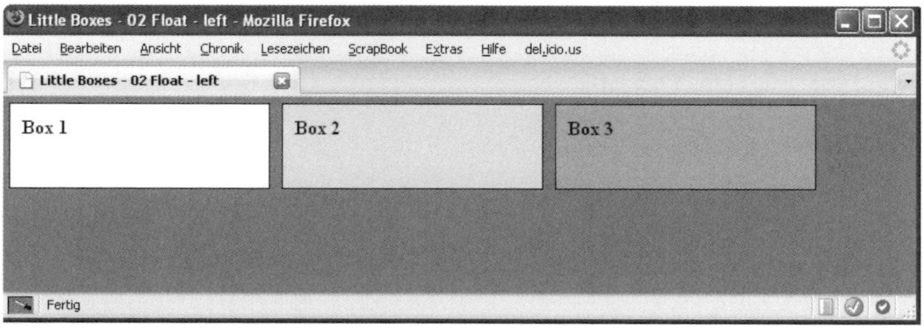

Abbildung 13.7: Mit float: left schweben die Boxen nebeneinander

Das erste `div` schwebt an der *rechten* Seite der umgebenden Box (in diesem Fall also `body`) so weit es geht nach oben und schwebt dann so weit es geht nach *links* rüber. Jede folgende Box macht genau dasselbe, sodass die drei Boxen auf der Seite nebeneinanderstehen.

Drei Kästchen nach rechts floaten

Im nächsten Schritt lassen Sie die drei Boxen nach rechts schweben. Dazu muss im CSS nur ein einziges Wort geändert werden:

Listing 13.3: Alle drei Boxen floaten nach rechts

```
div {
   float: right;
   font-weight: bold;
   width: 200px;
   height: 50px;
   padding: 10px;
   border: 1px solid black;
   margin: 5px;
}
```

Auch hier stehen die drei Boxen nebeneinander, aber achten Sie auf die Reihenfolge:

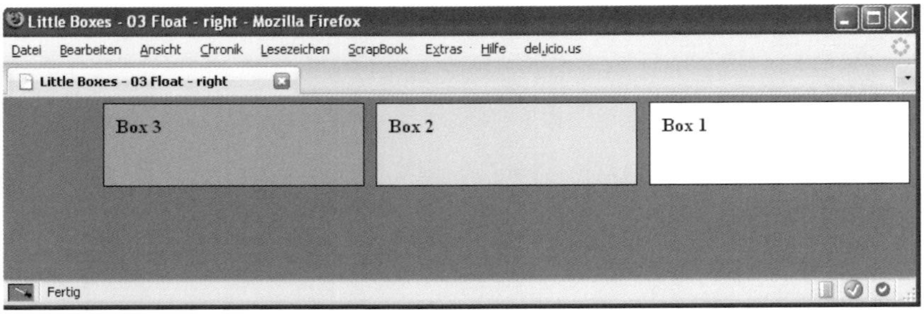

Abbildung 13.8: Mit float: right wird die Reihenfolge umgedreht

3 – 2 – 1. Die umgekehrte Reihenfolge der drei Boxen kommt daher, dass Box 1 an der *linken* Seite des umgebenden Elements ganz nach oben schwebt und dann so weit wie möglich nach *rechts* rüberschwebt, und die anderen beiden Boxen machen genau dasselbe.

Dieses Verhalten der Boxen ist eigentlich logisch, aber in der Praxis nicht immer das, was man gerne hätte.

Float drop: zu wenig Platz im Browserfenster

Wenn eine gefloatete Box im Browserfenster nicht genug Platz findet, springt sie automatisch eine Zeile tiefer. Abbildung 13.9 zeigt die drei nach links gefloateten Boxen in einem verkleinerten Browserfenster.

Box 3 sitzt unterhalb der anderen beiden Boxen in der nächsten Zeile. Eigentlich völlig normal, aber beim Layouten per `float` ist dieses »float drop« genannte Verhalten ein großes Problem.

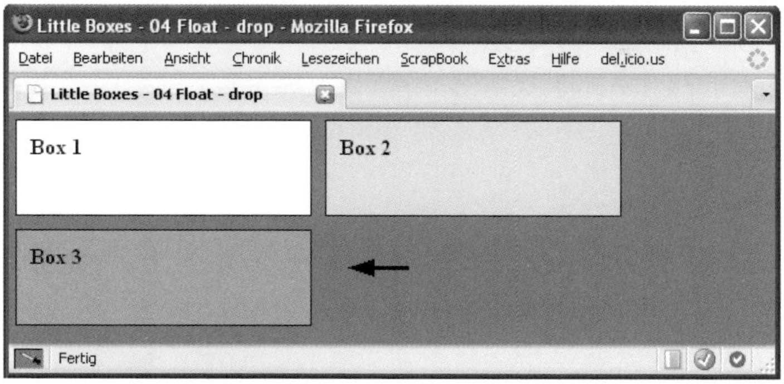

Abbildung 13.9: Bei Platzmangel rutscht die Box in die nächste Zeile

Stellen Sie sich zum Beispiel ein zweispaltiges Layout mit zwei Boxen vor. In der linken Box befindet sich eine Navigation, in der rechten der Inhalt der Seite. Wenn der Browser der Meinung ist, dass die berechneten Breiten aus welchem Grund auch immer nicht mehr nebeneinanderpassen, steht der Inhalt plötzlich *unterhalb* der Navigation. Grande Catastrophe.

Float und verschieden hohe Boxen

Wenn gefloatete Boxen verschiedene Höhen haben, kann es passieren, dass einige Boxen an anderen hängen bleiben. Für das Beispiel dazu steigern Sie die Höhe von Box 1 auf 75 Pixel:

```
#eins {
   background-color: #fff;
   height: 75px;
}
```

Listing 13.4: Die erste Box wird ein bisschen höher

Wenn das Browserfenster zu klein wird, schwebt Box 3 nicht an den linken Rand des Browserfensters, sondern bleibt an Box 1 hängen:

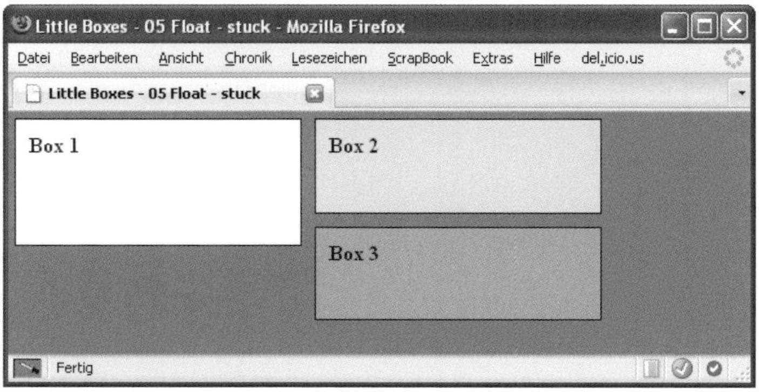

Abbildung 13.10: Box 3 bleibt an Box 1 hängen

Der Grund liegt darin, dass gefloatete Boxen zuerst auf der der `float`-Richtung gegenüberliegenden Seite ganz nach oben schweben. Bei `float: left` steigen sie also auf der *rechten* Seite des Eltern-Elements nach oben, bei `float: right` auf der *linken* Seite. Erst wenn sie oben sind, schweben sie so weit es geht in die im `float` angegebene Richtung:

- Box 3 schwebt auf der *rechten* Seite so hoch es geht, im Beispiel bis unter Box 2, weil daneben nicht genug Platz ist.
- Anschließend floatet Box 3 unterhalb von Box 2 *nach links*, bis sie an Box 1 stößt und dort hängen bleibt.

Auch dieses Verhalten ist eigentlich logisch, aber weder erwartet noch besonders praktisch beim Layouten. Wenn Sie zum Beispiel auf Ihren Webseiten eine Reihe von verschieden hohen Bildern floaten, bleiben diese unter Umständen aneinanderhängen.

Tipp

Es gibt noch ein paar mehr float-Verhaltensregeln

Vorerst reicht es, sich die `float`-Bewegung wie im Text beschrieben vorzustellen, aber um auch in komplexen Float-Umgebungen keine Mehrdeutigkeiten entstehen zu lassen, gibt es in der CSS-Spezifikation noch ein paar Bestimmungen, die das Verhalten von gefloateten Elementen genauestens regeln:

- *http://w3.org/TR/CSS21/visuren.html#propdef-float*

Eine deutsche Übersetzung gibt es von Stefan Mintert:

- *http://edition-w3c.de/TR/1998/REC-CSS2-19980512/kap09.html#heading-9.5.1*

13.5 Auf einen Blick

Hier noch einmal die wichtigsten Punkte dieses Kapitels im Überblick:

- *float* heißt »schweben« und ist eine eigenständige Eigenschaft mit den möglichen Werten `left` und `right`. Gefloatete Elemente schweben über der Seite und machen drei Bewegungen:
  - Sie erheben sich aus dem Fluss des Dokuments.
  - Sie schweben innerhalb des Eltern-Elements so weit wie möglich nach oben.
  - Sie driften innerhalb des Eltern-Elements so weit wie möglich nach links oder rechts.
- Die Inhaltsbereiche aller nachfolgenden Elemente umfließen das gefloatete Element, die Box-Modell-Eigenschaften `background`, `padding`, `border` und `margin` rutschen aber darunter.
- CSS-Klassen zum Links- und Rechtsschweben von Elementen sind praktisch.
- Um den durch `float` ausgelösten Schwebezustand zu beenden, wird einem nachfolgenden Element die Eigenschaft `clear` zugewiesen, die die Werte `left`, `right` oder `both` annehmen kann.
- Wenn man mehrere Boxen floatet, verhalten diese sich manchmal nicht ganz so, wie man es erwartet.

Kapitel 14

Containing Floats: gefloatete Elemente einschließen

Worin Sie eine einfache Bildergalerie erstellen und dabei Problemen mit dem Einschließen von gefloateten Elementen begegnen. Anschließend lernen Sie vier verschiedene Methoden für dieses Problem kennen und erfahren, wann welche Lösung angebracht ist. Zum Schluss bauen Sie die Galerieseite in die Beispielsite ein.

Die Themen im Überblick:

Float bereitet beim Layouten oft Probleme, weil gefloatete Elemente von ihrem Eltern-Element nicht automatisch eingeschlossen werden, sondern nach unten herausragen.

14.1 Die fertige Beispielseite

Als Beispiel für den Umgang mit Problemen, die beim Floaten auftauchen, dient eine ganz einfache Bildergalerie mit zwei Landschaftsbildern, neben denen jeweils eine Überschrift und ein beschreibender Absatz stehen sollen. Die fertige Beispielseite soll etwa so aussehen:

Abbildung 14.1: Eine einfache kleine Bildergalerie per float

14.2 HTML und eine kleine Prise CSS

Es gibt wie immer viele HTML-Wege zum Ziel, aber das folgende Beispiel ist einfach und stabil.

ToDo: HTML und Basis-CSS für die Galerie erstellen

1. Kopieren Sie die Grafiken *landschaft01.jpg* und *landschaft02.jpg* in den Übungsordner.
2. Kopieren Sie die Datei *galerie_basis.html* aus dem Basisordner für diesen Abschnitt in den Übungsordner.
3. Fügen Sie in den Body der Webseite folgendes HTML ein:

```
<h2>Die Galerie</h2>

<div class="galerie">
<img src="landschaft01.jpg" width="203" height="180"
alt="Von Bäumen umstandener See, in dem sich Wolken spiegeln" />
<h3>Landschaftsbild 01</h3>
<p>Lorem ipsum dolor sit amet, ...</p>
</div> <!-- Ende .galerie 01 -->

<div class="galerie">
<img src="landschaft02.jpg" width="203" height="180"
alt="Weite Grasfläche mit Wolken und Halmen im Vordergrund" />
<h3>Landschaftsbild 02</h3>
<p>Lorem ipsum dolor sit amet, ...</p>
</div> <!-- Ende .galerie 02 -->
<p>Alle Fotos von <a href="http://pixelio.de/">pixelio.de</a></p>
```

4. Erstellen Sie im Head von *galerie_basis.html* einen Style-Block und fügen Sie dort das folgende CSS ein:

```
<style type="text/css">
body {
  font-family: Verdana, Arial, Helvetica, sans-serif;
  font-size: small;
}
h2 { font-size: 130%; }
h3 {
  font-size: 110%;
  margin: 0  0 1em 0;
}
div.galerie {
  background-color: #eee;
  width: 500px;
  padding: 10px;
  padding-top: 25px;
  border: 1px solid black;
  margin: 0 3px 3px 0;
}
</style>
```

5. Speichern Sie die Webseite und betrachten Sie sie im Browser.

Und so sieht die Übungsseite momentan im Browser aus:

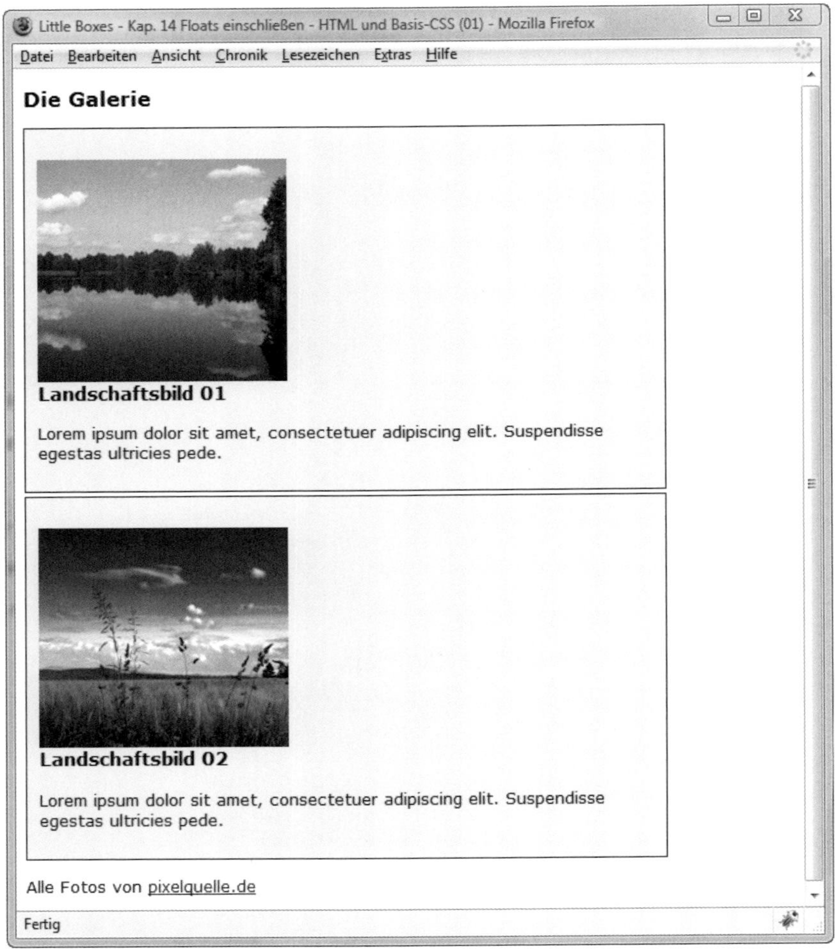

Abbildung 14.2: HTML und Basis-CSS für die Bildergalerie

Jetzt müssen »nur noch« die Überschrift und der Text neben die Grafik.

14.3 Der erste Versuch: die Grafiken floaten

Der naheliegendste Weg, um Text und Grafiken nebeneinanderzustellen, wäre das einfache Floaten der Grafiken. Im folgenden ToDo machen Sie genau das und floaten die Grafiken innerhalb der `div`-Elemente nach links.

ToDo: Die Grafiken nach links floaten

1. Öffnen Sie *galerie_basis.html* im Editor.
2. Fügen Sie an das Ende des Style-Blocks die folgende CSS-Regel zum Floaten der Grafiken ein:

```
div.galerie img {
  float: left;
  margin-right: 15px;
}
```

3. Speichern Sie die Webseite und betrachten Sie sie im Browser.

CSS-Einsteiger erwarten an dieser Stelle meist, dass damit alles erledigt ist, aber das Ergebnis im Browser entspricht – gelinde gesagt – nicht ganz den Erwartungen:

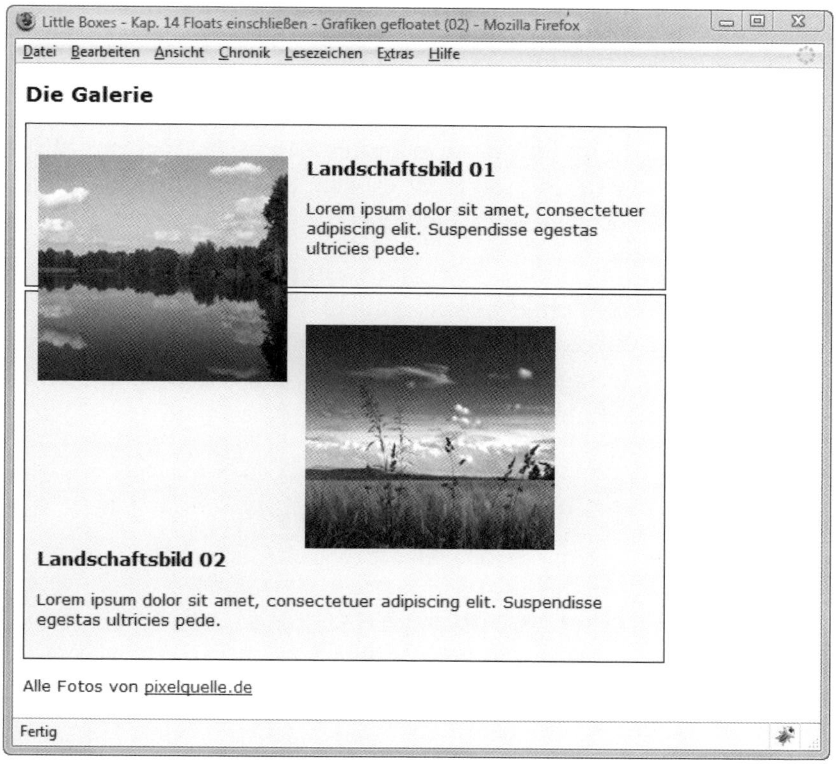

Abbildung 14.3: Der erste Versuch – eine ziemlich windschiefe Galerie

14.4 Das Problem: Gefloatete Elemente ragen nach unten heraus

Das scheinbare Chaos in Abbildung 14.3 entsteht, weil die gefloateten Grafiken nicht von den umgebenden `div`-Elementen eingeschlossen (umschlossen) werden, sondern, wie auf Seite 257 beschrieben, nach unten aus dem umgebenden Element herausragen. Und dadurch nimmt das Unglück seinen Lauf:

- Das umgebende `div` weiß nichts von der gefloateten Grafik, weil diese nicht im Flow liegt.
- Weil es die Grafik nicht sieht, wird das `div` nur so hoch wie der darin enthaltene Text.
- Die erste gefloatete Grafik ragt nach unten aus dem `div` heraus und die zweite bleibt an der ersten hängen.

So kommt eines zum anderen. Spätestens in Momenten wie diesen tendieren altgediente Webdesigner zu dem Satz »Mit Tabellen geht das alles einfacher!«, zumal das Problem weder ein Browser-Bug noch eine CSS-Macke, sondern beabsichtigt ist:

- Das ursprüngliche Einsatzgebiet von `float` ist es, Text um Bilder fließen zu lassen, und dabei ist es sehr sinnvoll, dass die Floats *nicht* von den umgebenden Elementen eingeschlossen werden.

Leider gibt es in CSS keine Option zum automatischen Einschließen von Floats, und die Schwierigkeit, gefloatete Objekte zuverlässig in ein umgebendes Element einbetten zu können, hat Webdesigner lange Zeit davon abgehalten, `float`-Umgebungen für komplexere Layoutzwecke zu benutzen.

Tipp

Im IE6 ist (scheinbar) alles okay ...

Falls Sie das Beispiel im Internet Explorer 6 testen, scheint alles okay zu sein. Das ist nur scheinbar so und liegt an der Definition einer festen Breite mit `width`. Ohne `width` sieht's im IE6 genauso aus. Mehr dazu erfahren Sie am Ende dieses Kapitels ab Seite 286.

14.5 Vier Methoden zum Einschließen von Floats

Ziel aller vier im Folgenden gezeigten Methoden ist, dass das umgebende `div`-Element die gefloatete Grafik einschließt. Im Englischen nennt man dies »containing floats«. Hier die vier Methoden im Überblick:

1. Vor dem `</div>` wird ein zusätzliches HTML-Element eingefügt und im CSS gecleart.
2. Das umgebende `div`-Element wird ebenfalls gefloatet.
3. Das `div` bekommt die Eigenschaft `overflow: hidden`.
4. Per CSS wird nach dem `div` ein Punkt erzeugt und gecleart.

Alle vier Lösungen haben verschiedene Vor- und Nachteile, erreichen aber dasselbe Ziel, nämlich dass die gefloateten Bilder vom umgebenden `div` eingeschlossen werden.

Die Grundlage für alle vier Methoden ist der Stand von Abbildung 14.3: Die Grafiken sind gefloatet, aber alles ist durcheinander.

14.6 Methode 1: Float einschließen mit clear

Die erste Lösung besteht darin, kurz vor dem Ende des `div`-Elements ein `clear` einzufügen.

Im folgenden ToDo ergänzen Sie im HTML eine horizontale Trennlinie `hr`, die auch ohne CSS einigermaßen sinnvoll ist. Diesem `hr`-Element wird die Klasse `clearing` zugewiesen, die im CSS gecleart wird.

ToDo: Methode 1 – Float einschließen mit clear

1. Kopieren Sie die Datei *galerie_clear.html* aus dem Basisordner für diesen Abschnitt in den Übungsordner.
2. Öffnen Sie *galerie_clear.html* im Editor.
3. Ergänzen Sie jeweils vor dem `</div>` eine horizontale Linie `hr`, der Sie die Klasse `clearing` zuweisen:

ToDo: Methode 1 – Float einschließen mit clear (Forts.)

```
<div class="galerie">
<img src="landschaft01.jpg" width="203" height="180"
 alt="Von Bäumen umstandener See, in dem sich Wolken spiegeln" />
<h2>Landschaftsbild 01</h2>
<p>Lorem ipsum dolor sit amet, ...</p>
<p>Phasellus suscipit blandit risus ... </p>
<hr class="clearing" />
</div> <!-- Ende .galerie 01 -->

<div class="galerie">
<img src="landschaft02.jpg" width="203" height="180"
alt="Weite Grasfläche mit Wolken und Halmen im Vordergrund" />
<h3>Landschaftsbild 02</h3>
<p>Lorem ipsum dolor sit amet, ...</p>
<hr class="clearing" />
</div> <!-- Ende .galerie 02 -->
```

4. Blenden Sie die horizontale Linie aus:

```
div.galerie hr {
  width: 0;
  height: 0;
  font-size: 0;
  line-height: 0;
}
```

5. Ergänzen Sie im Style-Block von *galerie_clear.html* eine Klasse zum Clearen:

```
.clearing { clear: both; }
```

6. Speichern Sie die Webseite und betrachten Sie sie im Browser.

Da das geclearte `hr` *innerhalb* des umgebenden `div` sitzt, wird das `div` bis unter das gefloatete Bild erweitert. Einziger Nachteil dieser Lösung ist das zusätzliche HTML-Element, das Sie für jedes Bild Ihrer Galerie hinzufügen müssen. Statt einer horizontalen Linie können Sie natürlich auch jedes andere HTML-Element nehmen, zum Beispiel ein zusätzliches leeres `div` oder ein schlichtes `br`.

Globale Wirkung des Clearing beachten

Tipp

Ein weiteres potenzielles Problem beim Verwenden dieser Methode hängt mit der etwas weiter oben erwähnten globalen Wirkung des `clear` zusammen (siehe Seite 316 für ein Beispiel).

14.7 Methode 2: Set a float to fix a float

In CSS 2.1 ist definiert, dass ein gefloatetes Element ein anderes gefloatetes Element immer einschließt. In der Literatur ist diese im Jahre 2003 von CSS-Guru Eric Meyer vorgestellte Methode als »Set a float to fix a float« bekannt geworden, was frei übersetzt so viel heißt wie »Reparieren eines Float durch Hinzufügen eines Float«.

Dieses »doppelte Floatchen« kommt zunächst mit nur einer einzigen Zeile CSS aus:

ToDo: Methode 2 – Set a float to fix a float

1. Kopieren Sie die Datei *galerie_float.html* aus dem Basisordner für diesen Abschnitt in den Übungsordner.
2. Öffnen Sie *galerie_float.html* im Editor.
3. Ergänzen Sie die folgende Deklaration zum Floaten der `div`-Elemente:

```
div.galerie {
   float: left;  /* Set a float to fix a float */
   width: 500px;
   padding: 10px;
   padding-top: 25px;
   border: 1px solid black;
   margin: 0 3px 3px 0;
 }
```

4. Fügen Sie in den Style-Block den Style für die Klasse `clearing` ein:

```
.clearing { clear: both; }
```

5. Ergänzen Sie den Absatz mit der Quellenangabe um die Klasse `clearing`, damit er unterhalb der Galerie bleibt:

```
<p class="clearing">Alle Fotos von ...</p>
```

6. Speichern Sie die Webseite und betrachten Sie sie im Browser.

Die gefloateten Grafiken werden wunderbar eingeschlossen und es wird kein zusätzliches HTML-Element benötigt. Aber natürlich ist auch diese Lösung nicht perfekt, denn wenn das Browserfenster groß genug ist, stehen die gefloateten `div`-Elemente plötzlich *nebeneinander*:

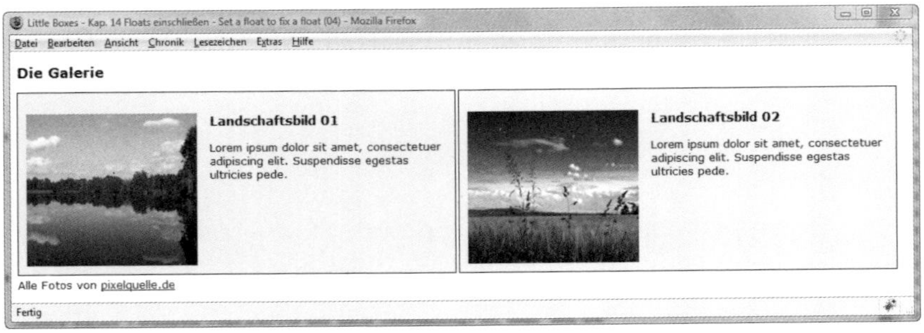

Abbildung 14.4: Oops – alle gefloateten divs stehen nebeneinander!

Sofern dieses Verhalten vom Layout her nicht beabsichtigt ist, müssen auch die `div`-Elemente *gecleart* werden:

Listing 14.1: Clearen der div-Elemente

```
<div class="galerie clearing">
<img src="landschaft02.jpg" width="203" height="180" alt="Weite
Grasfläche mit Wolken und Halmen im Vordergrund" />
<h3>Landschaftsbild 02</h3>
...
</div>
```

Und schon haben Sie auch das potenzielle globale Clearing-Problem wieder im Boot. Der Hauptnachteil des »float to fix« ist aber, dass das Verhalten der nachfolgenden Elemente von dem gefloateten `div` beeinflusst wird.

Um das Problem zu lösen, floatet man je nach Layout manchmal früher oder später fast alle Elemente auf der Seite, weshalb manche Designer auch von *FnE* sprechen: »Floating nearly Everything«. Außerdem bekommen bestimmte Browser (na welcher wohl?) bei komplexen Float-Verschachtelungen Probleme mit der korrekten Darstellung, und so kämpfen Sie manchmal mehr mit Browser-Bugs als mit dem Layout.

Kurzum: Mit dem Floaten ist es wie mit dem Jonglieren: Ein Ball ist einfach, zwei geht noch, aber ab drei muss man richtig üben ...

14.8 Methode 3: Ohne float und clear – overflow: hidden

Anfang 2005 verbreitete sich die Kunde, dass der britische Webdesigner Paul O'Brien (*http://pmob.co.uk/*) eine verblüffend simple Lösung für das Problem einschließender Floats gefunden hat:

- Das umgebende Element bekommt die Eigenschaft `overflow: hidden`.

Und genau das wird im folgenden ToDo erledigt.

ToDo: Methode 3 – Floats einschließen mit overflow

1. Kopieren Sie die Datei *galerie_overflow.html* aus dem Basisordner für diesen Abschnitt in den Übungsordner.
2. Öffnen Sie *galerie_overflow.html* im Editor.
3. Ergänzen Sie im folgenden Style die fett gedruckte Deklaration:

```
div.galerie {
  overflow: hidden;
  width: 500px;
  padding: 10px;
  padding-top: 25px;
  border: 1px solid black;
  margin: 0 3px 3px 0;
 }
```

4. Fügen Sie in den Style-Block den Style für die Klasse `clearing` ein:

```
.clearing { clear: both; }
```

5. Speichern Sie die Webseite und betrachten Sie sie im Browser.

Sie benötigen weder ein zusätzliches HTML-Element noch muss etwas gefloatet oder gecleart werden. Die Lösung scheint zunächst verblüffend einfach, aber natürlich gibt es auch für `overflow:hidden` ein paar gut versteckte Nachteile.

Die Eigenschaft `overflow` sagt dem Browser, wie er mit Inhalt umgehen soll, der nicht in das ihn umgebende HTML-Element passt. Dies ist besonders wichtig, wenn ein Element mit `width` oder `height` eine feste Breite oder Höhe bekommen hat.

Mögliche Werte von `overflow` sind:

- **visible**. Standardwert. Der überfließende Inhalt wird angezeigt, die Größe des Elements aber *nicht* verändert. Der Inhalt läuft also einfach über den Rand des Elements hinweg. IE6 *vergrößert* das Element übrigens. Das ist zwar nett gemeint, aber nicht korrekt und seit V7 behoben.
- **scroll**. Der überfließende Inhalt wird abgeschnitten, aber das Element bekommt Scrollbalken, damit der Inhalt zugänglich bleibt.
- **auto**. Überlässt es dem Browser. Die meisten entscheiden sich für `scroll`.
- **hidden**. Gefährlich. Überfließender Inhalt wird schlicht und einfach abgeschnitten.

In CSS ist nun festgelegt, dass `overflow` darin enthaltene gefloatete Elemente einschließt, sofern es einen anderen Wert hat als `visible`. Aus genau diesem Grund reicht im Beispiel `overflow: hidden` zum Einschließen der gefloateten Grafiken.

Das ist aber ein bisschen so, als ob Sie ein Medikament nur wegen der Nebenwirkungen schlucken. Die eigentliche Wirkung von `overflow: hidden` ist, überfließenden Inhalt abzuschneiden. Diese Methode ist deshalb zusammen mit einer festen Höhe riskant und führt besonders bei älteren Browsern (Netscape 7.1, Opera 7) leicht zu abgeschnittenen Inhalten.

Im Umkehrschluss: Wenn die betroffenen Elemente keine feste Höhe haben, der Inhalt frei fließen kann und die genannten Browser für Ihre Site nicht besonders relevant sind, dann kann `overflow: hidden` eine einfache Methode zum Einschließen von Floats sein.

Tipp

Internet Explorer 6 versteht overflow: hidden gar nicht

Im IE6 funktioniert `overflow: hidden` nicht. Dafür reicht ihm zum Einschließen von Float generell, dass das umgebende Element eine feste Breite oder Höhe hat. Zu den diversen Macken des IE6 gibt es mehr ab Seite 354.

14.9 Methode 4: EasyClearing – die Sache mit dem Punkt

Es gibt noch eine weitere Möglichkeit zum Clearen von Floats. Sie wird *EasyClearing* oder auch *Clearfix*-Methode genannt. Diese Methode wurde von Tony Aslett (*http://csscreator.com/*) entwickelt, von Holly 'n John (*http://positioniseverything.net*) erweitert und ist relativ komplex.

Gleich zu Anfang zeigt das folgende ToDo einmal das gesamte *EasyClearing* in Aktion. Die Erklärung folgt danach.

ToDo: Methode 4 – Floats einschließen mit EasyClearing

1. Kopieren Sie die Datei *galerie_clearfix.html* aus dem Basisordner für diesen Abschnitt in den Übungsordner.
2. Öffnen Sie *galerie_clearfix.html* im Editor.
3. Ergänzen Sie im HTML bei *beiden* `div`-Elementen die Klasse `clearfix`:

```
<div class="galerie clearfix">
```

4. Fügen Sie an das Ende des Style-Blocks die folgenden Styles ein:

```
/* Der Kern von Clearfix */
.clearfix:after {
  content: ".";
  display: block;
  clear: both;
  height: 0;
  visibility: hidden;
}
/* IE-Patch für Clearfix */
.clearfix { display: inline-block; }
/* Vor IE5/Mac verstecken: Commented Backslash Hack \*/
* html .clearfix { height: 1px; }
.clearfix { display: block; }
/* Ende Versteckspiel für IE5/Mac */
```

5. Speichern Sie die Webseite und betrachten Sie sie im Browser.

Funktionieren sollte es, auch wenn Sie beim Abtippen wahrscheinlich nicht jedes Detail sofort verstanden haben. Der Name *Easy-Clearing* entbehrt nicht einer gewissen Ironie, denn die Methode ist ziemlich komplex, und das »Easy« bezieht sich wohl eher auf die Tatsache, dass man es einsetzen kann, ohne es wirklich verstehen zu müssen:

- Sie speichern die benötigten Styles in Ihrem Stylesheet.
- Im HTML vergeben Sie bei Bedarf die Klasse `clearfix`.
- Fertig.

Es folgt die detaillierte Erklärung dieser Methode. Lektüre freiwillig.

Teil 1: Der Kern von Clearfix

Im HTML bekommt das Element, das das gefloatete Element umschließen soll, die Klasse `clearfix`. Im Beispiel sind das die beiden `div`-Elemente mit der Klasse `galerie`:

Listing 14.2: Das umgebende Element bekommt die Klasse clearfix

```
<div class="galerie clearfix">
```

Im CSS wird dazu passend eine Regel für die Klasse `clearfix` definiert und um das Pseudoelement `:after` ergänzt:

Listing 14.3: Die CSS-Regel für die Klasse clearfix

```
.clearfix:after {
  content: ".";
  display: block;
  clear: both;
  height: 0;
  visibility: hidden;
}
```

Und das macht dieser Style, Zeile für Zeile:

1. Das Pseudoelement `:after` fügt nach dem Element einen beliebigen Inhalt ein, der im Style mit der Eigenschaft `content` definiert wird.
2. `content: "."` erzeugt *nach* dem Element mit der Klasse `clearfix` im Quelltext einen einfachen Punkt.
3. `display: block` erzeugt eine Blockbox für den Punkt, weil `clear` für Inline-Elemente nicht gilt.

4. `clear: both` cleart den mit `content` erzeugten Punkt und sorgt so für das Umschließen des gefloateten Elements.

5. `height: 0` schrumpft den Punkt auf eine Höhe von null Pixel, damit er im Browserfenster nicht sichtbar ist.

6. `visibility: hidden` macht den geschrumpften Punkt noch unsichtbarer.

Kurzform: Mit dem Pseudoelement `:after` wird nach dem zu clearenden Element ein ganz simpler Punkt erzeugt, der anschließend geblockt, gecleart und unsichtbar gemacht wird.

Falls im Layout unter dem Element noch eine sichtbare Lücke sein sollte, können Sie auch noch die Anweisung `font-size: 0` hinzufügen.

Im Grunde funktioniert diese Methode ganz ähnlich wie die allererste, nur dass Sie nicht selbst ein zusätzliches HTML-Element in den Quelltext schreiben müssen. Das macht dieser Style für Sie.

Teil 2: Patches für diverse Internet Explorer

Alle Internet Explorer bis inklusive Version 7 wissen nichts von einem Pseudoelement `:after` und ignorieren somit den in Teil 1 mühsam erstellten Style. Dafür haben diese Internet Explorer eine Eigenwilligkeit, die aber in diesem Fall äußerst willkommen ist.

Hier zunächst noch einmal der zweite Teil des EasyClearing im Überblick:

```
.clearfix { display: inline-block; }
/* Vor IE5/Mac verstecken: Commented Backslash Hack \*/
* html .clearfix { height: 1px; }
.clearfix { display: block; }
/* Ende Versteckspiel für IE5/Mac */
```

Listing 14.4: Die IE-Patches für den Clearfix

Und hier der zweite Teil des EasyClearing im Detail:

1. Der IE5/Mac und der IE7 unter Windows lassen sich mit der Anweisung `display: inline-block` dazu bringen, gefloatete Elemente einzuschließen.

2. Für IE/Win bis inklusive Version 6 gibt es in Zeile 3 den sogenannten Sternchen-Hack, der dem Element eine feste Höhe gibt und so für das Umschließen der Floats sorgt. Mehr zu dieser Zeile finden Sie am Ende des Kapitels ab Seite 286.
3. Damit andere Browser wie Firefox 3 den in Zeile 1 definierten `inline-block` nicht umsetzen, wird die Anweisung in Zeile 4 mit `display: block` wieder überschrieben.
4. Die Zeilen 3 und 4 würden wiederum den IE5/Mac um den Verstand bringen und werden deshalb vor ihm versteckt. Der am Ende von Zeile 2 fett gedruckte Backslash bewirkt, dass IE5/Mac das Kommentarende ignoriert und Zeile 3 und 4 als Kommentar betrachtet. Das nächste Kommentarende am Ende von Zeile 5 beendet den Kommentar auch für IE5/Mac.

Auch wenn der Marktanteil des IE5/Mac wahrscheinlich gegen null tendiert, würde ich Ihnen empfehlen, den zweiten Teil des Clearfix-Patches unverändert zu übernehmen. Er bildet ein vielfach bewährtes organisches Ganzes, ein Minibiotop sozusagen, in dem viele Faktoren auf für die meisten CSS-Autoren geheimnisvolle Weise ineinandergreifen, und jede Änderung kann ungeahnte Folgen haben. Einfach kopieren und anwenden.

Tipp

Der Originalartikel zu EasyClearing auf Deutsch

Wenn Sie Lust haben, nehmen Sie sich ein bisschen Zeit und lesen die deutsche Übersetzung des Originalartikels von Holly und John von Onno K. Gent:

- *http://jassesnee.de/easyclear/*

14.10 Floats einschließen: die Übersicht

Welches ist nun die ideale Lösung? Keine. Ideal wäre eine Änderung der CSS-Spezifikation, und wahrscheinlich wird das Einschließen von Floats als Option in CSS 3 enthalten sein. Aber es kann locker noch ein paar Jährchen dauern, bis das im Alltag eines Webseitenbauers relevant wird.

Aber auch wenn keine der vier Methoden in allen Situationen die ideale Besetzung ist, hilft die folgende Übersicht vielleicht ein bisschen weiter:

- Wenn es ein HTML-Element gibt, dass das Clearen übernehmen kann, sollten Sie es nutzen. Das kann z. B. eine Fußzeile oder wie im Beispiel ein einfaches `hr` sein.

Falls sich kein HTML-Element anbietet und Sie auch kein zusätzliches einbauen können oder wollen, haben Sie die Qual der Wahl.

- Je verschachtelter die Floats, desto unübersichtlicher und anfälliger für Browser-Bugs wird das Layout, besonders in älteren IEs.
- `overflow:hidden` ist einfach, kommt ohne zusätzliches HTML und `clear` aus.
- EasyClearing ist zwar schwierig zu verstehen, aber einfach einzusetzen und hat sich vielfach bewährt.

Hier noch eine kleine Übersicht über die vier Methoden:

Methode	Mit *clear*	Verschachtelte Floats
1. HTML-Element mit clear	ja	nein
2. Float to fix	meist ja	ja
3. overflow: hidden	nein	nein
4. Clearfix	ja	nein

Tabelle 14.1: Übersicht – die vier Lösungen zum Einschließen von Floats

Ich benutze für die Galerie im Folgenden übrigens `overflow: hidden`.

14.11 Die Galerie in die Beispielsite einbauen

Vielleicht haben Sie es schon geahnt, aber das Beispiel mit der Galerie ist so gewählt, dass es relativ problemlos in die Beispielsite aus den vorherigen Kapiteln eingebaut werden kann (vgl. Abbildung 14.5).

Theoretisch müssten Sie das mit ein bisschen Überlegen hinkriegen. Probieren Sie es einfach einmal. Einfach die Dateien aus dem Basisordner für diesen Abschnitt in einen Übungsordner kopieren und los geht's. Spielen Sie mit den verschiedenen Techniken und Möglichkeiten, denn nur so lernen Sie deren Anwendung.

In den folgenden Abschnitten finden Sie zum Vergleich die Änderungen, die die im Ordner *fertig* gespeicherten Dateien enthalten.

Abbildung 14.5: Die Beispielsite mit eingebauter Galerieseite

Die Beispielseite galerie.html

Die *galerie.html* wurde genau wie die Kontaktseite auf Seite 89 als Kopie der Startseite erzeugt. Die fett gedruckten Stellen wurden geändert:

Listing 14.5: Ausschnitt aus dem HTML-Quelltext von galerie.html

```
...
   <title>Die Galerie – Little Boxes ... </title>
...
<body id="galerieseite">
...
```

```
<div id="navibereich">
   <ul>
      <li id="navi01"><a href="index.html">Startseite</a></li>
      <li id="navi02"><a href="galerie.html">Galerie</a></li>
      <li id="navi03"><a href="kontakt.html">Kontakt</a></li>
   </ul>
</div> <!-- Ende navibereich -->
...
<div id="textbereich">
<h2>Die Galerie</h2>

<div class="galerie">
<img src="landschaft01.jpg" width="203" height="180"
alt="Von Bäumen umstandener See, in dem sich Wolken spiegeln" />
<h3>Landschaftsbild 01</h3>
<p>Lorem ipsum dolor sit amet, ...</p>
<p>Phasellus suscipit blandit risus. ...</p>
</div><!-- Ende .galerie 01 -->

<div class="galerie">
<img src="landschaft02.jpg" width="203" height="180"
alt="Weite Grasfläche mit Wolken und Halmen im Vordergrund" />
<h3>Landschaftsbild 02</h3>
<p>Lorem ipsum dolor sit amet, ...</p>
<p>Phasellus suscipit blandit risus. ...</p>
</div><!-- Ende .galerie 02 -->

<p>Alle Fotos von <a href="http://pixelio.de/">
pixelio.de</a></p>
</div> <!-- Ende textbereich -->
...
```

Auf den anderen beiden Webseiten müssen Sie lediglich die Navigation um das dritte Listenelement ergänzen und dabei etwas anpassen.

Das CSS im Überblick

Im CSS wurden ebenfalls einige Änderungen vorgenommen.

Im ersten Teil des Stylesheets wurden Styles für `h3` sowie die Klassen `.bildrechts`, `.bildlinks` und `.clearing` hinzugefügt:

Listing 14.6: Änderungen im ersten Teil von bildschirm.css

```
h2, h3, p, ul, ol { margin-bottom: 1em; }
...
h3 { font-size: 110%; }
```

Im zweiten Teil für die Layoutbereiche wurden die Styles für die Navigation entsprechend angepasst:

Listing 14.7: Änderungen im zweiten Teil von bildschirm.css

```
#navibereich a:hover,
#navibereich a:focus,
#startseite #navi01 a,
#galerieseite #navi02 a,
#kontaktseite #navi03 a {
   color: black;
   background-color: white;
   border-bottom: 1px solid white;
}
```

Last, but not least wurde im dritten Teil am Ende des Stylesheets das CSS für die kleine Galerie hinzugefügt, wobei der hellgraue Hintergrund entfernt und die Grafiken um einen dezenten Rahmen ergänzt wurden.

Listing 14.8: Änderungen im dritten Teil von bildschirm.css

```
/* Die kleine Galerie */
div.galerie {
   overflow: hidden; /* zum Einschließen der Floats */
   padding: 25px 10px 10px 0;
   margin: 0 3px 3px 0;
}
div.galerie img {
   float: left;
   padding: 4px;
   border: 1px solid #ddd;
   border-right-color: #aaa;
   border-bottom-color: #aaa;
   margin-right: 15px;
   margin-bottom: 15px;
}
```

Achten Sie darauf, dass im Listing die per `width` definierte feste Breite von 500px für `div.galerie` entfernt wurde, damit sich die Galerie später möglichst flexibel in andere Layouts anpasst.

Ein paar Patches für den Internet Explorer 6

Haben Sie die fertige Galerieseite schon einmal im Internet Explorer 6 betrachtet? Erschrecken Sie sich nicht, falls die Galerieseite so wie in Abbildung 14.6 aussieht.

Das `overflow: hidden` versteht der IE6 wie gesagt nicht. Er hat, wie auf Seite 272 erwähnt, die Floats bisher nur eingeschlossen, weil mit `width: 500px` eine feste Breite definiert war, und die ist entfernt worden.

Abbildung 14.6: Die Galerie im IETester

Aber keine Panik. Man muss ihm nur ein bisschen auf die Sprünge helfen, und als Ersatz für `width` wird im folgenden ToDo eine Höhe von 1px eingebaut, die der IE6 netterweise nicht wörtlich nimmt, sondern als Mindesthöhe interpretiert.

ToDo: Patch für den Internet Explorer 6 einbauen

1. Öffnen Sie ggf. das Stylesheet *bildschirm.css* und fügen Sie nach dem Style für `div.galerie` folgende Regel hinzu:

```
/* Sternchen-Hack und Holly-Hack
   bewirken hasLayout im IE6 */
* html div.galerie { height: 1%; }
```

2. Speichern Sie das Stylesheet und betrachten Sie die Seite im Internet Explorer 6.

Diese Zeile kombiniert zwei bekannte Patches:

- Durch die Zuweisung von `height: 1%` merkt der IE6, dass die Galerie-`div`s wichtig für das Layout sind, gibt ihnen etwas, was er *has-Layout* nennt, und stellt alles korrekt dar. Bekannt geworden ist dieser Trick als *Holly-Hack*.
- Gleichzeitig stellt der Selektor `* html` sicher, dass nur der Internet Explorer bis inkl. V6 diese Anweisung überhaupt liest. Alle anderen Browser ignorieren sie. Das ist der *Sternchen-Hack*.

Mehr über diese Hacks erfahren Sie im Kapitel über »Patches«, und zwar auf Seite 353 zum Sternchen-Hack und auf Seite 355 zu `hasLayout`.

14.12 Auf einen Blick

Hier noch einmal die wichtigsten Punkte dieses Kapitels im Überblick:

- Das Einschließen von `floats` (»Containing floats«) ist eine wichtige Technik, um `float`-Layouts zu erstellen.
- Zum Einschließen von gefloateten Elementen gibt es vier verschiedene Methoden:
  - ein (zusätzliches) HTML-Element innerhalb des umgebenden Elements zum Clearen
  - Floaten des umgebenden Elements
  - Zuweisen von `overflow: hidden` an das umgebende Element
  - die Clearfix-Methode, auch EasyClearing genannt
- Der IE6 benötigt zum Einschließen von Floats oft `hasLayout`.

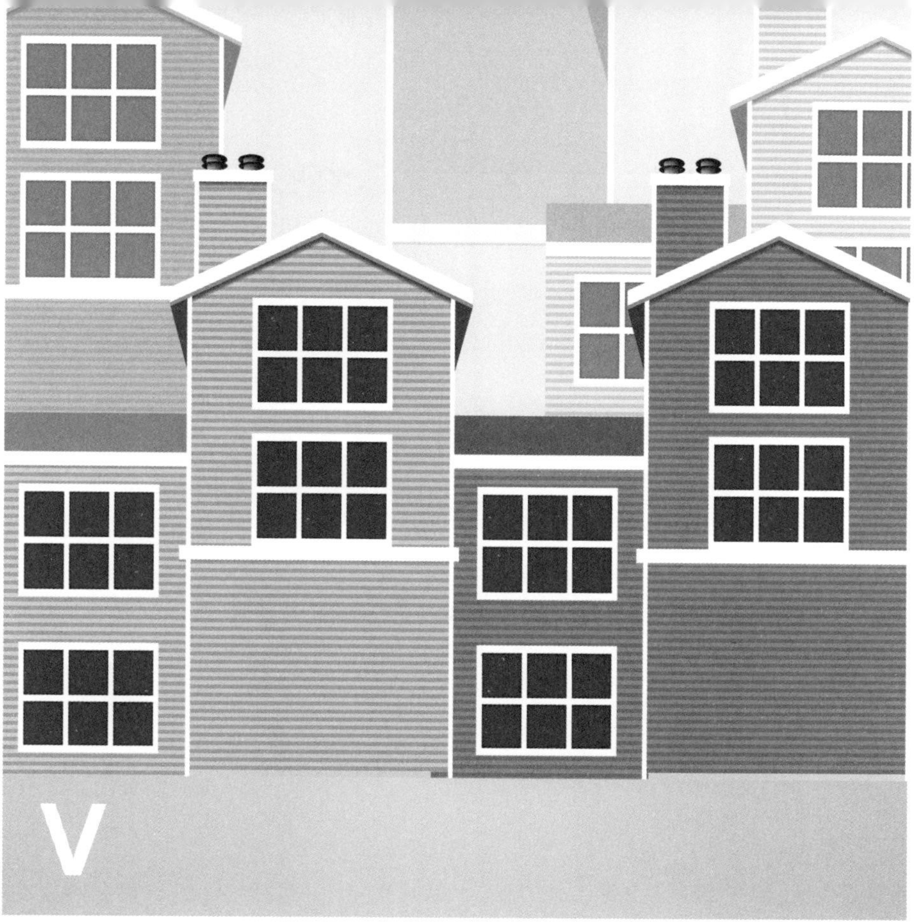

CSS – mehrspaltige Layouts

Kapitel 15

Mehrspaltige Layouts mit position: absolute

Worin Sie erfahren, wie man mit position: absolute ganz ohne Tabellen stabile mehrspaltige Layouts erstellt. Außerdem lernen Sie die Grenzen dieser Methode kennen.

Die Themen im Überblick:

15.1 CSS und mehrspaltige Layouts

In der aktuellen CSS Version 2.1 ist eigentlich kein Spaltensatz für mehrspaltige Layouts vorgesehen. Auch das mit Tabellen einfach zu realisierende Konzept gleich langer Spalten gibt es in CSS nicht.

So haben sich Webdesigner im Laufe der Jahre einiges einfallen lassen, um dieses Manko zu beheben. Auf Ihren Streifzügen durch das Web werden Sie viele Beispiele finden, die mehrspaltige Layouts auf zum Teil völlig verschiedenen Wegen realisieren, und diese Vielfalt ist anfangs eher verwirrend als hilfreich.

Es gibt nicht *die perfekte Methode*, denn alle Ansätze haben Vor- und Nachteile. Während die Webwelt auf den heiligen Gral des CSS-Layouts wartet, können Sie sich die Wartezeit mit den nicht perfekten, aber durchaus funktionierenden Möglichkeiten verkürzen, die im Wesentlichen auf zwei Prinzipien beruhen:

- `position:absolute` und `margin`
- `float` in diversen Varianten

Mehrspaltige Layouts mit `float` lernen Sie in den nächsten Kapiteln kennen, jetzt geht es los mit einigen Übungen zu `position: absolute`. Sie können die Beispiele gerne als Grundlage für eigene Layouts benutzen.

Tipp

Position oder Float? Die Web Developer Toolbar hilft

Wenn Sie bei Ihren Streifzügen durch das Web herausfinden möchten, ob ein Layout mit `float` oder mit `position:absolute` erstellt wurde, brauchen Sie nicht den Quelltext zu analysieren.

In der Web Developer Toolbar gibt es im Menü HERVORHEBEN ein Untermenü POSITIONIERTE ELEMENTE HERVORHEBEN mit den vier Optionen ABSOLUTE, FIXED, FLOAT und RELATIVE. Sind auf der Webseite entsprechende Elemente vorhanden, werden diese rot umrandet.

15.2 Ein einfaches zweispaltiges Layout

Der Spaltensatz mit `position: absolute` basiert auf der Grundidee, einem `div`-Bereich einen großen `margin` zu geben und einen anderen `div`-Bereich mithilfe absoluter Positionierung in diesen großen `margin` zu platzieren.

Das erste Beispiel ist ein einfaches zweispaltiges Layout:

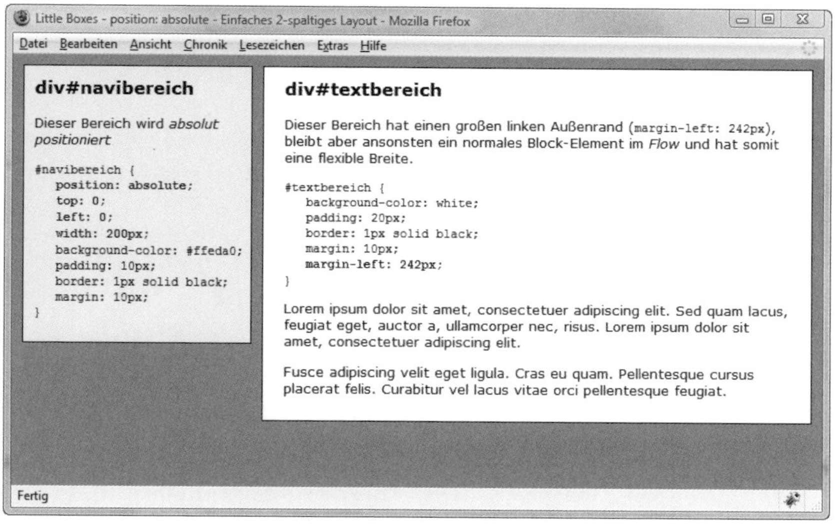

Abbildung 15.1: Einfaches zweispaltiges Layout mit position: absolute

Im Beispiel gibt es die zwei `div`-Bereiche `#textbereich` und `#navibereich`:

- Der weiße Bereich bekommt einen großen linken Rand von `242px`.
- Der hellgraue Bereich ist `200px` breit und wird in diesem großen linken Rand absolut positioniert.

Der Textbereich bleibt übrigens ein normales Block-Element im Flow und passt sich flexibel der Größe des Browserfensters an.

Der Wert `242px` entsteht durch das horizontale `padding` und `margin` von `div#navibereich`: `200px` Breite plus jeweils `10px` `margin` links und rechts plus jeweils 1px `border` links und rechts. Die genaue Pixelanzahl für den großen linken `margin` hängt ein bisschen vom gewünschten Layout ab, aber er muss auf jeden Fall groß genug sein, um Platz für das absolut positionierte Element zu bieten.

Absolute Positionierung ist stabil, recht einfach zu bauen und auch flexibel:

- Die Reihenfolge der `div`-Bereiche im HTML-Quelltext ist beliebig. Es macht nichts aus, ob der Navigationsbereich oder der Textbereich zuerst kommt.
- Um die Spalte rechts zu platzieren, geben Sie `#textbereich` einen großen `margin-right` und ersetzen für `#navibereich left: 0` durch `right: 0`.

Tipp

> **Breite auch in Prozent oder em**
>
> Die Breite für den Rand können Sie problemlos auch in Prozent oder *em* angeben, solange Sie voneinander abhängige Abstände in der gleichen Einheit angeben.

15.3 Ein einfaches dreispaltiges Layout

Eine dritte Spalte ist ebenfalls sehr einfach zu realisieren:

- Die statische Spalte `#textbereich` bekommt auch auf der rechten Seite einen breiten Außenrand.
- In diesen Rand wird ein dritter Bereich ebenfalls mit absoluter Positionierung platziert.

Im Browser sieht das dann ungefähr so aus:

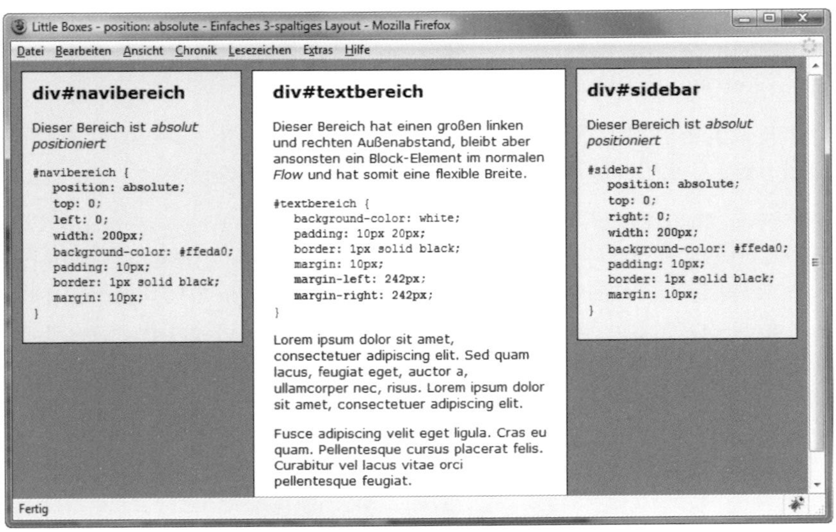

Abbildung 15.2: Ein einfaches dreispaltiges Layout mit position: absolute

Die Bereiche rechts und links außen sind absolut positioniert. Der weiße Textbereich in der Mitte ist nach wie vor im Flow und passt sich dem Browserfenster flexibel an:

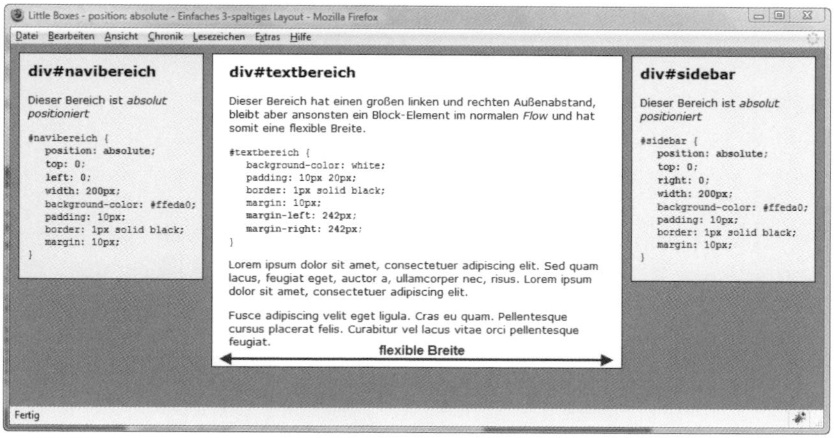

Abbildung 15.3: Der mittlere Bereich passt sich dem Browserfenster an

15.4 Ein dreispaltiges Layout mit Kopfbereich

Wenn Ihr Layout einen Kopfbereich über alle Spalten haben soll, ist es schwierig, den oberen Anfangspunkt (`top`) für den oder die absolut positionierten Bereiche festzulegen.

- Eine Lösung bestünde darin, für den Kopfbereich eine feste Höhe wie z. B. `height: 80px` anzugeben und für absolut positionierte Bereiche als Anfangspunkt oben `top: 81px` zu definieren.
- Eine andere Möglichkeit wäre, die drei Bereiche unterhalb des Kopfbereichs mit einem zusätzlichen Bereich zu umgeben und diesen dann relativ zu positionieren, damit er zum Bezugspunkt für die absolute Positionierung wird.

Den Trick mit der Kombination von relativer und absoluter Positionierung kennen Sie bereits von Seite 244. Der Vorteil dieser Lösung ist, dass die vertikale Flexibilität des Kopfbereichs erhalten bleibt.

Wenn Sie diesen zusätzlichen Bereich `#wrapper` nennen, sieht die HTML-Struktur der Seite etwa so aus:

Listing 15.1: Die HTML-Struktur für das dreispaltige Layout mit Header

```
<div id="kopfbereich"> ... </div>
<div id="wrapper">
   <div id="navibereich"> ... </div>
   <div id="sidebar"> ... </div>
   <div id="textbereich"> ... </div>
</div> <!-- Ende wrapper -->
```

Im CSS wird der Wrapper relativ positioniert:

Listing 15.2: #wrapper wird relativ positioniert

```
#wrapper { position: relative; }
```

Im Browser sieht dieses Layout wie folgt aus, wobei der unsichtbare `#wrapper` durch eine gestrichelte weiße Linie markiert ist:

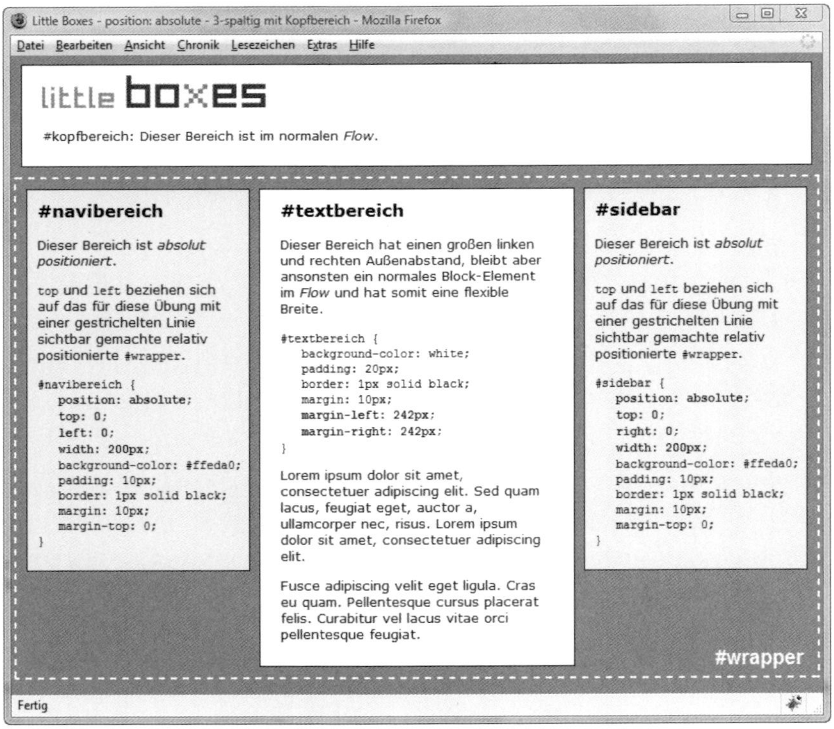

Abbildung 15.4: Dreispaltig, absolut positioniert mit flexiblem Kopfbereich

15.5 Das Problem: ein durchgehender Fußbereich

So weit, so gut. Kommen wir buchstäblich zum Pferdefuß: Es ist nicht möglich, eine Fußzeile unterhalb der Spalten über die gesamte Breite der Seite laufen zu lassen, wenn der mittlere Textbereich nicht die längste Spalte ist.

Aber der Reihe nach: Zunächst ergänzen Sie das HTML um einen Fußbereich, und im Browserfenster sieht alles ganz manierlich aus:

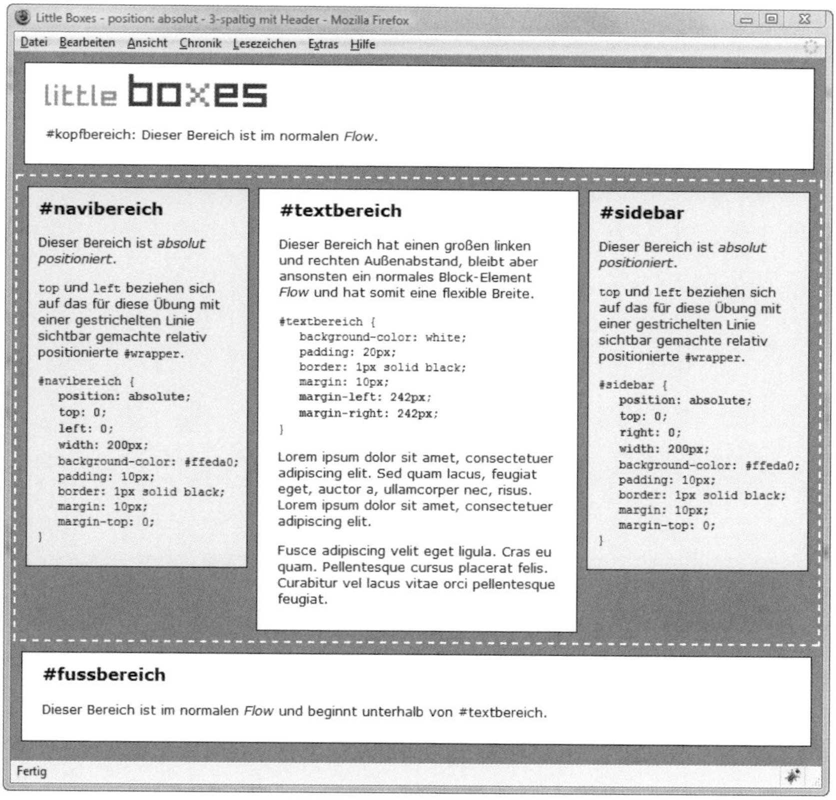

Abbildung 15.5: Dreispaltiges Layout mit Fußbereich – scheinbar okay

Sobald aber einer der absolut positionierten Bereiche länger als der mittlere Textbereich wird, ragen sie über den Fußbereich:

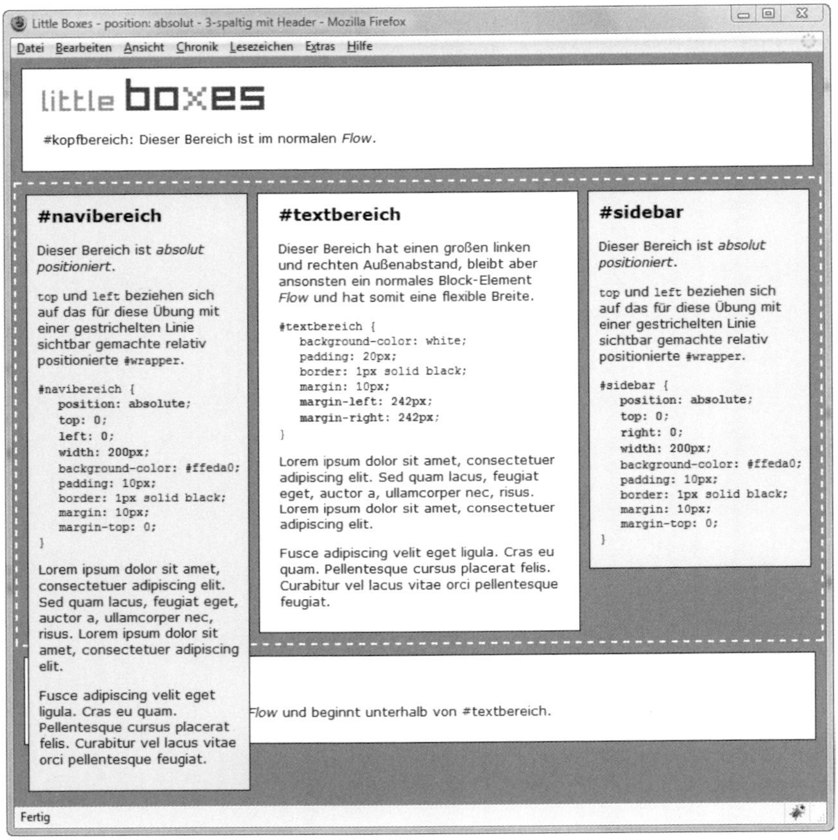

Abbildung 15.6: Die absolut positionierte Spalte sieht den Fußbereich nicht

Tja. Nicht so schön. Und es gibt keinen wirklich zuverlässigen Weg, das zu verhindern. Absolut positionierte Spalten sind nicht mehr im *Flow* und ignorieren alle anderen Elemente völlig, und für `position: absolute` gibt es kein `clear`.

Der Fußbereich beginnt immer unterhalb der statischen mittleren Spalte, und sobald eine der absolut positionierten Spalten länger als der Textbereich ist, läuft sie einfach durch die Fußzeile hindurch.

Fazit: Absolute Positionierung ist stabil, recht einfach zu verstehen und hat nur einen wirklichen Nachteil, der aber nicht immer relevant ist:

- Solange im gewünschten Layout keine Fußzeile über die gesamte Breite der Seite gehen soll, spricht nichts gegen mehrspaltige Layouts mit absoluter Positionierung.

Auf Seite 343 wird gezeigt, wie so etwas in der Praxis aussehen könnte.

Tipp

Tutorial bei The Styleworks

Ein sehr ausführliches deutschsprachiges Tutorial zum Spaltensatz mit `position:absolute` finden Sie bei The Styleworks:

- *http://thestyleworks.de/tut-art/layout_div.shtml*

15.6 Auf einen Blick

Hier noch einmal die wichtigsten Punkte dieses Kapitels im Überblick:

- Mehrspaltige CSS-Layouts basieren meist auf zwei verschiedenen Techniken:
  - `position:absolute` und `margin`
  - `float` in diversen Varianten
- Mehrspaltige Layouts mit `position:absolute` sind recht einfach zu erstellen und sehr stabil in der Handhabung.
- Der einzige wirkliche Nachteil ist, dass Sie mit `position: absolute` keine über alle Spalten reichende Fußzeile erstellen können.

Kapitel 16

Floatbasierte mehrspaltige Layouts mit fester Breite

Worin Sie erfahren, wie man mit der Eigenschaft float mehrspaltige Layouts mit fester Breite erzeugt. Dabei lernen Sie verschiedene Methoden kennen, mit denen Sie jeweils ein zwei- und ein dreispaltiges Layout erstellen.

Die Themen im Überblick:

Wie in Kapitel 14 gesehen, gibt es inzwischen einige brauchbare Lösungen für das Problem mit dem Einschließen von Floats, das bei der Erstellung der kleinen Galerie ab Seite 272 aufgetaucht ist. Deshalb benutzen immer mehr Webdesigner floatbasierte Layouts.

Im Folgenden möchte ich Ihnen zwei Methoden vorstellen, um mehrspaltige floatbasierte Layouts mit einer festen Breite zu erstellen:

- `float` und `margin`
- entgegengesetzte Floats (»opposing floats«)

Im Laufe dieses Kapitels erstellen Sie vier fertige Layouts, die Sie gerne als Grundlage für eigene Layouts benutzen können.

16.1 Zweispaltiges Layout mit float und margin

Mit `float` können Sie nicht nur Grafiken schweben lassen, sondern auch ganze `div`-Bereiche, und das HTML bleibt, wie es ist.

In diesem Abschnitt erstellen Sie ein einfaches zweispaltiges Layout mit einer senkrechten Navigation auf der linken Seite, das im Browser wie folgt aussieht:

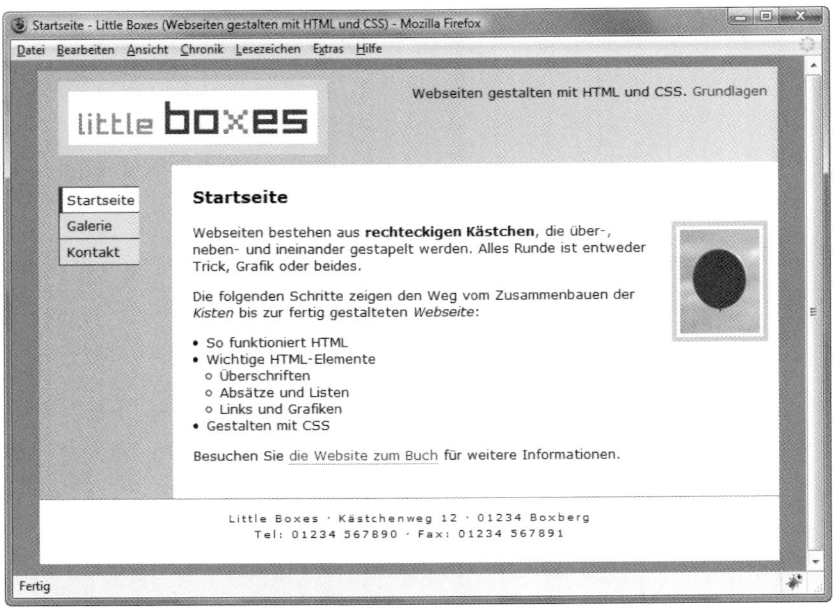

Abbildung 16.1: Das fertige zweispaltige Layout

Das Layout wird in sieben Schritten erstellt:

1. Floaten des Navigationsbereichs
2. Textbereich mit einem großen linken Rand versehen
3. Vorbereitung der ungeordneten Liste
4. Gestaltung der Hyperlinks in der Liste
5. Aktuellen Navigationspunkt hervorheben
6. Hintergrundfarbe für die Navigation
7. Clearen des Fußbereichs

Denken Sie daran, dass per `float` positionierte Elemente beim Layouten fast immer eine mit `width` deklarierte Breite haben. Ohne Breitenangabe wird die Breite gefloateter Elemente unberechenbar, denn sie schrumpfen und werden nur so groß wie ihr Inhalt.

Schritt 1: Den Navigationsbereich floaten

Die zwei Layoutspalten erreichen Sie durch einen kleinen Trick, ähnlich wie bei der absoluten Positionierung:

- Zuerst wird `#navibereich` mit `float: left` ganz nach links positioniert.
- Danach bekommt `#textbereich` einen breiten linken Rand.

Da der breite linke `margin` des Textbereichs *unter* den gefloateten Navigationsbereich rutscht, sieht es so aus, als ob die beiden Bereiche nebeneinanderstehen.

ToDo: Den Navigationsbereich nach links floaten

1. Kopieren Sie *bildschirm.css* aus dem Basisordner für diesen Abschnitt in den Übungsordner. Dort sind zur Vorbereitung alle Deklarationen, die mit `#navibereich` zu tun haben, entfernt worden.
2. Fügen Sie die fett gedruckten Anweisungen hinzu:

```
#navibereich {
  float: left;
  width: 110px;
  padding-left: 20px;
  padding-top: 20px;
}
  #navibereich ul {
  }
  #navibereich li {
    list-style-type: none;
  }
  #navibereich a {
  }
  #startseite #navi01 a,
  #galerieseite #navi02 a,
  #kontaktseite #navi03 a {
  }
  #navibereich a:hover,
  #navibereich a:focus {
  }
  #navibereich a:active {

  }
```

3. Speichern Sie das Stylesheet und betrachten Sie die Webseiten im Browser.

So ungefähr sieht es momentan im Browser aus:

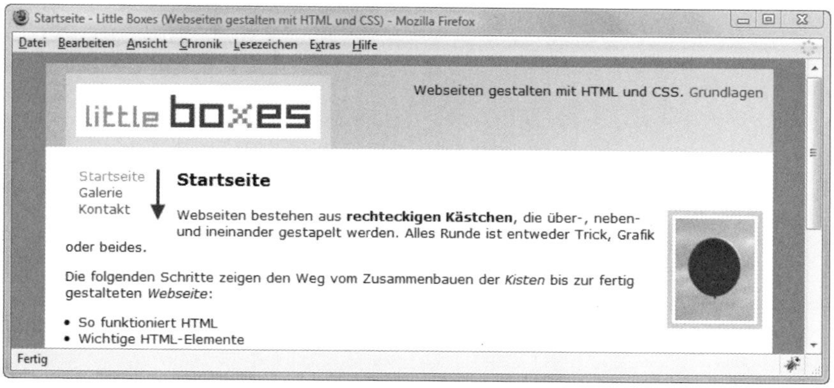

Abbildung 16.2: Der Inhalt umfließt die Navigation

Tja. Schon fast gut. Die Navigation befindet sich senkrecht am linken Rand, die Listenpunkte sind weg, aber der Textbereich umfließt sie, statt ordentlich daneben in einer Spalte zu sitzen.

Schritt 2: Den Textbereich mit einem großen Rand versehen

In diesem Schritt geben Sie dem Textbereich einen großen linken Außenrand und polstern danach den Kopfbereich ein wenig.

ToDo: Dem Textbereich einen linken Außenrand geben

1. Erhöhen Sie das `padding-bottom` für den Kopfbereich von `0` auf `10px`:

```
#kopfbereich {
  position: relative;
  color: black;
  background: #ffe574 url(farbverlauf.jpg) repeat-y top left;
  padding: 10px 20px 10px 20px;
}
```

2. Geben Sie dem Textbereich einen großen linken `margin`:

```
#textbereich {
  padding: 20px 10px 20px 20px;
  margin-left: 130px;
}
```

3. Speichern Sie das Stylesheet und betrachten Sie die Webseiten im Browser.

Und so sieht die Seite jetzt aus:

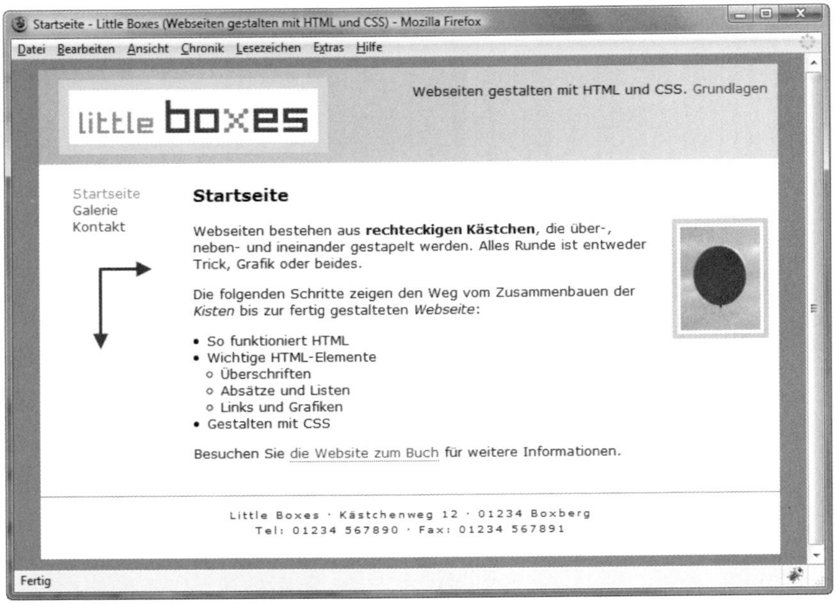

Abbildung 16.3: Der Inhalt steht neben der Navigation

Schritt 3: Die Listenelemente in der Navigation gestalten

Sie beginnen mit der Vorbereitung der Box-Modell-Eigenschaften für die ungeordnete Liste und deren Bestandteile.

Zunächst bekommt die `ul`-Liste eine Breite. Damit die Navigationspunkte auch bei einem Textzoom mitwachsen, wird die Breite in der Einheit `em` definiert, die auf der Schriftgröße basiert. `1em` ist die für das Element definierte Schriftgröße und die Liste erbt `font-size:small` von `body`, was ziemlich genau `13px` entspricht. `6em` wären also eine Breite von `78px`.

Die roten Linien für die Navigation werden geschickt aufgeteilt, sodass keine der horizontalen Linien gedoppelt wird:

- Die obere Linie wird mit `border-top` an das `ul` gegeben (und nicht an die Listenelemente).

Die Linien links und unten bekommen die Listenelemente.

Alles das und noch ein bisschen mehr passiert im folgenden ToDo.

ToDo: Die Listenelemente in der Navigation gestalten

1. Ergänzen Sie die CSS-Regeln für `ul` und `li` im Navigationsbereich wie folgt:

```
#navibereich ul {
  width: 6em;
  border-top: 1px solid #d90000;
}
#navibereich li {
  list-style-type: none;
  border-left: 1px solid #d90000;
  border-bottom: 1px solid #d90000;
  margin: 0;
}
```

2. Speichern Sie das Stylesheet und betrachten Sie die Webseiten im Browser.

Und so sehen die Seiten danach im Browser aus:

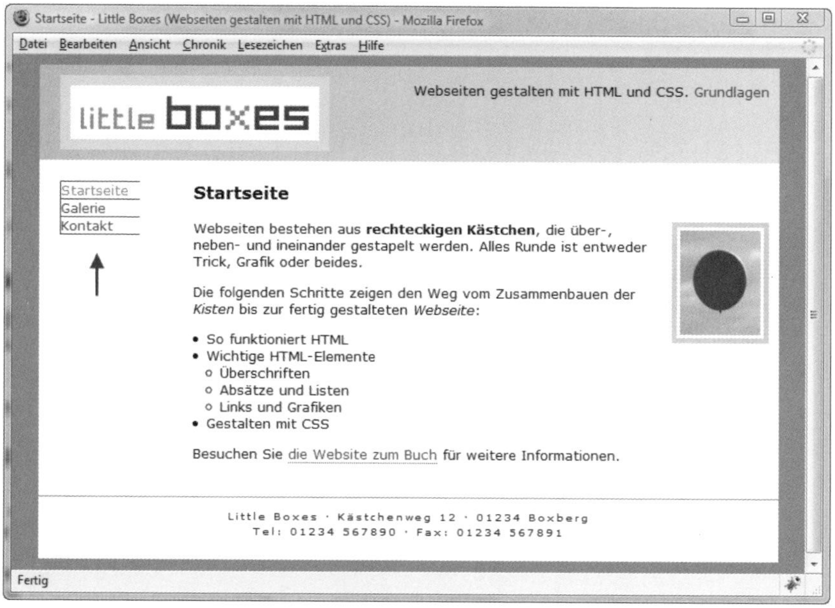

Abbildung 16.4: Navigation mit gestalteter Liste

Schritt 4: Die Hyperlinks in der Navigation gestalten

In diesem Schritt geht es um die Gestaltung der Hyperlinks im Navigationsbereich.

ToDo: Die Hyperlinks in der Navigation gestalten

1. Ergänzen Sie die Regel für Hyperlinks im Navigationsbereich wie folgt:

```
#navibereich a {
  display: block;  /* ganze Fläche anklickbar machen*/
  text-decoration: none;
  color: black;
  background-color: #ffe574;
  padding: 4px;
  border-left: 3px solid #ffe574; /* nicht sichtbar */
}
```

2. Speichern Sie das Stylesheet und betrachten Sie die Webseiten im Browser.

In der ersten Deklaration werden die Hyperlinks zum Block-Element befördert, wodurch der Hyperlink so breit wie das umgebende `li` und der gesamte Navigationspunkt anklickbar wird.

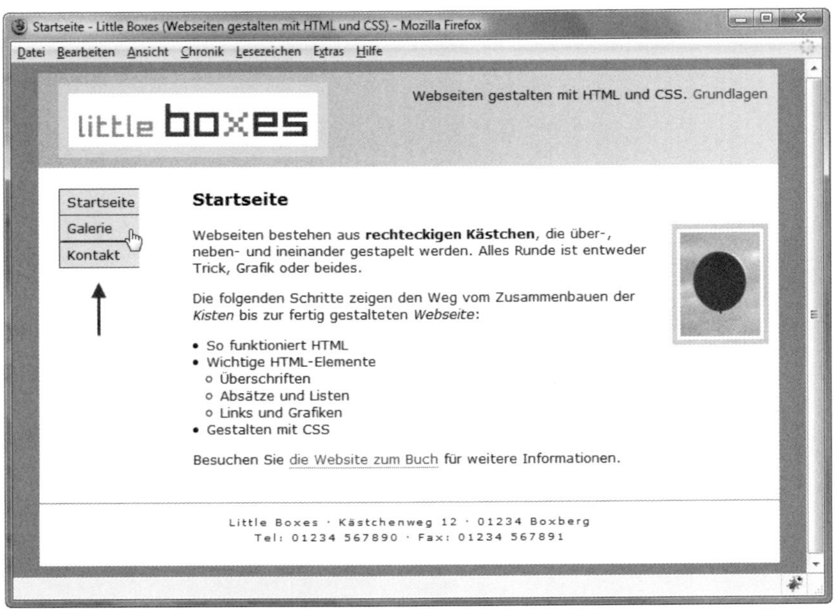

Abbildung 16.5: Das gesamte Listenelement ist anklickbar

Ein kleines padding und eine nicht sichtbare 3 Pixel breite Rahmenlinie links in derselben Farbe wie der Hintergrund runden die Sache ab. Was das mit der unsichtbaren Rahmenlinie soll, wird im nächsten Schritt klar.

Schritt 5: Den aktuellen Navigationspunkt hervorheben

In diesem Schritt geht es um die Rollover-Effekte und die Hervorhebung des aktuellen Navigationspunkts.

ToDo: Den aktuellen Navigationspunkt hervorheben

1. Ergänzen Sie die vorhandenen Regeln wie folgt:

```
#startseite #navi01 a,
#galerieseite #navi02 a,
#kontaktseite #navi03 a {
  color: black;
  background-color: white;
  border-left-color: #d90000;  /* ersetzt #ffe574 */
  border-bottom: none; /* Unterstreichung aus */
}
#navibereich a:hover,
#navibereich a:focus {
  color: black;
  background-color: white;
  border-left-color: #d90000;
  border-bottom: none;
}
#navibereich a:active {
  color: black;
  background-color: #d9d9d9;
}
```

2. Speichern Sie das Stylesheet und betrachten Sie die Webseiten im Browser.

Auch diese Deklarationen sind für sich genommen nicht schwierig. Der Trick liegt darin, dass die linke 3 Pixel breite Rahmenlinie eine andere Farbe bekommt. Zum Schluss wird noch die untere Rahmenlinie auf none gesetzt. Voilà! Fertig ist die Navigation. Oder zumindest fast:

Abbildung 16.6: Navigation mit gestalteter Liste

Schritt 6: »Falsche Spalte« – Hintergrundfarbe für die Navigation

Im ersten Schritt auf Seite 303 haben Sie gesehen, dass die Navigationsspalte eigentlich gar keine Spalte ist, denn der Navigationsbereich ist immer nur so hoch wie sein Inhalt.

Wenn Sie `#navibereich` eine Hintergrundfarbe zuweisen, wird das mehr als deutlich (Abbildung 16.7)

Der zuverlässigste Weg zur Einfärbung der gesamten Spalte bis hinunter zum Fußbereich ist die Verwendung einer farbigen Hintergrundgrafik. Diese Grafik wird einem Element zugewiesen, das immer bis zum Fußbereich reicht, zum Beispiel `#wrapper`. Dan Cederholm hat diese Technik »faux column« (»falsche Spalte«) getauft.

Für das folgende ToDo benötigen Sie eine farbige Grafik, die so breit ist, wie der Navigationsbereich erscheinen soll. 130 x 5 Pixel wären im Beispiel eine gute Größe. Dazu habe ich eine Kopie von *farbverlauf.jpg* mit dem Namen *farbverlauf_zweispaltig.jpg* erstellt und diese mit einem Bildbearbeitungsprogramm auf 130 Pixel verkürzt.

Abbildung 16.7: Spalte? Na ja ...

Damit der Fußbereich nicht auch farbig hinterlegt wird, weisen Sie ihm explizit die Hintergrundfarbe Weiß zu.

ToDo: Eine Hintergrundfarbe für die Navigationsspalte

1. Ergänzen Sie die vorhandene Regel für `#wrapper` wie folgt:

```
#wrapper {
  color: black;
  background: white url(farbverlauf_zweispaltig.jpg) repeat-y
left top;
  width: 720px;
  margin: 10px auto;
}
```

2. Geben Sie dem Fußbereich eine weiße Hintergrundfarbe:

```
#fussbereich {
  color: black;
  background-color: white;   /* Deckweiß */
  padding: 10px 20px 20px 20px;
  border-top: 1px solid #8c8c8c;
  margin-top: 0
}
```

3. Speichern Sie das Stylesheet und betrachten Sie die Webseiten im Browser.

Und fertig ist das zweispaltige Layout auf der Basis von `float` und `margin`. Na ja, fast fertig jedenfalls.

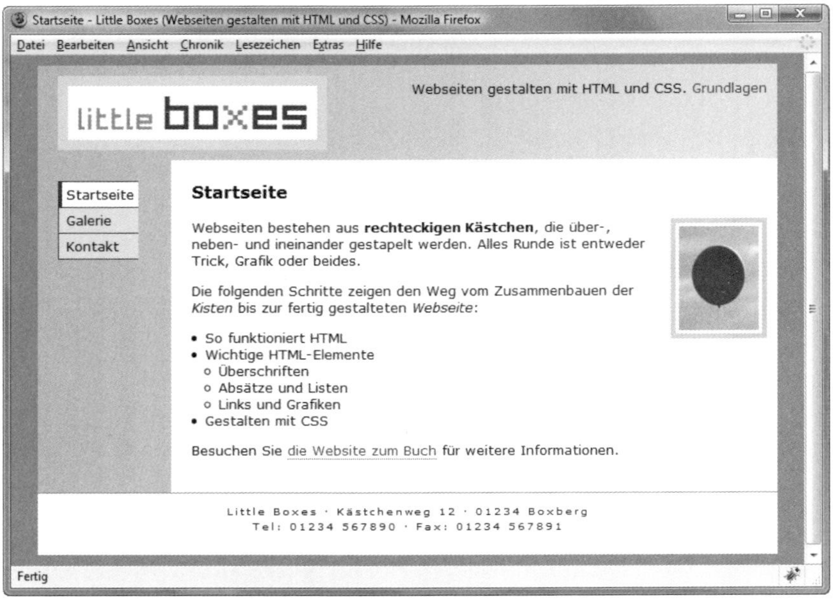

Abbildung 16.8: Das zweispaltige Layout mit float und margin

Tipp

Einfache Farbe statt spezieller Grafik für den Hintergrund?

Statt der speziell zugeschnittenen, 130px breiten Grafik könnten Sie für die Einfärbung der Navigationsspalte auch einfach nur eine Farbe oder die Grafik *farbverlauf.jpg* aus dem Kopfbereich nehmen. In beiden Fällen ist der Wrapper *durchgehend farbig*, und Sie müssen dem Textbereich eine weiße Hintergrundfarbe geben.

Auf den ersten Blick sieht das Layout genauso aus wie im Beispiel. Potenzieller Nachteil: Sollte der Textbereich kürzer sein als der Navibereich, erscheint unten zwischen Textbereich und Fußbereich der Wrapper, und der ist dann *durchgehend* farbig ...

Schritt 7: Den Fußbereich clearen

Die Navigationsspalte geht scheinbar bis nach unten, und es sieht alles wunderbar aus. Aber fehlt da nicht noch etwas? Richtig. Der Fußbereich muss gecleart werden, damit er immer und immer und immer unterhalb der gefloateten Navigation bleibt.

ToDo: Den Fußbereich clearen

1. Ergänzen Sie die vorhandene Regel für `#fussbereich` wie folgt:

```
#fussbereich {
  clear: both;
  background-color: white;
  color: black;
  padding: 10px 20px 20px 20px;
  border-top: 1px solid #8c8c8c;
}
```

2. Speichern Sie das Stylesheet.

Im Browser ändert sich rein optisch gar nichts, aber so *bleibt* die Fußzeile immer unterhalb der Navigation.

16.2 Dreispaltiges Layout mit float und margin

Das eben erstellte zweispaltige Layout lässt sich relativ leicht in ein dreispaltiges verändern, das dann wie folgt aussehen könnte:

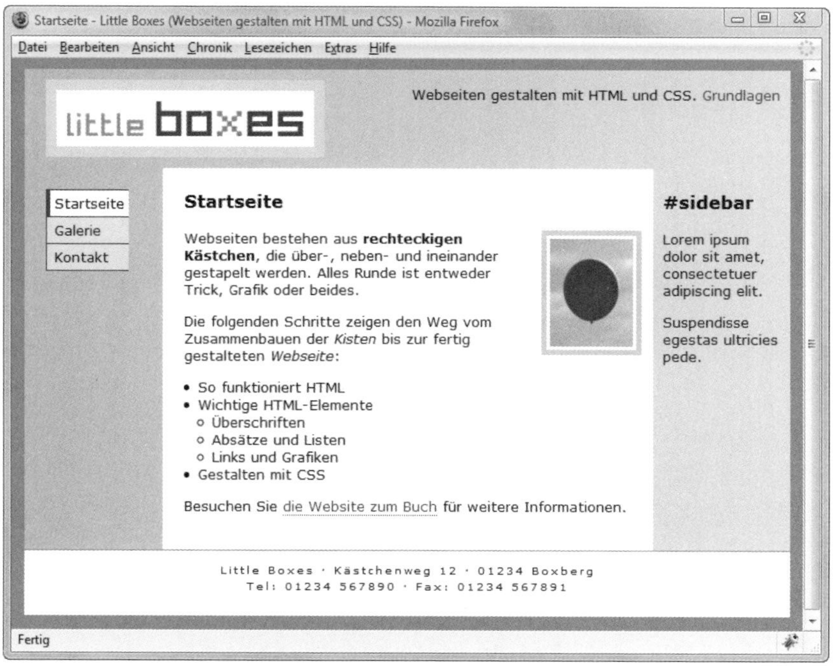

Abbildung 16.9: Ein dreispaltiges Layout mit float und margin

Das HTML für die dritte Spalte

Im HTML benötigen Sie dazu eine dritte Spalte, die im Quelltext *vor* dem Textbereich stehen muss:

ToDo: Einen zusätzlichen div-Bereich im HTML einfügen

1. Fügen Sie in allen drei HTML-Dateien zwischen `#navibereich` und `#textbereich` den folgenden `div`-Bereich ein:

```
...
</div> <!-- Ende navibereich -->

<div id="sidebar">
<h2>#sidebar</h2>
<p>Lorem ipsum dolor sit amet, consectetuer adipiscing elit.</p>
<p>Suspendisse egestas ultricies pede.</p>
</div>

<div id="textbereich">
...
```

2. Speichern Sie die drei Webseiten und betrachten Sie sie im Browser.

Die Anpassungen im CSS

Die im HTML neu erzeugte Spalte wird mit einem neuen Style und einem rechten Außenrand für `#textbereich` in das vorhandene Layout eingefügt.

Die Hintergrundfarbe bekommt `#sidebar` von `#wrapper` und wäre deshalb eigentlich Weiß. Eine eigene Farbe kann die Spalte nicht so ohne Weiteres bekommen, da kein HTML-Element vorhanden ist, an das man die »falsche Spalte« aufhängen könnte.

Um der dritten Spalte trotzdem einen farbigen Hintergrund zu geben, benötigen Sie eine neue Hintergrundgrafik:

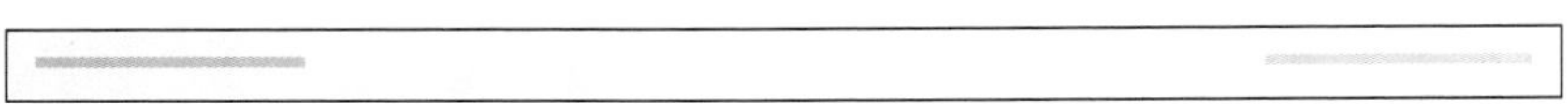

Abbildung 16.10: Hintergrundgrafik für ein dreispaltiges Layout

Diese Grafik ist `720px` breit, links `130px` farbig, in der Mitte `460px` weiß und rechts `130px` farbig. Am einfachsten erstellen Sie dazu eine Kopie von *farbverlauf.jpg* und färben den mittleren Bereich weiß. Sie können natürlich auch einfach *farbverlauf_dreispaltig.jpg* aus dem Basisordner in den Übungsordner kopieren.

ToDo: Die dritte Spalte im CSS gestalten

1. Ändern Sie in *bildschirm.css* den Style für `#wrapper`:

```
#wrapper {
  color: black;
  background: white url(farbverlauf_dreispaltig.jpg) repeat-y
left top;
  width: 720px;
  margin: 10px auto;
}
```

2. Fügen Sie nach den Styles für den `#navibereich` einen Style für `#sidebar` ein:

```
#sidebar {
  float: right;
  width: 110px;
  padding: 10px;
  padding-top: 20px;
}
```

3. Ändern Sie den Style für `#textbereich` wie folgt:

```
#textbereich {
  padding: 20px 10px 20px 20px;
  margin-left: 130px;
  margin-right: 130px;
}
```

4. Speichern Sie das Stylesheet und betrachten Sie die Webseiten im Browser.

Im ersten Style weisen Sie `#wrapper` die neue Hintergrundgrafik zu, im zweiten wird die dritte Spalte mit einer Breite von `110px` nach rechts gefloatet. Dazu kommen noch die 2 x `10px` `padding` rechts und links, sodass die Spalte genau in `130px` `margin-right` passt.

Das Ergebnis ist optisch ein dreispaltiges Layout. Bemerkenswert ist dabei die unterschiedliche Reihenfolge der drei Spalten im Quelltext und am Bildschirm:

- Am Bildschirm ist die Reihenfolge `#navibereich` – `#textbereich` – `#sidebar`, also 1–2–3.
- Im Quelltext hingegen ist die Reihenfolge `#navibereich` – `#sidebar` – `#textbereich`, also 1–3–2.

Tipp

Tutorial bei The Styleworks

Auch für floatbasierte Layouts gibt es bei The Styleworks ein deutschsprachiges Tutorial:

- *http://thestyleworks.de/tut-art/layout_div_2.shtml*

16.3 Exkurs: Die globale Wirkung von clear

In diesem Abschnitt möchte ich Ihnen ein Beispiel zeigen, das Ihnen bei eigenen Experimenten eine Menge Kopfschmerzen ersparen kann.

Im Zusammenhang mit Float habe ich bereits des Öfteren die *globale Wirkung von clear* erwähnt. Im Abschnitt über »Floats beenden mit clear« heißt es zum Beispiel:

> *Wenn `clear` für ein HTML-Element definiert wird, das sich in einem statisch positionierten (also im Flow befindlichen) Eltern-Element befindet, gilt das `clear` für alle auf der Seite vorhandenen `float`-Umgebungen, weshalb man auch von einer globalen Wirkung spricht.*

Beim Clearen des Fußbereichs in Schritt 7 des zweipaltigen Layouts (Seite 312) ist das globale Clearing erwünscht, damit der Fußbereich immer unterhalb der anderen Spalten bleibt, aber das ist nicht immer so:

- In Kapitel 14 haben Sie mit der Eigenschaft `overflow: hidden` (Methode Nr. 3) für das Element `<div class="galerie">` dafür gesorgt, dass die gefloateten Grafiken eingeschlossen werden.
- Stellen Sie sich vor, Sie hätten stattdessen eine Lösung mit `clear` genommen (Nr. 1 oder Nr. 4).

Um den dann entstehenden Effekt sichtbar zu machen, habe ich im zweispaltigen Layout den Navigationsbereich ein bisschen verlängert und wieder mit einer Hintergrundfarbe versehen:

Abbildung 16.11: Die globale Wirkung von clear erzeugt eine Lücke

Das zweite Bild wird bis unter den gefloateten Navigationsbereich geschoben. Dieser Effekt tritt auf, weil `div#galerie` sich in `div#textbereich` befindet, einem statischen (nicht positionierten) Element, und das `clear` am Ende dieses Bereichs deshalb eine globale Wirkung entfaltet. Es gilt also für Floats auf der ganzen Webseite, und nicht nur innerhalb von `#galerie` oder `#textbereich`.

Deswegen beginnt das zweite `div#galerie`, das ebenfalls gecleart ist, unterhalb des nach links gefloateten Navigationsbereichs.

Im Grunde genommen gibt es für diese Situation zwei Lösungen:

- die gefloateten Elemente im Textbereich mit `overflow: hidden` einschließen, weil dabei kein `clear` im Spiel ist
- das umgebende Element (also `div#galerie`) oder auch den gesamten Textbereich floaten, damit das `clear` nur innerhalb der Float-Umgebung gilt

16.4 Zweispaltiges Layout mit entgegengesetzten Floats

Die Mischung aus `float` und `margin` zur Erstellung mehrspaltiger Layouts ist stabil, übersichtlich und einfach zu realisieren, hat aber zwei potenzielle Nachteile:

- Ein `clear` im statischen (nicht positionierten) Textbereich kann durch seine globale Wirkung zu Problemen führen (siehe Seite 316).
- Die mittlere Spalte `#textbereich` muss im Quelltext zwingend *nach* den gefloateten Randbereichen stehen.

Aus diesem Grund möchte ich Ihnen im Folgenden noch kurz eine andere Methode zur Erstellung von `float`-basierten Layouts vorstellen, bei der erstens ein `clear` im Textbereich auf den Textbereich beschränkt bleibt und zweitens die Reihenfolge der Bereiche im HTML etwas flexibler ist.

Zunächst erstellen Sie damit wieder ein zweispaltiges Layout:

- Die erste Spalte schwebt mit `float:left` nach links
- Die zweite Spalte geht mit `float:right` nach rechts.

Weil die Floats in verschiedene Richtungen gehen, wird diese Methode auch *entgegengesetzte Floats* (*opposing floats*) genannt.

Eine andere Reihenfolge im HTML

Ein Vorteil der entgegengesetzten Floats ist, wie gesagt, dass Sie im HTML die Reihenfolge von `#textbereich` und `#navibereich` einfach umdrehen können, ohne dass das Layout sich ändert.

Letztendlich ist es also egal, in welcher Reihenfolge die beiden Layoutbereiche im Quelltext stehen, aber in den drei HTML-Dateien aus dem Basisordner für diesen Abschnitt habe ich die Reihenfolge einmal geändert:

```
<div id="wrapper">
  <div id="kopfbereich"> ...</div>
  <div id="textbereich">

  </div> <!-- Ende #textbereich -->

  <div id="navibereich">

  </div> <!-- Ende #navibereich -->

  <div id="fussbereich"> ...</div>
</div>
```

Listing 16.1: Geänderte Reihenfolge im HTML der drei Webseiten

Einige Webdesigner bevorzugen diese Quelltext-Reihenfolge, da im Rahmen der Barrierefreiheit der Inhalt dann vor der Navigation steht und Benutzer ohne CSS sich nicht erst durch die Navigation kämpfen müssen, um den Inhalt zu finden.

Andere Designer belassen die Navigation vor dem Inhalt, bieten Besuchern ohne CSS aber einen Skip-Link. Beides sind diskutierbare Meinungen, keine unumstößlichen Tatsachen, und eigentlich nicht wichtig genug für Glaubenskriege.

Apropos Skip-Link. Der springt auf allen drei Seiten zum Textbereich, der jetzt aber sowieso direkt nach dem Kopfbereich kommt. Sinnvoller wäre da ein Link zur Navigation:

```
<div class="skiplink"><a href="#navibereich">Zur Navigation</a></div>
```

Listing 16.2: Der Skip-Link ist jetzt sinnvoller zur Navigation

Auch das ist in den drei Webseiten aus dem Basisordner bereits erledigt.

Das CSS für entgegengesetzte Floats anpassen

Für die entgegengesetzten Floats muss gegenüber dem Beispiel mit `float` und `margin` nur der Style für `#textbereich` ein bisschen geändert werden:

- Der linke Außenrand wird nicht mehr benötigt und kann gelöscht werden.
- Der gesamte Textbereich wird nach rechts gefloatet und bekommt deshalb eine feste Breite.

Und los geht's.

ToDo: Den Textbereich nach rechts floaten

1. Kopieren Sie die Übungsdateien aus dem Basisordner für diesen Abschnitt in einen Übungsordner.
2. Ändern Sie in *bildschirm.css* den Style für den Textbereich wie folgt:

```
#textbereich {
  float: right;
  width: 560px; /* plus 30px padding links und rechts */
  padding: 20px 10px 20px 20px;
}
```

3. Speichern Sie das Stylesheet und betrachten Sie die Webseiten im Browser.

Optisch hat sich im Browser nichts geändert, nur im Quelltext kann der Textbereich jetzt *vor* dem Navigationsbereich stehen und ein `clear` im Textbereich hätte keine Auswirkungen mehr auf den Navibereich:

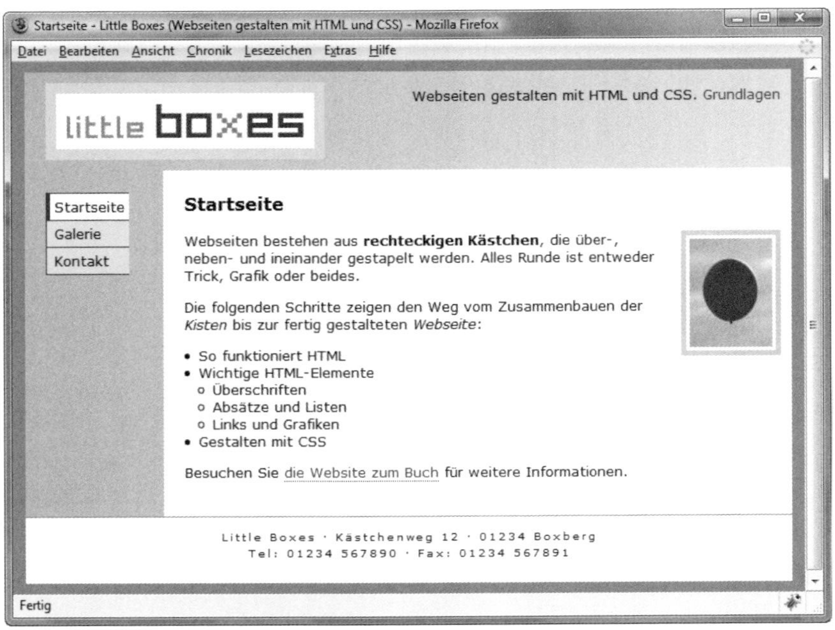

Abbildung 16.12: Entgegengesetzte Floats – optisch kein Unterschied

Patch für den Internet Explorer 6

Wie bereits angedeutet, kommt der Internet Explorer 6 bei komplexeren Float-Umgebungen des Öfteren ins Schleudern.

So in etwa sieht die Seite momentan im IE6 aus:

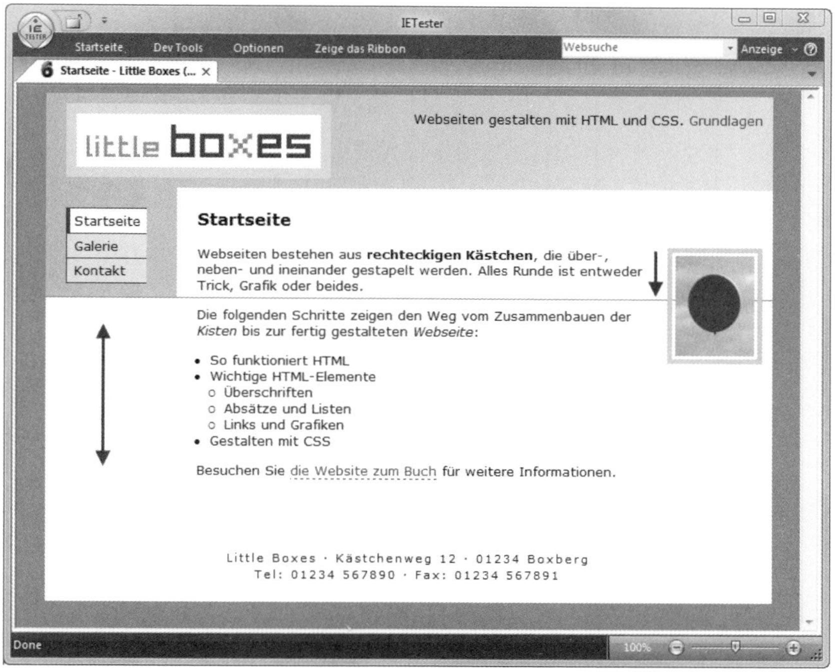

Abbildung 16.13: Die Beispielseite im IE6 bedarf einer kleinen Nachbesserung

Er berechnet die Spaltenbreiten nicht ganz korrekt und kommt deshalb total durcheinander. Eine Lösung ist es, ihm per Sternchen-Hack ein paar Pixel weniger Breite für den Navigationsbereich zu geben.

ToDo: Patch für den IE6

1. Fügen Sie in *bildschirm.css* direkt unter dem Style für `#navibereich` den folgenden Style ein:

```
/* Patch für IE6 */
* html #navibereich { width: 104px; }
```

2. Speichern Sie das Stylesheet und betrachten Sie die Webseiten im Internet Explorer 6.

16.5 Dreispaltiges Layout mit entgegengesetzten Floats

Die Erweiterung von 2 auf 3 Spalten ist bei der Variante mit entgegengesetzten Floats etwas aufwendiger, denn Sie benötigen innerhalb des Textbereichs zwei `div`-Bereiche, die dann auch wieder nach links bzw. rechts gefloatet werden.

Zwei zusätzliche Bereiche im HTML einfügen

Der bisherige Inhalt steht dann in einem Bereich namens `#inhalt`, während der Bereich `#sidebar` zur dritten Spalte auf der rechten Seite wird und nur ein bisschen Fülltext erhält.

Die Reihenfolge der beiden Bereiche im Quelltext spielt keine Rolle, da sie wieder mit entgegengesetzten Floats positioniert werden.

ToDo: Das HTML für das dreispaltige Layout vorbereiten

1. Ändern Sie die HTML-Struktur auf allen drei Webseiten wie folgt:

```
<div id="wrapper">
<div id="kopfbereich"> ...</div>

<div id="textbereich">

<div id="inhalt">
<!-- Bisheriger Inhalt aus #textbereich -->
</div> <!-- Ende inhalt -->

<div id="sidebar">
<h2>#sidebar</h2>
<p>Lorem ipsum dolor sit amet, consectetuer adipiscing elit.</p>
<p>Suspendisse egestas ultricies pede.</p>
</div>  <!-- Ende sidebar -->

</div> <!-- Ende #textbereich -->

<div id="navibereich"> ...</div>
<div id="fussbereich"> ...</div>
</div>
```

2. Speichern Sie die Webseiten und betrachten Sie sie im Browser.

Die beiden neuen Spalten im CSS gestalten

Jetzt werden die beiden neuen Spalten im CSS gestaltet. Der Textbereich hat eine Breite von `590px` (inklusive `30px padding`), die Sie im Stylesheet zwischen den beiden neuen Bereichen beliebig aufteilen können.

Die Hintergrundfarbe für die dritte Spalte wird wieder durch die `#wrapper` zugewiesene Hintergrundgrafik *farbverlauf_dreispaltig.jpg* erzeugt.

ToDo: Die beiden neuen Spalten per CSS gestalten

1. Ändern Sie ggf. die Hintergrundgrafik für `#wrapper`:

```
#wrapper {
  color: black;
  background: white url(farbverlauf_dreispaltig.jpg) repeat-y ;
  width: 720px;
  margin: 10px auto;
}
```

2. Entfernen Sie das `padding` von `#textbereich` und verbreitern Sie ihn auf 590px.

```
#textbereich {
  float: right;
  width: 590px;
}
```

3. Ergänzen Sie die folgenden Styles in *bildschirm.css* wie folgt, am besten nach den Styles für den `#textbereich`:

```
#inhalt {
  float: left;
  width: 430px;
  padding: 20px 10px 20px 20px;
}
#sidebar {
  float: right;
  width: 110px;
  padding: 10px;
}
```

4. Speichern Sie das Stylesheet und betrachten Sie die Webseiten im Browser.

Im Browser sieht das dann so aus:

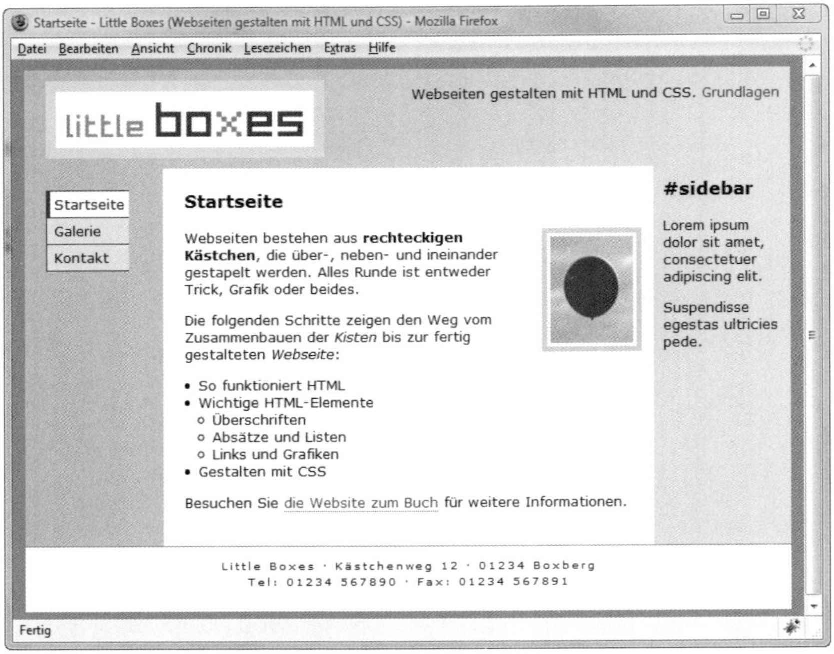

Abbildung 16.14: Drei-Spalten-Layout mit doppeltem float:left und float:right

16.6 Auf einen Blick

Hier noch einmal die wichtigsten Punkte dieses Kapitels im Überblick:

- Zwei Methoden für `float`-basierte Layouts sind:
  - `float` und `margin`
  - `float: left` und `float: right` (entgegengesetzte Floats)
- In beiden Varianten kann man problemlos zwei- oder dreispaltige Layouts erstellen.
- `float` und `margin` sind einfach zu handhaben, aber die Reihenfolge der `div`-Bereiche im HTML-Quelltext ist festgelegt.
- Bei entgegengesetzten Floats ist die Reihenfolge der Bereiche im HTML zum Teil beliebig.

Kapitel 17

Floatbasierte mehrspaltige Layouts mit flexibler Breite

Worin Sie flexible Layouts kennenlernen. Zunächst mit festen Randspalten und danach mit einer doppelten `div`*-Element und flexiblen Randspalten. Weiterhin werden Downloadmöglichkeiten für fertige Vorlagen und das CSS-Framework YAML kurz vorgestellt.*

Die Themen im Überblick:

Bis jetzt haben Sie alle Breitenangaben in Pixel gemacht, weil das Layouten mit CSS mit festen Pixelangaben besonders für den Einstieg leicht zu berechnen und einfach zu verstehen ist. In diesem Kapitel ändern Sie ein festes Layout Schritt für Schritt in flexible Layouts, bei denen die Breite nicht mehr in Pixel, sondern in Prozent angegeben wird.

Tipp

Flüssig, elastisch, flexibel, frustriert

Im Web finden Sie zahlreiche Informationen über flexible Layouts und dabei Begriffe wie »liquid«, »fluid«, »elastic« und viele andere. Lassen Sie sich davon nicht verwirren. Sie sollten flexible Layouts erst probieren, wenn Sie feste pixelbasierte Layouts gut im Griff oder eine ausgeprägte Frustrationstoleranz haben, denn bei flexiblen Layouts passiert nicht immer genau das, was man gerade erwartet ...

17.1 Zweispaltiges, teilweise flexibles Layout

Bei flexiblen Layouts bekommen die `div`-Bereiche für das Layout eine Breitenangabe in Prozent und orientieren sich daher an der Größe des Browserfensters. Mit einer Breite von 80% für `#wrapper` hat dieser immer eine Breite von 80% des Browserfensters, egal wie groß oder klein es gerade ist.

Der Vorteil ist, dass gerade bei großen Bildschirmauflösungen die zur Verfügung stehende Bildschirmfläche besser ausgenutzt wird. Dieser Vorteil kann aber auch zum Nachteil geraten, denn bei sehr breiten (oder sehr schmalen) Browserfenstern erschwert die zu große (oder zu kleine) Zeilenlänge des Textes das Lesen.

Im Folgenden wird der auf `float` und `margin` basierende Zweispalter aus Kapitel 16.1 so geändert, dass die Webseiten eine flexible Breite in Prozent haben. Der Navigationsbereich behält vorerst seine feste Breite, während der Textbereich als Block-Element ohne Breitenangabe immer den zur Verfügung stehenden Platz ausfüllt.

Schematisch dargestellt sieht dieses Layout so aus:

Abbildung 17.1: Schema für teilweise flexibles zweispaltiges Layout

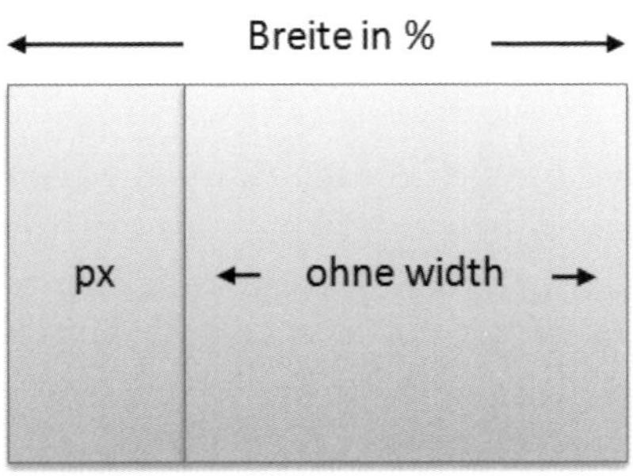

Zur Umsetzung dieses Layouts sind im CSS nur wenige Änderungen erforderlich, die im folgenden ToDo erledigt werden. Die Erklärungen folgen danach.

ToDo: Zweispaltiges, teilweise flexibles Layout

1. Kopieren Sie die Dateien aus dem Basisordner für diesen Abschnitt in einen Übungsordner.
2. Öffnen Sie das Stylesheet *bildschirm.css* in einem Editor.
3. Ändern Sie den Style für `#wrapper` wie folgt:

```
#wrapper {
  background: white url(farbverlauf_zweispaltig.jpg) repeat-y
left top;
  color: black;
  width: 80%;  /* Breite in Prozent */
  min-width: 660px; /* Minimale Breite in px */
  max-width: 72em; /* Maximale Breite in em */
  margin: 10px auto;
}
```

4. Speichern Sie die Webseiten und betrachten Sie sie im Browser.

Das CSS benutzt für drei Eigenschaften drei verschiedene Einheiten, und das aus gutem Grund. Mit `width: 80%` wird erreicht, dass die Webseite (oder genau genommen `#wrapper`) immer 80% des sichtbaren Bereichs vom Browserfenster (auch *viewport* genannt) einnimmt.

Die zweite Anweisung `min-width: 660px` schränkt dies ein und sorgt dafür, dass das Layout niemals schmaler als 660px wird. So verhindern Sie, dass die Layoutbereiche ineinandergeschoben und unbenutzbar werden. Wird der Viewport kleiner als 660px, wird ein horizontaler Scrollbalken sichtbar, aber das Layout bleibt erhalten:

Abbildung 17.2: Schmaler wird's nicht – Layout in kleinem Browserfenster

Last, not least folgt mit `max-width: 72em` noch eine maximale Breite, die durch die Einheit `em` an die Schriftgröße gekoppelt ist. So verhindern Sie, dass die Zeilen im Textbereich zu lang und somit schlecht lesbar werden:

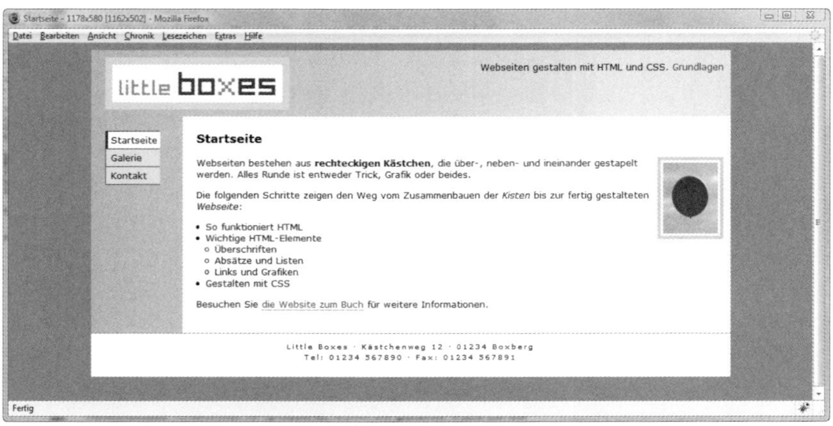

Abbildung 17.3: Breiter wird's nicht – Layout in großem Browserfenster

Diese Mischung aus verschiedenen Einheiten für die drei Eigenschaften zur Definition der Breite ist ideal, um das Verhalten der Webseite in verschiedenen Situationen zu optimieren, wobei die genauen Werte für die drei Eigenschaften von dem zu gestaltenden Layout und der Menge des auf den Webseiten vorhandenen Inhalts abhängen.

Nebenbei bemerkt: In diesem Beispiel wird der ab Seite 155 vorgestellte Trick zur scheinbaren Verlängerung der Hintergrundgrafik zum ersten Mal richtig nützlich.

Tipp

Internet Explorer 6 und die Breite einer Webseite

Der IE6 versteht weder `min-width` noch `max-width` und benötigt dementsprechend eine Sonderbehandlung. Am einfachsten ist es, ihm im CSS mit einem Sternchen-Hack eine feste Breite zu geben:

```
* html #wrapper { width: 720px; } /* Feste Breite für IE6 */
```

Etwas aufwendigere Lösungen bestehen in der Verwendung von JavaScript oder IE-eigenen »Expressions« (Berechnungen) im CSS. Eine Google-Suche nach `ie6 max-width min-width` zeigt den Weg zu aktuellen Lösungsansätzen.

17.2 Dreispaltiges, teilweise flexibles Layout

In diesem Abschnitt wird das teilweise flexible zweispaltige Layout aus dem vorherigen Abschnitt um eine dritte Spalte erweitert, die wie der Navibereich ebenfalls eine feste Breite erhält:

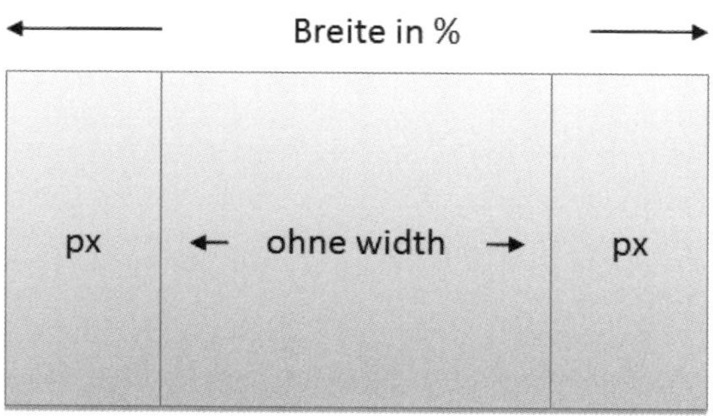

Abbildung 17.4: Schema für teilweise flexibles dreispaltiges Layout

Die Breite für #wrapper ändern

Als Basis dient das dreispaltige, auf `float` und `margin` basierende Beispiel aus Kapitel 16.2. Um dieses Beispiellayout flexibel zu gestalten, werden im folgenden ToDo zunächst einige Änderungen an `#wrapper` vorgenommen, ähnlich wie im vorherigen Abschnitt, nur mit etwas anderen Werten. Allerdings taucht danach beim Testen ein Problem mit der Sidebar am rechten Rand auf.

ToDo: Dreispaltiges, teilweise flexibles Layout (1)

1. Kopieren Sie die Dateien aus dem Basisordner für diesen Abschnitt in einen Übungsordner.
2. Öffnen Sie das Stylesheet *bildschirm.css* in einem Editor.
3. Ändern Sie den Style für `#wrapper` wie folgt:

```
#wrapper {
  background: white url(farbverlauf_dreispaltig.jpg) repeat-y
left top;
  color: black;
  width: 80%;  /* Breite in Prozent */
  min-width: 720px; /* Minimale Breite in px */
  max-width: 80em; /* Maximale Breite in em */
  margin: 10px auto;
}
```

4. Speichern Sie die Webseiten und betrachten Sie sie im Browser.

Wenn Sie Glück haben und das Browserfenster genau die richtige Größe hat, sieht die Seite zunächst sogar okay aus, aber spätestens wenn Sie das Browserfenster verkleinern, zeigen sich die angekündigten Probleme mit der Sidebar (Abbildung 17.5).

Auch in einem größeren Browserfenster macht die Sidebar keine gute Figur (Abbildung 17.6).

Diese Probleme werden im nächsten Abschnitt gelöst.

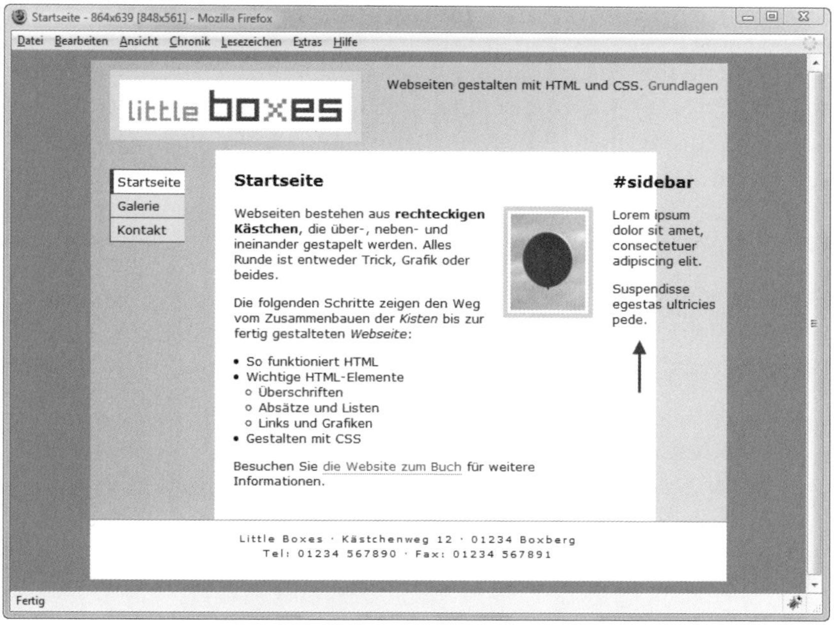

Abbildung 17.5: Sidebar passt nicht – Layout in kleinem Browserfenster

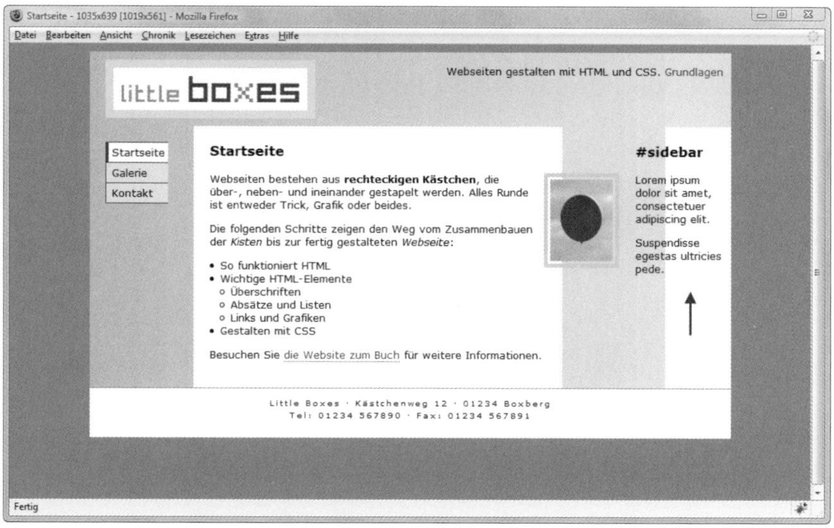

Abbildung 17.6: Sidebar passt nicht – Layout in großem Browserfenster

Die Hintergrundgrafik von #wrapper anpassen

Die Ursache für die Probleme mit der Sidebar ist die Hintergrundgrafik: Die auf Seite 315 vorgestellte Grafik *farbverlauf_dreispaltig.jpg* hat eine feste Breite von 720px mit links und rechts jeweils 130 eingefärbten Pixeln. Dazwischen liegen genau 460 weiße Pixel. Wenn der Textbereich also zufällig 460px breit ist, dann passt auch die Hintergrundgrafik, ansonsten eher nicht.

Da man den weißen Bereich in der Grafik nicht flexibilisieren kann, müssen Sie eine andere Technik benutzen, die im Tipp auf Seite 312 bereits angesprochen wurde:

- Der Wrapper bekommt die Hintergrundgrafik *farbverlauf.jpg* aus dem Kopfbereich. Wenn Sie keinen Farbverlauf benötigen, können Sie statt einer Hintergrundgrafik auch einfach nur eine bestimmte Farbe definieren.
- Der Textbereich bekommt einen weißen Hintergrund, damit der Text lesbar bleibt.

Dies wird im folgenden ToDo gemacht.

ToDo: Dreispaltiges, teilweise flexibles Layout (2)

1. Öffnen Sie das Stylesheet *bildschirm.css* in einem Editor.
2. Ändern Sie den Style für `#wrapper` wie folgt:

```
#wrapper {
  background: #ffe574 url(farbverlauf.jpg) repeat-y left top;
  color: black;
  width: 80%;  /* Breite in Prozent */
  min-width: 720px; /* Minimale Breite in px */
  max-width: 80em; /* Maximale Breite in em */
  margin: 10px auto;
}
```

3. Geben Sie dem Textbereich einen weißen Hintergrund:

```
#textbereich {
  background-color: white; /* weißer Hintergrund */
  padding: 20px 10px 20px 20px;
  margin-left: 130px; /* Platz für #navibereich */
  margin-right: 130px; /* Platz für #sidebar */
}
```

4. Speichern Sie die Webseiten und betrachten Sie sie im Browser.

Mit dieser einfachen Änderung passt sich das Layout einem kleinen Browserfenster flexibel an:

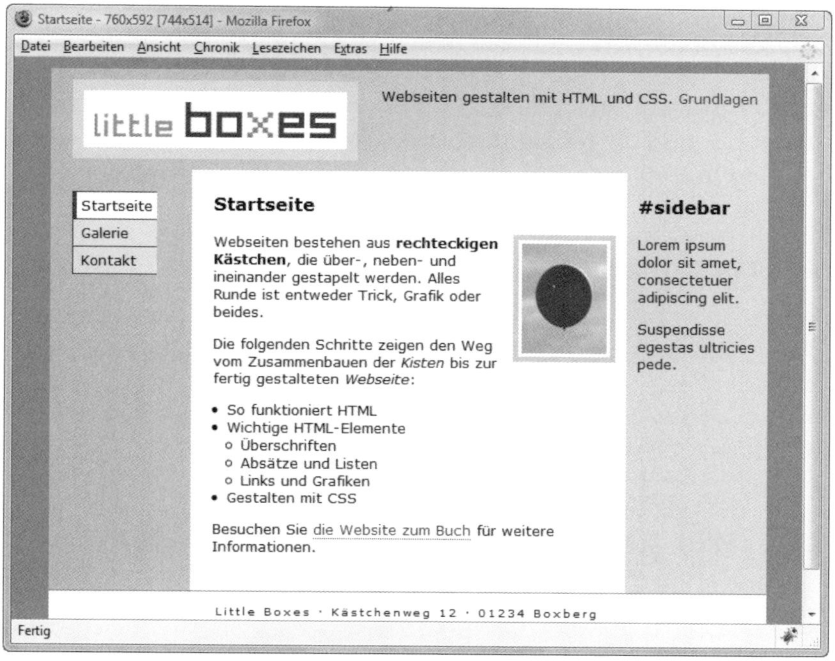

Abbildung 17.7: Sidebar passt – Layout in kleinem Browserfenster

Und auch in einem größeren Browserfenster ist die Sidebar farblich hinterlegt:

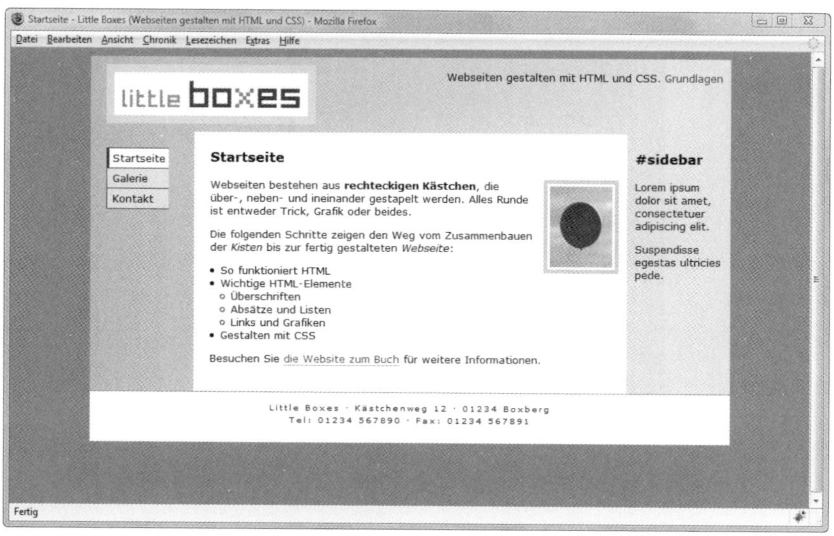

Abbildung 17.8: Sidebar passt – Layout in großem Browserfenster

Einziger Nachteil dieser Technik ist, wie gesagt, dass der farbige Wrapper zwischen Text- und Fußbereich durchscheint, wenn der Textbereich kürzer als eine der gefloateten Randspalten ist.

Genau genommen könnte man im Style für den Kopfbereich die Deklaration für den `background` übrigens entfernen, denn sie ist identisch mit der im Wrapper. Da der Kopfbereich innerhalb des Wrappers sitzt, wird der Farbverlauf auch im Kopfbereich sichtbar, sofern für den Kopfbereich kein eigener Hintergrund definiert wurde.

Tipp

Spalten ohne Hintergrundfarbe machen weniger Probleme

Nachdem das Problem mit dem farbigen Hintergrund für die beiden Randspalten gelöst ist, soll hier der Hinweis nicht fehlen, dass Randspalten ohne Hintergrundfarbe dieses Problem gar nicht erst gehabt hätten. Achten Sie bei den nächsten Surfgängen mal darauf, welche Randspalten farblich abgesetzt sind und welche nicht.

17.3 Zweispaltiges, vollständig flexibles Layout

In diesem Abschnitt wird auch der Navigationsbereich seine feste Pixelbreite gegen eine prozentuale eintauschen:

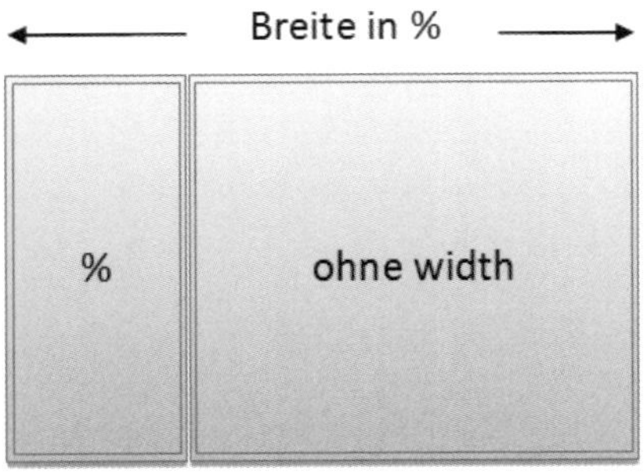

Abbildung 17.9: Schema für vollständig flexibles zweispaltiges Layout

Dazu möchte ich Ihnen zunächst einen Trick vorstellen, der sich bei flexiblen Layouts aller Art bewährt hat: die Dopplung der betroffenen `div`-Bereiche.

HTML vorbereiten: das doppelte div

Das Box-Modell in CSS ist in seiner aktuellen Fassung auf die Arbeit mit festen Pixelbreiten oder zumindest mit einer durchgängig einheitlichen Einheit (`px`, `%` oder `em`) ausgerichtet. Sobald für ein HTML-Element die Angaben für Breite, Padding, Border oder Margin in verschiedenen Einheiten erfolgen, lässt sich die Gesamtbreite des Elements nicht mehr zuverlässig bestimmen:

- Aufgabe: `#navibereich` soll eine Breite von 20% und ein Padding von 10px bekommen.
- Frage: Wie breit muss der `margin-left` von `#textbereich` werden, damit der Navigationsbereich genau darein passt?
- Antwort: Keine Ahnung. Das kann man nicht berechnen.

Damit flexible Layouts nun aber nicht zu einer Lotterie verkommen, gibt es den Trick mit dem doppelten `div`:

- Direkt innerhalb von `#navibereich` wird ein zweites `div` erstellt, das zum Beispiel `#navibereich_innen` heißen könnte.
- Das äußere Element `#navibereich` bekommt eine Breite zugewiesen, zum Beispiel `width: 20%`.
- Das innere Element `#navibereich_innen` erhält eventuelle Angaben für `padding` oder `border`, zum Beispiel `padding: 10px`.

Auf diese Weise ist der Navigationsbereich *immer* 20% breit, egal wie viel `padding` und `border` (oder auch `margin`) das innere Element bekommt. Durch das doppelte div können die Spalten einerseits sehr flexibel gestaltet werden und haben andererseits trotzdem eine genau berechenbare Gesamtbreite.

Im folgenden ToDo bereiten Sie das HTML der drei Webseiten für den Einsatz in flexiblen Layouts vor.

ToDo: HTML – das doppelte div einbauen

1. Kopieren Sie die Dateien aus dem Basisordner für diesen Abschnitt in einen Übungsordner.
2. Öffnen Sie die drei HTML-Dateien in einem Editor.
3. Ergänzen Sie das innere `div` für den Navigationsbereich:

```
<div id="navibereich">
<div id="navibereich_innen">

...

</div> <!-- Ende navibereich_innen -->
</div> <!-- Ende navibereich -->
```

4. Ergänzen Sie das innere `div` für den Textbereich:

```
<div id="textbereich">
<div id="textbereich_innen">

...

</div> <!-- Ende textbereich_innen -->
</div> <!-- Ende textbereich -->
```

5. Speichern Sie die Webseiten und betrachten Sie sie im Browser.

Im Browser hat sich durch diese Maßnahme nichts sichtbar verändert.

Tipp

Das doppelte div verhindert den Box-Modell-Bug

Quasi als kostenlose Dreingabe verhindert das doppelte div übrigens durch die Trennung von `width` und `padding` bzw. `border` auch den Box-Modell-Bug im IE5.x und im IE6, sofern er nicht im Standardmodus arbeitet. Mehr dazu auf Seite 356.

Das CSS für die doppelten divs

Im CSS benutzen Sie das jeweils äußere Element für die Angabe der Breite und das jeweils innere Element für `padding` und `border`.

Da bei einer flexiblen Breite für den Navigationsbereich eine Hintergrundgrafik mit fester Pixelbreite nicht geeignet ist, bauen Sie im folgenden ToDo zunächst wieder *farbverlauf.jpg* für den Wrapper ein.

ToDo: Zweispaltiges flexibles Layout

1. Öffnen Sie das Stylesheet *bildschirm.css* in einem Editor.
2. Ändern Sie den Hintergrund für `#wrapper` wie folgt:

```
#wrapper {
  background: #ffe574 url(farbverlauf.jpg) repeat-y left top;
  color: black;
  width: 80%;  /* Breite in Prozent */
  min-width: 720px; /* Minimale Breite in px */
  max-width: 80em; /* Maximale Breite in em */
  margin: 10px auto;
}
```

3. **Ändern Sie als Nächstes das Styling für den Navigationsbereich:**

```
#navibereich {
  float: left;
  width: 20%;
  /* padding verschoben zu #navibereich_innen */
}
#navibereich_innen {
  padding-left: 20px;
  padding-top: 20px;
}
```

4. **Ändern Sie jetzt noch das Styling für den Textbereich:**

```
#textbereich {
  background-color: white;
  /* padding verschoben zu #textbereich_innen */
  margin-left: 20%; /* Platz für #navibereich */
}
#textbereich_innen {
  padding: 20px 10px 20px 20px;
}
```

5. Speichern Sie die Webseiten und betrachten Sie sie im Browser.

Und so sieht die flexible Seite im Browser aus:

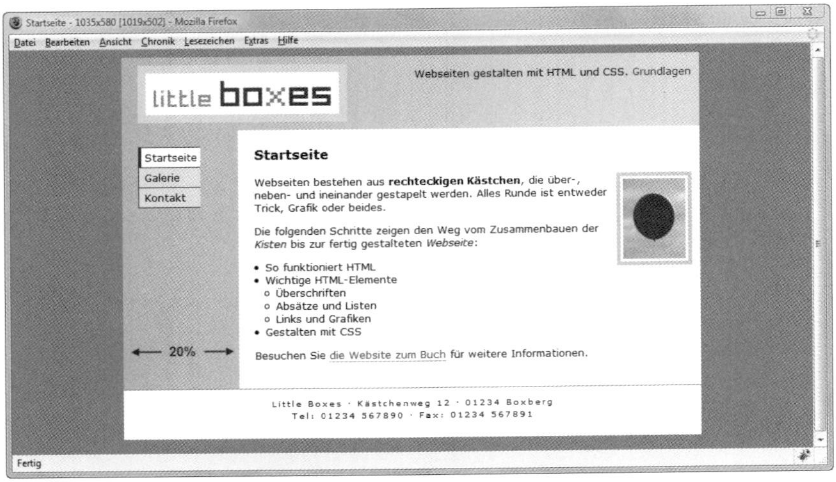

Abbildung 17.10: Navigationsbereich mit 20% Breite

Wirklich wichtig sind im CSS bei diesem Beispiel zwei Dinge:

- `width` für `#navibereich` muss denselben Wert haben wie `margin-left` für `#textbereich`.
- `padding` und `border` werden nur für die beiden inneren `div`-Elemente vergeben.

17.4 Dreispaltiges, vollständig flexibles Layout

Die Erweiterung des zweispaltigen auf ein dreispaltiges Layout bringt keine neuen Tricks, sondern ist im Grunde genommen nur das Anwenden des bisher Gelernten. Das Schema sieht so aus:

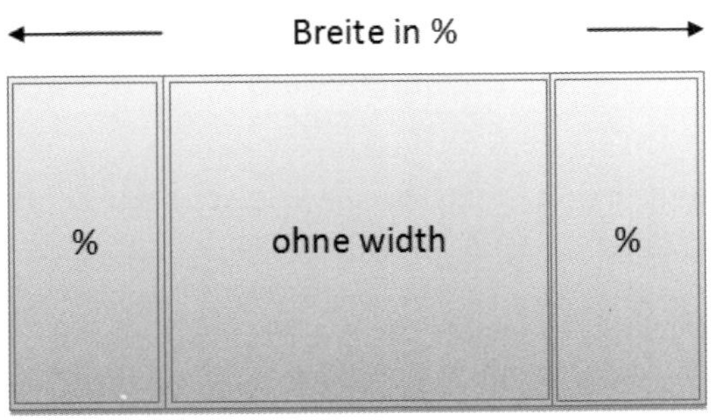

Abbildung 17.11: Schema für ein vollständig flexibles dreispaltiges Layout

Probieren Sie es einfach einmal aus. Kopieren Sie die Dateien aus dem Basisordner für diesen Abschnitt und versuchen Sie Ihr Glück. Hier noch ein paar Hinweise:

- Im HTML benötigen Sie doppelte divs für `#navibereich`, `#textbereich` und `#sidebar`.
- Im CSS müssen Sie die Hintergrundgrafik für `#wrapper` und sowohl Breite als auch Padding für die drei doppelten `div`-Elemente anpassen.
- Für `#textbereich` müssen Sie den Margin links und rechts ändern und den Hintergrund mit ein bisschen Deckweiß übertünchen.
- Für den IE6 vergeben Sie am einfachsten mit einen Sternchen-Hack für alle Prozentzahlen wieder feste Pixelbreiten.

Falls es gar nicht klappt, schauen Sie sich einfach die Webseiten und die *bildschirm.css* im Ordner *fertig* genauer an. Viel Spaß beim Probieren.

17.5 Auf einen Blick

Hier noch einmal die wichtigsten Punkte dieses Kapitels im Überblick:

- Layouts mit flexibler Breite in Prozent orientieren sich an der Größe des Browserfensters.
- Sinnvoll ist die Begrenzung der Breite:
  - `min-width` legt eine minimale Breite fest, oft in Pixel.
  - `max-width` legt eine maximale Breite fest, oft in `em`.
- IE6 versteht weder `min-width` noch `max-width`. Wer keine Lust auf aufwendige Lösungen hat, gibt dem IE6 einfach eine feste Breite.
- Doppelte divs: Bei vollständig flexiblen Layouts bietet es sich an, die nebeneinanderstehenden `div`-Bereiche zu doppeln, um die Breite genau bestimmen zu können.

Kapitel 18

Fertige Layoutvorlagen

Worin Sie einen Überblick über die in diesem Buch erstellten Layouts sowie Downloadmöglichkeiten für fertige Vorlagen und ein paar CSS-Frameworks kennenlernen.

Die Themen im Überblick:

18.1 Layouts aus diesem Buch – Übersicht

Zunächst folgt nach dem Motto »Warum in die Ferne schweifen, wenn das Gute liegt so nah« ein kleiner Überblick über die in diesem Buch bisher erstellten Layouts, die Sie – mit Ausnahme des »Little Boxes«-Logo – gerne als Basis für eigene Websites verwenden können. Die Webseiten zu den Abbildungen finden Sie auf der Buch-CD im Ordner zu diesem Kapitel.

Einspaltiges Layout mit horizontaler Navigation

Los geht es mit einem einspaltigen Layout, das in Kapitel 4 begonnen und in Kapitel 10 fertiggestellt wurde.

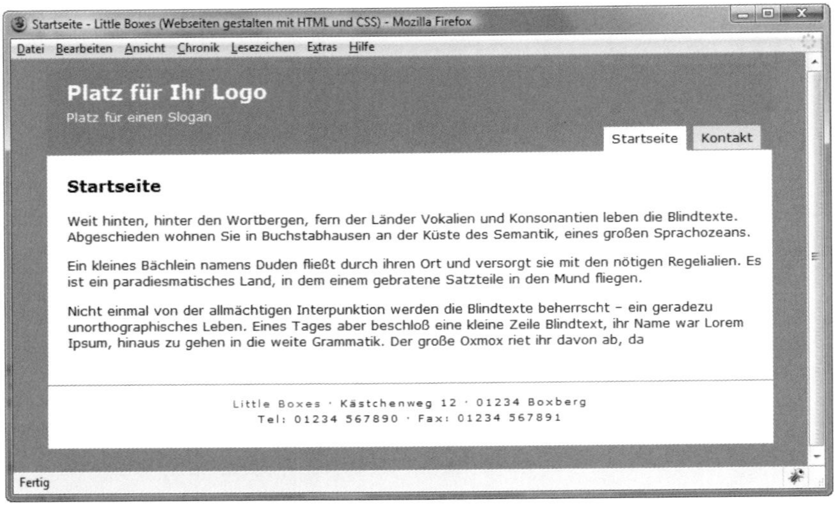

Abbildung 18.1: Einspalter mit horizontaler Navigation

Diese Vorlage ist einfach zu erweitern, kann leicht farblich angepasst werden und ist als Grundlage für einfache, kleine Homepages gut geeignet.

Mehrspaltiges Layout mit absoluter Positionierung

In Kapitel 15 wird beschrieben, wie man mehrspaltige Layouts mit absoluter Positionierung erstellt. Als Grundlage für eigene Experimente finden Sie hier ein dreispaltiges Layout mit Kopf- und Fußzeile und fester Breite, das auf den in Kapitel 15 beschriebenen Techniken basiert:

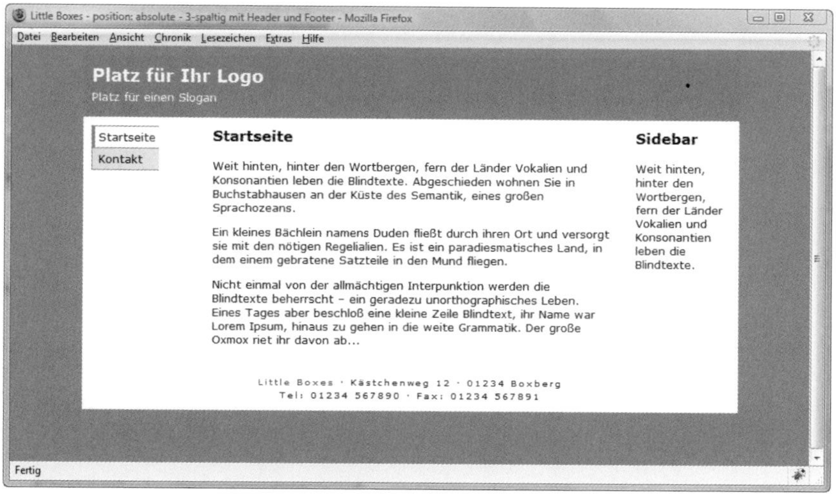

Abbildung 18.2: Dreispalter mit absoluter Positionierung

Dass es bei mehrspaltigen Layouts mit absoluter Positionierung keine durchgängige Fußzeile geben kann, fällt bei dieser Variante kaum auf.

Mehrspaltiges Layout mit float und margin

In Kapitel 16 haben Sie dann gesehen, wie man mit `float` und `margin` mehrspaltige Layouts mit einer festen Breite erstellt. Das Beispiel sieht dem mit absoluter Positionierung gebauten Dreispalter optisch auf den ersten Blick sehr ähnlich und ist doch ganz anders gebaut:

Abbildung 18.3: Fester Dreispalter mit float und margin

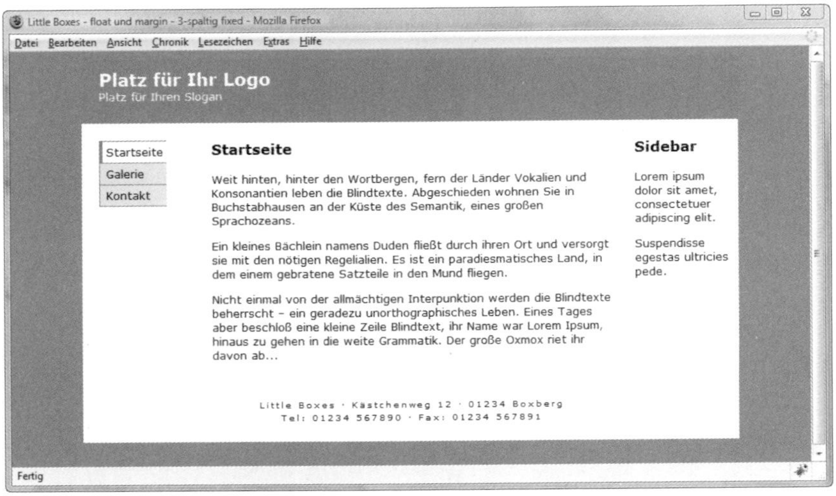

Mit derselben Technik haben Sie dann in Kapitel 17 ein flexibles Layout erstellt, das in der Abbildung zwar wiederum ähnlich aussieht, sich aber bei einer Änderung der Browserfenstergröße anders verhält:

Abbildung 18.4: Flexibler Dreispalter mit float und margin

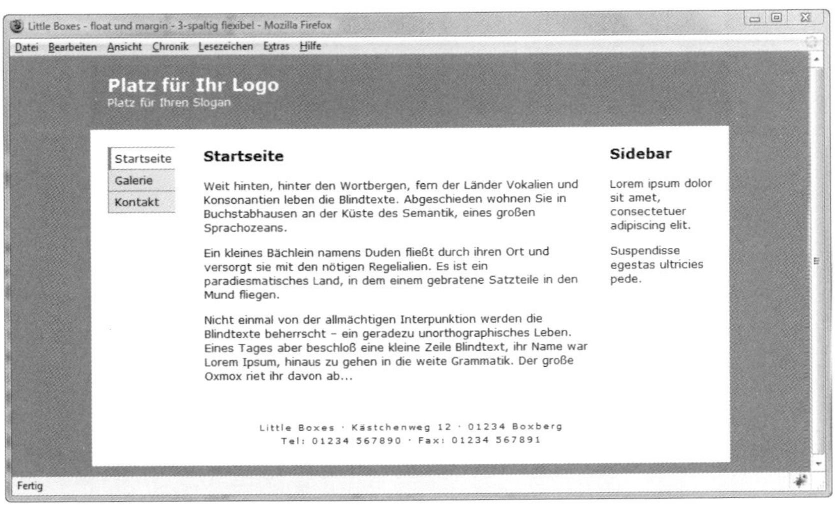

18.2 Fertige CSS-Layouts zum Download

Zum Abschluss noch ein paar Links zu Websites mit zahlreichen fertigen CSS-Layouts.

FreeCSSTemplates.org

Wenn Sie sich bei OSWD von der Menge der Layouts erschlagen fühlen, schauen Sie sich diese Site an, auf der es zum Zeitpunkt der Drucklegung dieses Buches nur 44 Templates zum Download gibt:

- *http://freecsstemplates.org/css-templates/*

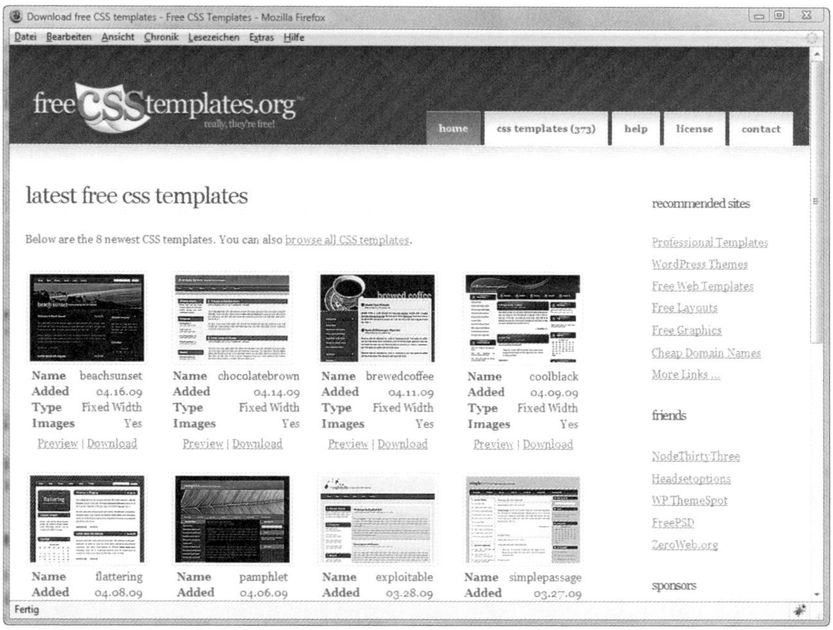

Abbildung 18.5: Free CSS Templates

OSWD – Open Source Web Design

OSWD wird von Francis J. Skettino aus den USA betrieben und stellt derzeit über 1600 fertige, kostenlose Designs zum Download bereit:

> »Open Source Web Design is a site to download free web design templates and share yours with others. We help make the internet a prettier place.«

Die Site ist recht übersichtlich, und es macht einfach Spaß, ein bisschen rumzustöbern:

- *http://www.oswd.org/*

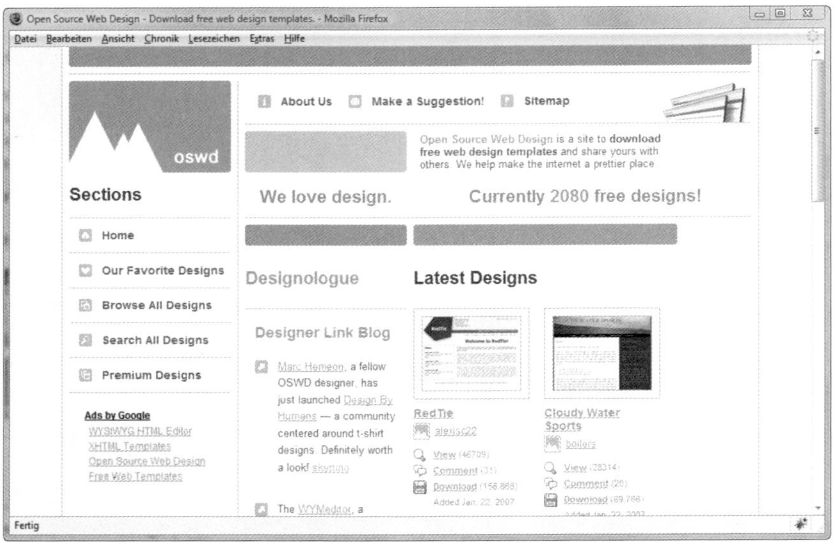

Abbildung 18.6: Open Source Web Design

Die Layout Gala aus Italien

Alessandro Fulcinitis *Layout Gala* spricht Englisch (oder Italienisch) und bietet über 40 floatbasierte Layouts in diversen Variationen:

- *http://blog.html.it/layoutgala/*

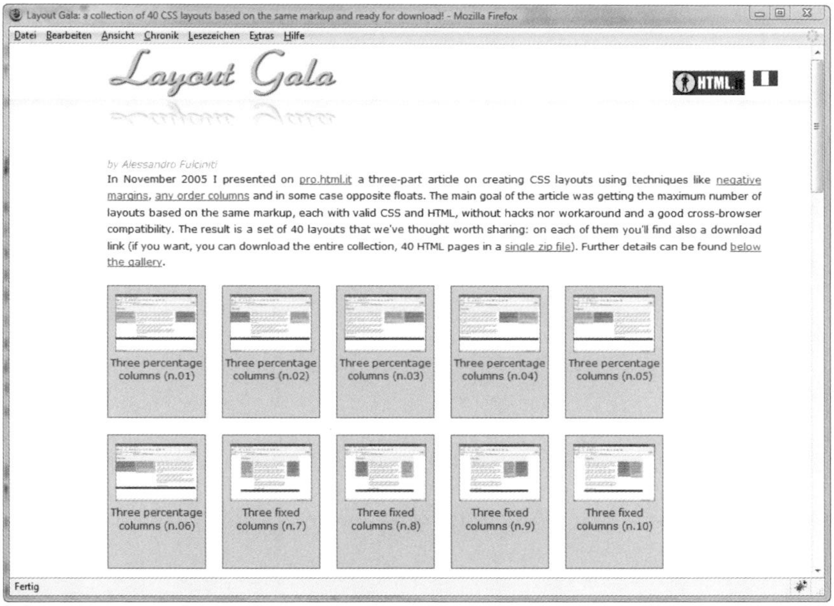

Abbildung 18.7: Die Layout Gala von Alessandro Fulciniti

18.3 CSS-Frameworks – ein ganz kurzer Überblick

Je komplexer die CSS-Layouts werden, desto größer sind die Chancen, sich dabei irgendwo einen Knoten im Denken, eine Brise Browser-Bugs oder auch beides einzufangen.

Wenn Sie regelmäßig Websites bauen, sollten Sie vielleicht einmal ein oder zwei Blicke auf ein CSS-Framework werfen. In »Little Boxes, Teil 2« wird in den letzten Kapiteln etwas ausführlicher darauf eingegangen, aber hier sollen zum Abschluss dieser CSS-Einführung wenigstens die Links nicht fehlen.

Blueprint, 960 Grid System und Co.

Was diese CSS-Frameworks gemeinsam haben, ist, dass das Layout im Prinzip über die Zuweisung von HTML-Klassen funktioniert. Das für dieses Layout verantwortliche CSS bekommen Sie in der Regel gar nicht zu sehen, es sei denn, Sie möchten es unbedingt:

- Blueprint: *http://www.blueprintcss.org/*
- 960 Grid System: *http://960.gs*
- Yahoo Grids: *http://developer.yahoo.com/yui/grids/*

Diese Frameworks bieten, wie gesagt, keine Fertiglayouts, sondern setzen alle ein gesundes CSS-Wissen und eine gewisse Einarbeitungszeit voraus.

YAML – das Framework für Entwickler

YAML funktioniert ganz anders als die eben vorgestellten CSS-Frameworks, denn bei YAML wird im CSS gearbeitet und das Framework richtet sich in erster Linie an Webentwickler, die regelmäßig Websites bauen.

Angeregt von Webkrauts-Gründer Jens Grochtdreis, hat Dirk Jesse aus Dresden im Herbst 2005 begonnen, ein flexibles Layoutsystem zu konzipieren, mit dem man recht einfach alle möglichen verschiedenen Layouts realisieren kann, ohne bei jedem Projekt wieder bei null anfangen zu müssen:

- *http://yaml.de/*

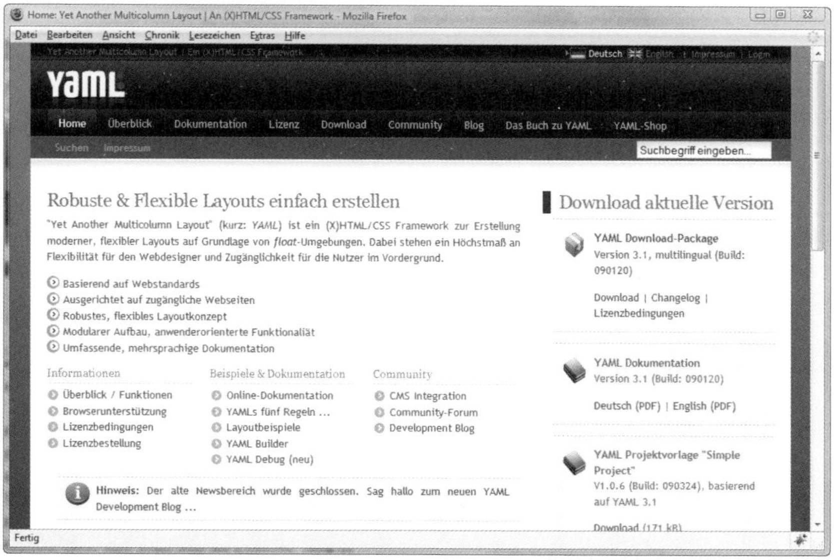

Abbildung 18.8: Yet Another Multicolumn Layout von Dirk Jesse

YAML erfordert eine gewisse Einarbeitungszeit, aber es gibt eine hervorragende Dokumentation, die die Funktionsweise von und die praktische Arbeit mit dem Framework erläutert und der YAML Builder hilft beim Erstellen komplexer Layoutgerüste enorm weiter. YAML ist inzwischen auch als Buch erhältlich, außerdem sind in »Little Boxes, Teil 2« die drei letzten Kapitel diesem Thema gewidmet.

Je mehr Webseiten Sie erstellen, desto eher lohnt sich die Einarbeitung in YAML.

Kapitel 19

Patchwork: Flicken im CSS

Worin Sie erfahren, dass die Welt von CSS heil ist, die der Browser aber nicht.

Die Themen im Überblick:

Die Browser mussten im Laufe der letzten Jahre CSS erst mühsam lernen, und daher gilt die Grundregel: Je älter ein Browser ist, desto weniger und fehlerhafter unterstützt er CSS. Was ja gleichzeitig auch eine gute Nachricht ist, denn vielleicht fällt dieses Kapitel über Patchwork irgendwann einmal einfach weg.

19.1 Patches und Hacks

Ohne Patches (dasselbe wie Hacks) wäre in den vergangenen Jahren das Layouten mit CSS in vielen Fällen unmöglich gewesen. In manchen CSS-Büchern ist dementsprechend der Abschnitt über Patches umfangreicher als die Erklärung wichtiger Konzepte wie z. B. der Kaskade.

Vor dem Einbau von Patches gründlich checken

Ganz verzichten kann man darauf immer noch nicht, aber es bleibt zu hoffen, dass mit dem langsamen Aussterben alter Browser die Notwendigkeit stets weiter abnimmt. Testen Sie die Seite in standardkonformen Browsern wie Firefox oder Opera und versuchen Sie auszuschließen, dass auf Ihrer Seite ein Denkfehler vorliegt.

Ob ein bestimmter Browser Probleme mit einer bestimmten Eigenschaft hat, können Sie zum Beispiel auf der fantastischen von David Hammond gepflegten Übersicht über *Web browser standards support* prüfen:

- *http://webdevout.net/browser-support#css*

In seinem Blog (*http://webdevout.net/tidings/*) finden Sie News zu neuen Browsern wie z. B. dem IE8. Written in English.

Inline-Patches und zusätzliche Stylesheets

Wann immer einige Browser eine Spezialbehandlung zur korrekten Darstellung von CSS benötigen, gibt es im Wesentlichen zwei Möglichkeiten:

1. *Inline-Patches*: Notierung der Patches im Stylesheet selbst, direkt bei den betroffenen Styles.
2. *Zusätzliche Stylesheets*: Notierung der Patches in einem zusätzlichen Stylesheet, das nur bestimmte Browser zu sehen bekommen.

Inline-Patches sind sehr praktisch zum Testen während der Entwicklungsarbeit, werden auf Dauer aber unübersichtlich und schwer zu managen.

Zusätzliche Stylesheets haben den Vorteil, dass das ursprüngliche und korrekte CSS besser zu lesen und die Verwaltung der Patches einfacher ist. Beispiele dafür werden Sie weiter unten mit der `@import`-Weiche und den *Conditional Comments* kennenlernen.

Inline-Patches: Sternchen & Co.

Als Vertreter der Inline-Patches möchte ich Ihnen den *Sternchen-Hack* kurz vorstellen, den Sie im Verlauf des Buches bereits kennengelernt haben:

```
* html#div.galerie{ height: 1%; }
```

Mit dem Sternchen-Hack kann man Styles explizit an den Internet Explorer bis V6 geben.

- Der Selektor `* html` wählt alle Elemente aus, in denen das Element `html` enthalten ist.
- Da `html` jedoch das Stammelement ist, gibt die Anweisung keinen Sinn, und fast alle Browser ignorieren deswegen den kompletten Style.
- Fast alle, denn der Internet Explorer bis inklusive V6 ignoriert das Sternchen am Anfang und arbeitet den Rest der Zeile ab.

Zum Testen während der Entwicklung ist der Sternchen-Hack sehr praktisch. Nachteil ist, dass die Patches über das ganze Stylesheet verteilt sind und man leicht die Übersicht verliert.

Alle Inline-Patches mit zum Teil so wunderschönen Namen wie *Tantek's Box Model Hack*, *Vereinfachter Box Model Hack* und *Erweiterter Vereinfachter Box Model Hack* stehen direkt im CSS und erschweren das Lesen der Styles zum Teil enorm.

Einige CSS-Autoren scheinen nach dem Motto »Je mehr Patches, desto mehr Experte« zu arbeiten. Das Gegenteil ist der Fall: Sie sollten Patches nur einsetzen, wenn es gar nicht anders geht. Die folgenden Adressen verschaffen einen guten Überblick über sinnvolle Patches:

- *http://bs-markup.de/blog/archiv/2005/12/12/css-hack-diat/*
- *http://de.selfhtml.org/css/layouts/browserweichen.htm*

@import – Styles vor ganz alten Browsern verstecken

`@import` ist bei der Verbindung von HTML und CSS eine Alternative zu `link` und hat den zugegeben immer unwichtiger werdenden Vorteil, dass ururalte Browser wie Netscape 4 den Befehl nicht verstehen und deshalb die für sie so schwer verdaulichen CSS-Regeln gar nicht zu sehen bekommen. Hier ein Beispiel:

Listing 19.1: Die Verbindung zum Stylesheet mit @import

```
<head>
   <!-- Andere HTML-Elemente -->

   <style type="text/css">
      @import url(bildschirm.css);
   </style>

</head>
```

Um bei `@import` das CSS auf ein bestimmtes Ausgabemedium zu beschränken, schreiben Sie es einfach hinter den Befehl (geht nicht im IE6 und kleiner):

Listing 19.2: Die Definition eines Ausgabemediums bei Verwendung von @import

```
<head>
   <!-- Andere HTML-Elemente -->

   <style type="text/css">
      @import url(bildschirm.css) screen;
      @import url(druckversion.css) print;
   </style>

</head>
```

Tipp

Mehr zu @import

Weitere Details zu `@import` können Sie bei *The Styleworks* nachlesen:

- *http://thestyleworks.de/ref/at_import.shtml*

19.2 Der Internet Explorer

Alle Browser haben Bugs, aber der Internet Explorer hat scheinbar ein paar mehr als andere. Deshalb bekommt er im Kapitel über Patches auch einen eigenen Abschnitt.

Kurze Geschichte des Internet Explorer

Nachdem Microsoft den ersten großen Browserkrieg von 1996 bis 1998 gegen Netscape für sich entscheiden konnte, ist der Internet Explorer das weltweit meistbenutzte Programm zum Betrachten von Webseiten:

- Die 5er-Serie des Internet Explorer wurde zwischen 1999 bis 2001 gebaut und hat einige fundamentale Schwächen im Umgang mit CSS, auf die Sie heute noch Rücksicht nehmen müssen (sofern Sie Besucher mit IE 5.x erwarten).

- IE6 erschien im Oktober 2001 und hatte für damalige Verhältnisse eine recht gute CSS-Unterstützung. Allerdings wurde daran in den letzten Jahren nichts mehr verbessert.

IE 6 kennt – wie andere Browser auch – noch eine kleine Besonderheit, nämlich den sogenannten *Quirks-Modus* (»Pfusch-Modus«). Im Quirks-Modus, der durch eine unvollständige oder fehlerhafte `doctype`-Angabe (siehe Seite 48) ausgelöst wird, verhält sich der IE6 wie seine Vorgänger.

Der Ende 2006 veröffentliche Internet Explorer 7 ist zwar nicht perfekt, aber viele Schwächen im Bereich CSS sind eliminiert worden. Vielleicht entsteht so nach dem langsamen Aussterben der alten Browser in absehbarer Zeit eine CSS-Welt mit weniger Patches und Flicken, aber jetzt erst mal zurück in die Realität.

Tipp

Wikipedia: Browserkrieg und Internet Explorer

Falls Sie zum Browserkrieg oder zur Geschichte des Internet Explorer mehr wissen möchten, ist die Wikipedia ein guter Ausgangspunkt:

- *http://de.wikipedia.org/wiki/Browserkrieg*
- *http://de.wikipedia.org/wiki/Internet_Explorer*

Der Internet Explorer und das »Layout«

Wenn der Internet Explorer den Quelltext in eine sichtbare Webseite verwandelt, benutzt er ein Konzept, dass seine Entwickler »Layout« getauft haben.

Idealerweise würde ein Browser für alle Elemente auf der Webseite die Größe und Position gemäß der Angaben im Stylesheet berechnen. Da das sehr lange dauern kann, haben die Entwickler des Internet Explorer die Darstellung der Seite etwas beschleunigt:

- Die wichtigsten Elemente einer Seite bekommen das Merkmal *hasLayout*.
- Nur Elemente mit *hasLayout* werden wirklich komplett abgearbeitet.
- Für alle anderen Elemente werden Größe und Position durch das nächste Vorfahren-Element mit *hasLayout* bestimmt.

Viele Bugs des Internet Explorer, insbesondere solche in `float`-Umgebungen, gehen auf dieses Konzept zurück und lassen sich beheben, indem man einem Element explizit *hasLayout* gibt. Das geschieht durch die Deklaration unter anderem folgender CSS-Eigenschaften:

- `position: absolute` und `float`
- `width` und `height` mit Angabe irgendeines Werts

Auf dieser Erkenntnis beruht der *Holly-Hack*, den Sie bei der Erstellung der Galerie ab Seite 288 bereits eingesetzt haben:

- Das Element `div.galerie` wurde vom Internet Explorer nicht ganz korrekt dargestellt.
- Durch die Anweisung `height: 1%` bekam `div.galerie` das Merkmal *hasLayout*, und schon verstand auch der Internet Explorer alles richtig.

Der Internet Explorer gibt dem Element *hasLayout*, weil es die Eigenschaft `height` hat, ignoriert aufgrund eines anderen Bugs aber die Angabe von `1%` und stellt die Box in ihrer normalen Höhe dar. Einfach, aber effektiv.

Tipp

On Having Layout

Wenn Sie ganz genau wissen wollen, was es mit *hasLayout* auf sich hat – in dem folgenden Artikel wird das Thema wirklich vertieft:

- *http://satzansatz.de/cssd/onhavinglayout.html*

Das etwas andere Box-Modell der alten IEs

Im Kapitel über das Box-Modell haben Sie auf Seite 143 gelesen, dass die Berechnung der Gesamtbreite einer Box wenig intuitiv ist:

- In der realen Welt sind Innenabstand und Rahmenbreite in der Breitenangabe einer Kiste *enthalten*.
- Bei CSS-Boxen werden Innenabstand (`padding`) und Rahmenbreite (`border-width`) zur Breitenangabe (`width`) *hinzugefügt*.

Der Internet Explorer 5.x orientierte sich bei der Berechnung der Gesamtbreite einer Box an den intuitiveren Kästchen aus der realen Welt und liegt damit falsch. Der Internet Explorer 6 berechnet die Boxen korrekt, solange er im Standardmodus ist.

Im Klartext: Wenn für irgendeine Box sowohl `width` als auch horizontale Werte für `padding` oder `border` definiert worden sind, stellen IE5.x und IE6 im Quirks-Modus die Box zu klein dar. Hier ein Beispiel:

```
p#beispiel {
   width:400px;
   padding:10px;
   border:solid 10px #333;
}
```

Listing 19.3: CSS-Beispiel zur Berechnung der Breite einer Box

Mit diesem CSS passiert Folgendes:

- Korrekt berechnet hat dieser Absatz eine Breite von **`440px:`** 400px `width` **`plus`** jeweils 10px `padding-left`, `padding-right`, `border-left` und `border-right`.
- Falsch berechnet ist der Absatz nur noch **`400px`** breit: Die 400px `width` sind inklusive `padding` und `border`. Für den Inhalt bleiben nur noch 360px.

Sie können sich vorstellen, dass diese falsche Berechnung beim Layouten per CSS drastische Konsequenzen haben kann. Solange Sie für Ihre Webseiten einen korrekten `doctype` angeben, arbeitet der IE6 im Standardmodus.

Falls Sie auf den IE5.x Rücksicht nehmen möchten, definieren Sie die Breite der Box noch einmal mit `440px`. Die Angaben für `padding` und `border` bleiben gemäß der Kaskade unverändert, und schon ist die Browserwelt wieder in Ordnung.

```
p#beispiel { width: 440px; }
```

Auf irgendeine Art und Weise müssen Sie nur dem IE5.x diese Box-Berechnung zukommen lassen. Was tun, sprach Zeus, und entdeckte die *Conditional Comments*.

Conditional Comments: Styles nur für den IE

Conditional Comments sind `<!-- Kommentare im HTML -->`, die Sie mit bestimmten Bedingungen verknüpfen können. Solche Kommentare sind eine Erfindung von Microsoft und wurden erstmals im IE5 eingeführt. Alle anderen Browser behandeln die Anweisungen wie einen normalen Kommentar, was sich bei der Verwendung von Patches als sehr vorteilhaft erweist.

Um ein Stylesheet nur an einen Internet Explorer egal welcher Versionsnummer zu schicken, benutzen Sie auf den HTML-Seiten folgenden Kommentar:

Listing 19.4: Conditional Comment – Styles nur für den Internet Explorer

```
<!--[if IE]>
<link href="ie.css" rel="stylesheet" type="text/css" />
<![endif]-->
```

Der folgende Kommentar schickt ein Stylesheet nur an Internet Explorer V5.0 und V5.5:

Listing 19.5: Conditional Comment – nur für IE5.x

```
<!--[if lt IE 6]>
<link href="ie5x.css" rel="stylesheet" type="text/css" />
<![endif]-->
```

Die Buchstaben `lt` in der `if`-Bedingung stehen für »less than« (kleiner als). Die gesamte Bedingung bedeutet: »wenn die Versionsnummer des IE kleiner als 6 ist«.

Andere mögliche Operatoren in Conditional Comments sind `gt` (»größer als«), `lte` (»kleiner oder gleich«) und `gte` (»größer oder gleich«).

Testen, ob Conditional Comments funktionieren

Mit folgendem Quelltext können Sie ganz leicht überprüfen, ob die Conditional Comments funktionieren oder ob noch irgendwo ein Tippfehler ist.

ToDo: Conditional Comments testen

1. Kopieren Sie die Dateien aus dem Basisordner für diesen Abschnitt in einen Übungsordner.
2. Öffnen Sie die Beispielseite *index.html* in einem Editor.
3. Schreiben Sie folgende Zeilen zwischen `<head>` und `</head>`, aber unterhalb der mit `link` eingebundenen Stylesheets:

```
<!--[if IE 6]>
<style type="text/css">
  body { background-color: pink; }
</style>
<![endif]-->
```

ToDo: Conditional Comments testen (Forts.)

```
<!--[if IE 7]>
<style type="text/css">
  body { background-color: yellow; }
</style>
<![endif]-->
```

4. Speichern Sie die Webseite und betrachten Sie sie im Browser.

Beachten Sie, dass das spezielle IE-Stylesheet *nach* anderen Stylesheets eingebunden werden muss. Ansonsten wird es im Rahmen der Kaskade eventuell wieder überschrieben, und die ganze Mühe war umsonst.

Wenn alles klappt, müsste die Seite im Firefox ganz normal aussehen, im IE6 einen dunkelgrünen und im IE7 einen knallgelben Hintergrund haben.

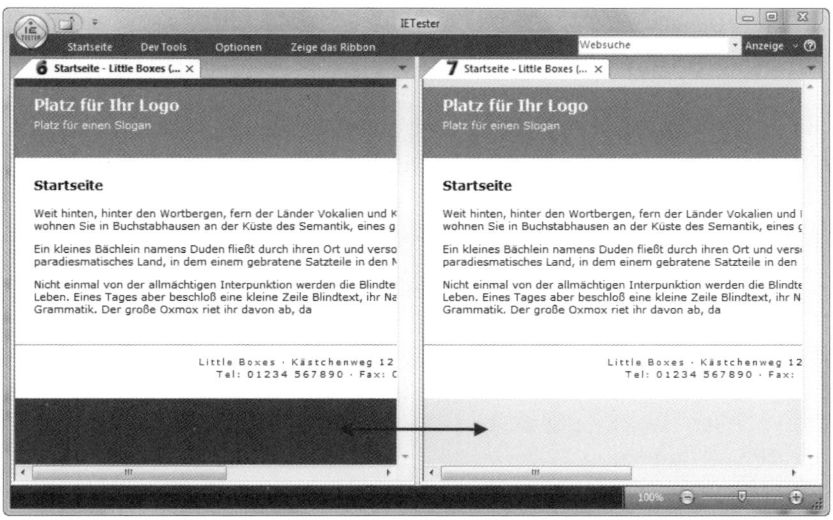

Abbildung 19.1: Conditional Comments testen – verschiedene Hintergrundfarben in verschiedenen IE-Versionen

19.3 Conditional Comments in Aktion

Im folgenden Beispiel bekommen diverse Internet Explorer-Versionen jeweils ein Stylesheet mit Patches, die nur für sie bestimmt sind.

Patches für IE6 und älter

Im Laufe des Buches haben Sie dem Internet Explorer manchmal mit einem Sternchen-Hack mitten im CSS auf die Sprünge geholfen.

Übersichtlicher und pflegeleichter wäre es, alle Sternchen-Hacks in einem Stylesheet namens *ie6_patches.css* zu sammeln und diese per Conditional Comment nur an diese Browser auszuliefern:

Listing 19.6: Conditional Comment für IE6 und älter

```
<!--[if lte IE 6]>
<link href="ie6_patches.css" rel="stylesheet" type="text/css" />
<![endif]-->
```

Denken Sie daran, dass der Conditional Comment *nach* den anderen externen Stylesheets kommen muss, weil die Patches sonst im Rahmen der Kaskade gleich wieder überschrieben werden.

Patches für den IE7

Bei der Erstellung der horizontalen Navigation habe ich auf Seite 187 einen Bug im Pagezoom des Internet Explorer erwähnt. Der folgende Patch behebt diesen Zoomfehler, auch wenn es dabei zu leichten Unregelmäßigkeiten bei der Verteilung der Buchstaben in der Navigation kommt:

Listing 19.7: Patch für den Pagezoom des IE7

```
/* Patch für den PageZoom bei horizontaler Navigation */
#navibereich ul { word-spacing: 0; }
```

Diese Anweisungen speichern Sie in einem Stylesheet mit dem Namen *ie7_patches.css*, das Sie mit einem Conditional Comment nur an den IE7 ausliefern.

Listing 19.8: Conditional Comment nur für IE7

```
<!--[if IE 7]>
<link href="ie7_patches.css" rel="stylesheet" type="text/css" />
<![endif]-->
```

19.4 Auf einen Blick

Hier noch einmal die wichtigsten Punkte dieses Kapitels im Überblick:

- Es gibt zahlreiche weitere Browserweichen, Hacks, Filter und Patches, die aber grundsätzlich so sparsam wie möglich eingesetzt werden sollten.
- Mit `@import` verstecken Sie Stylesheets vor alten Browsern.
- Internet Explorer V5.x und V6 im sogenannten Quirks-Modus interpretieren das Box-Modell falsch.
- Mit *Conditional Comments* können Sie Styles nur für den Internet Explorer definieren und ihn so in vielen Fällen trotz CSS-Fehlern zur korrekten Darstellung Ihrer Seiten überreden.

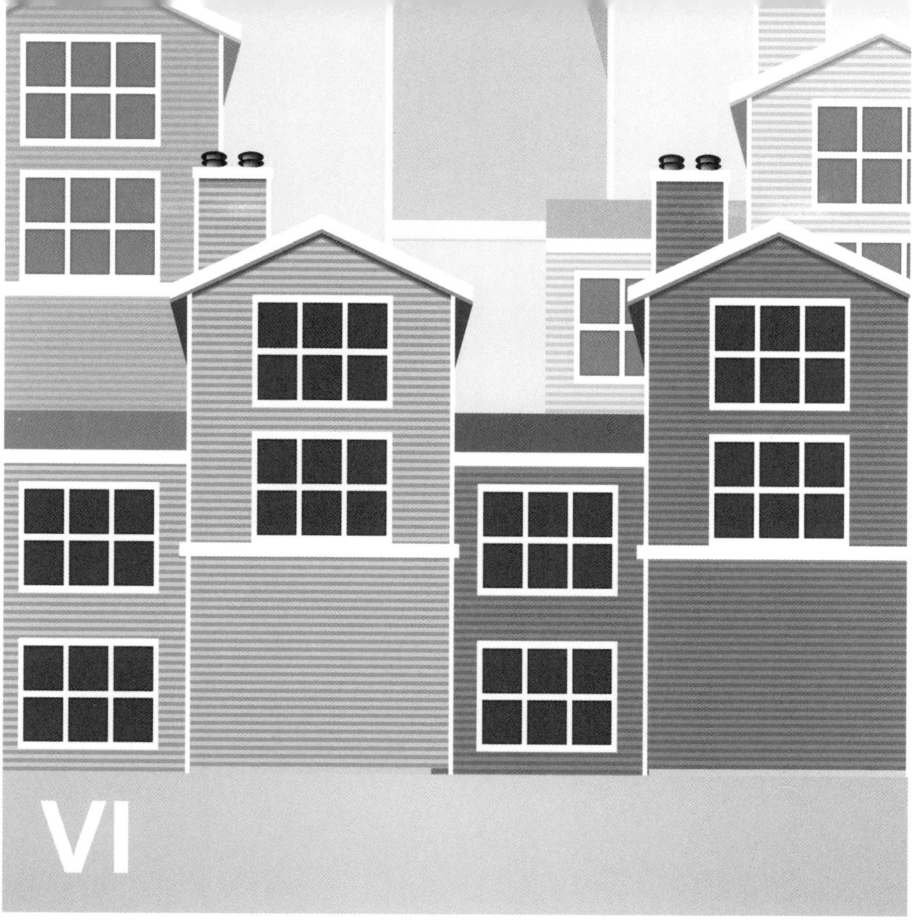

Nützliche Werkzeuge

Kapitel 20

Programme, Sites und Bücher zu CSS

Worin Sie einige nützliche Programme sowie die Adressen hilfreicher Websites und die Titel einiger interessanter Bücher finden, insbesondere Browser, einen Editor und Add-ons für den Mozilla Firefox.

Die Themen im Überblick:

Im Folgenden eine kleine Übersicht über Browser, Editoren und nützliche Add-on-Programme, hauptsächlich für den Mozilla Firefox. Außerdem werden die Adressen hilfreicher Websites und einige interessante Bücher vorgestellt.

20.1 Verschiedene Browser zum Testen

Jede Webseite wird in einem Browser betrachtet, und unter Windows ist die Minimalausstattung für Webentwickler die jeweils aktuelle Version des folgenden Triumvirats:

- Internet Explorer
- Mozilla Firefox
- Opera

Firefox, *IE8* und *Opera* arbeiten recht standardkonform. Auf dem Mac kommt *Safari* mit auf die Liste und unter Linux *Konqueror*.

Da der Internet Explorer sehr eng mit dem Betriebssystem Windows verbandelt ist, kann man normalerweise nicht verschiedene Versionen des Internet Explorer auf einem Computer laufen lassen. Abhilfe schaffen folgende Möglichkeiten:

- Der *IETester* von Core Services (ca. 24 MByte)
  http://my-debugbar.com/wiki/IETester/HomePage
- Die *Internet Explorer Collection* (ca. 54,4 MByte)
  http://finalbuilds.edskes.net/iecollection.htm
  http:// drweb.de/magazin/alle-internet-explorer-gleichzeitig/
  (Artikel)

Wer ganz sichergehen möchte, kann unter Windows Vista in seinem Arbeitsspeicher einen virtuellen Computer mit Windows XP und einem installierten IE6 starten. Dazu benötigen Sie:

- das Programm Virtual PC von Microsoft
  http://microsoft.com/windows/products/winfamily/virtualpc/
- ein Festplatten-Image mit aktiviertem Windows XP und IE6

Das Festplatten-Image ist ein paar Hundert MByte groß und direkt bei Microsoft erhältlich. Da es immer zeitlich begrenzt ist, muss man immer mal wieder nachschauen und downloaden. Googeln Sie einfach nach »IE App Compat VHD« für die aktuelle Adresse. Oder geben Sie folgende URL ein:

- *http://lmgtfy.com/?q=ie+app+compat+vhd*

Auch ein Nur-Text-Browser wie *Lynx* leistet gute Dienste bei der Beurteilung der Zugänglichkeit Ihrer Webseiten: Jede Suchmaschine sieht Ihre Webseite wie ein Nur-Text-Browser. Was *Lynx* nicht sieht, sieht der Google-Bot wahrscheinlich auch nicht. Es gibt auch eine Emulation von Lynx zum Testen Ihrer Seiten:

- *http://www.delorie.com/web/lynxview.html*

Tipp

Seiten in anderen Browsern testen lassen

Im Web gibt es Dienstleister, die eine URL in verschiedenen Browsern öffnen und dann Screenshots davon erzeugen. Folgender Artikel im immer wieder lesenswerten Magazin von Dr. Web zeigt einen Überblick:

- *http://drweb.de/magazin/meine-website-in-vielen-browsern/*

20.2 Editoren für HTML und CSS

Zum Lernen von HTML und CSS sind im Prinzip alle Quelltext-Editoren geeignet. Notfalls geht auch der zum Lieferumfang von Windows gehörende Editor (auch bekannt als *Notepad*), aber das ist wohl eher was für Leute mit Tendenz zum Masochismus. Komfortabler sind die im Folgenden vorgestellten Exemplare.

Kostenlose Editoren

Wenn Sie bereits einen Lieblingseditor haben, mit dem Sie zufrieden sind, gibt es keinen Grund, irgendetwas zu ändern. Ein Editor ist nur ein Werkzeug, und jedes Werkzeug ist nur so gut, wie Sie es beherrschen.

In den Videotrainings zu Little Boxes und in Seminaren verwende ich das Programm *Weaverslave*. Das Programm kann kein UTF-8, ist aber auch ohne Admin-Rechte in null Komma nichts installiert, färbt den Quelltext übersichtlich ein, hat einen klasse Farbmischer und ist beim Lernen nicht im Weg:

- *Weaverslave*: *http://weaverslave.ws/index.3.html*

Die aktuelle Version ist allerdings bereits von 2005, und das Programm wird anscheinend nicht mehr weiterentwickelt.

Aktueller, ebenfalls kostenlos und tausendfach bewährt sind unter anderem *Notepad++* und *PSPad*:

- *Notepad++*: *http://notepad-plus.sourceforge.net/de/site.htm*
- *PSPad*: *http://pspad.com/de/*

Für Schulen und private Anwender kostenlos ist der deutschsprachige Klassiker:

- *HTML Editor Phase 5*: *http://phase5.info/*

Und schon haben Sie die Qual der Wahl ...

Kommerzielle Editoren

Privat arbeite ich gerne mit dem *WeBuilder* von Blumenthal Software, den es als *RapidCSS* auch in einer preisgünstigeren abgespeckten Version gibt:

- *WeBuilder*: *http://blumentals.net/webuilder/*
- *RapidCSS*: *http://blumentals.net/rapidcss/*

Nick Bradbury hat ein Händchen für gut zu bedienende Programme. Vor einigen Jahren hat er mit *HomeSite* einen der beliebtesten HTML-Quelltexteditoren geschaffen (inzwischen weitgehend im Quelltexteditor von *Dreamweaver* integriert), und danach mit *TopStyle Pro* einen der besten CSS-Editoren, der inzwischen von Stefan van As weiterentwickelt wird:

- *TopStyle 4*: *http://topstyle4.com/*

TopStyle kann inzwischen auch UTF-8 und FTP.

Tipp

TopStyle Lite nicht mehr verfügbar

Es gab lange Zeit eine kostenlose Schnupperversion von TopStyle Lite, die aber mehr weiterentwickelt und wohl nicht mehr lange verfügbar sein wird. Schade eigentlich, denn für den Einstieg in CSS war das Programm klasse.

20.3 Praktische Add-ons für den Firefox

Im Folgenden finden Sie ein paar sehr nützliche Erweiterungen für den Firefox.

View Source Chart – die Kästchen im Quelltext sichtbar machen

Webseiten bestehen aus rechteckigen Kästchen, die im Browserfenster übereinander-, nebeneinander- und ineinandergestapelt werden, und es gibt eine kleine, aber feine Firefox-Erweiterung namens *View Source Chart*, die den Quelltext als grafische Übersicht darstellt.

Um die nur 21 KByte große Erweiterung zu installieren, surfen Sie mit dem Mozilla Firefox zur folgenden Adresse:

- *https://addons.mozilla.org/firefox/655/*

Im Kontextmenü (rechte Maustaste) finden Sie nach einem Neustart des Firefox den Befehl SEITENQUELLTEXT FORMATIERT ANZEIGEN. Wenn Sie auf diesen Befehl klicken, wird Ihnen der Quelltext ungefähr so angezeigt:

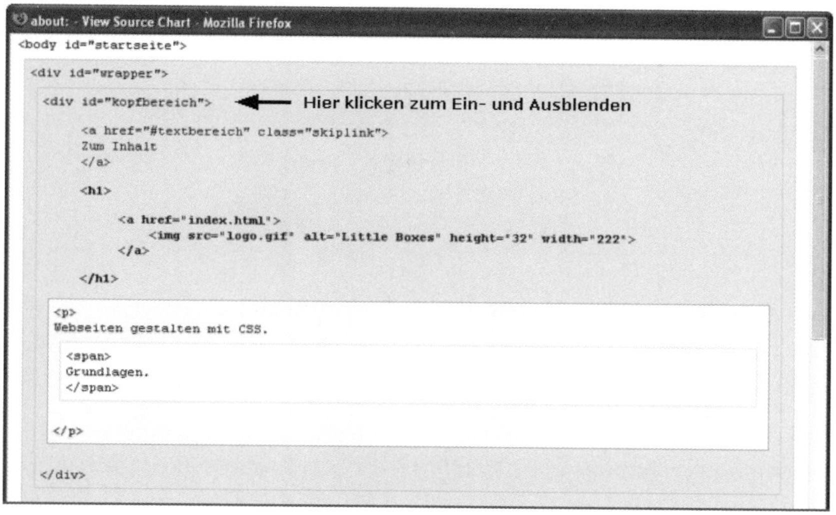

Abbildung 20.1: Eine Webseite besteht aus rechteckigen Kästchen ...

Web Developer – das Schweizer Offiziersmesser

Web Developer ist eine Sammlung von wichtigen Werkzeugen und für viele Webentwickler eine der wichtigsten Firefox-Erweiterungen.

Bei *http://erweiterungen.de/* gibt es eine deutschsprachige Version:

- *http://erweiterungen.de/detail/Web_Developer*

Mit der Web Developer Toolbar können Sie unzählige Dinge tun: Webseiten analysieren, Barrierefreiheit prüfen, CSS von beliebigen Webseiten anzeigen und editieren, Grafiken ausblenden, Objekte pixelgenau abmessen und vieles mehr.

Zum Beispiel lässt sich von jeder Webseite, die Sie im Firefox betrachten, das aktuell verwendete CSS links in der Sidebar anzeigen und *bearbeiten*:

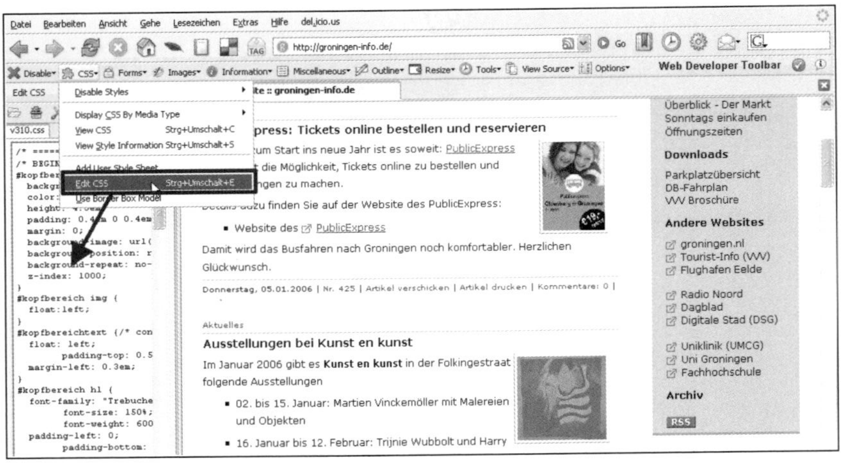

Abbildung 20.2: CSS live bearbeiten mit der Web Developer Toolbar

Der Browser zeigt Ihre Änderungen *live* im Browserfenster an, sodass man auf diese Weise spielend die Auswirkungen von CSS-Befehlen lernen kann.

Zur Prüfung und Analyse ist *Web Developer* ein wirklich unverzichtbares Werkzeug. Nehmen Sie sich ein bisschen Zeit zum Kennenlernen, und schon nach kurzer Zeit werden Sie sich fragen, wie Sie jemals ohne dieses Werkzeug arbeiten konnten.

Die lesenswerte Dokumentation ist beim Programmierer Chris Pederick verfügbar (English only) :

- *http://chrispederick.com/work/webdeveloper/documentation/*

Tipp

> **Toolbar für den Internet Explorer**
>
> Bei Microsoft gibt es eine *Internet Explorer Developer Toolbar*, die aber nur auf Englisch verfügbar ist und die der von Chris Pederick nicht das Wasser reichen kann.
>
> Interessiert? Surfen Sie zu *http://microsoft.com/downloads/* und geben Sie dort als Suchbegriff »Internet Explorer Developer Toolbar« ein.

Firebug – das Analysetool

Das Add-on *Firebug* bietet fantastische Möglichkeiten zur Analyse des Quelltextes bis hin zum Live-Editieren der Seite.

Zum Installieren und Kennenlernen surfen Sie zu folgender Site:

- *http://www.getfirebug.com/*

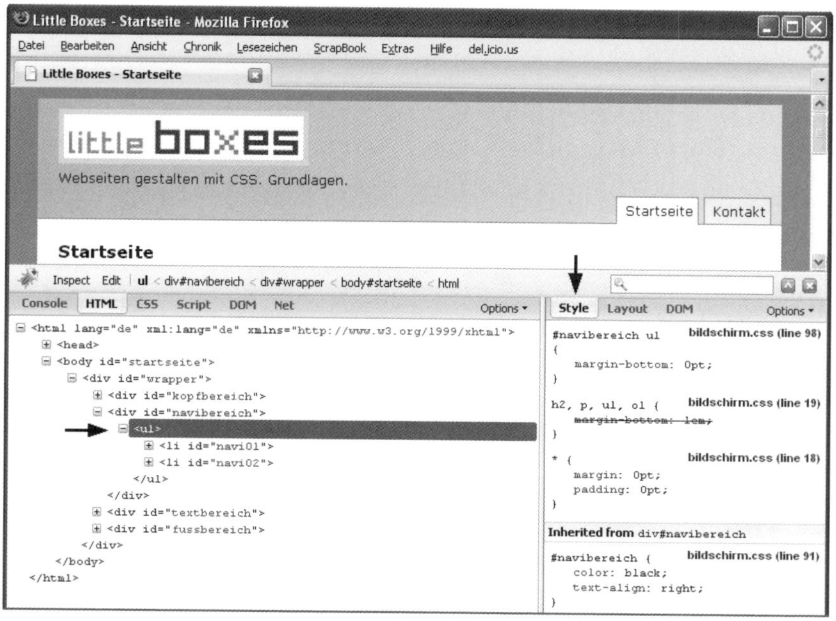

Abbildung 20.3: Firebug ist ein hervorragendes Analysetool

Nach dem üblichen Firefox-Neustart gibt es im Kontextmenü (rechte Maustaste) den unscheinbaren Befehl Inspect Element.

Abbildung 20.3 zeigt den Firebug mit ausgewählter `ul` im Navigationsbereich. Rechts werden alle relevanten Styles angezeigt, inklusive Vererbung und Quelle. Im Web gibt es eine deutschsprachige Einführung zu Firebug von mir:

- *http://t3n.yeebase.com/magazin/css-bearbeiten-firebug-web-layouts-analysieren-variieren-220315/*

Auf diesem Artikel basierend gibt es in »Little Boxes, Teil 2« auch ein Firebug-Tutorial.

Tipp

CodeBurner – die HTML- und CSS-Referenz im Firebug

CodeBurner ist ein Firefox-Add-on, das die Referenzen von Sitepoint in den Firebug integriert und auf Mausklick verfügbar macht:

- *http://tools.sitepoint.com/codeburner/*

ColorZilla – die Farbenwahl

Haben Sie auf einer Webseite schon mal eine Farbe gesehen, deren genauen Farbwert Sie gerne gewusst hätten? Dann ist *ColorZilla* das Tool der Wahl, denn es liefert Ihnen mit zwei Klicks den Farbwert einer beliebigen Farbe.

Eine deutsche Version finden Sie auf der *ColorZilla*-Homepage:

- *http://colorzilla.com/firefox/localized.html*

Nach der Installation sitzt das Tool links unten im Firefox-Fenster. Zur Aktivierung einfach mit der *linken* Maustaste einmal draufklicken und dann mit dem zum Fadenkreuz gewordenen Mauszeiger auf die gewünschte Farbe im Browserfenster zeigen und klicken. Nach einem *Rechtsklick* bekommen Sie ein Menü mit weiteren Befehlen:

Abbildung 20.4: Das Kontextmenü von ColorZilla

Tipp

Die Qual der Wahl: Farbschema erstellen

Eine Schwalbe macht noch keinen Sommer und eine Farbe noch kein Design. *ColorSchemer Studio* ist ein tolles Programm zum Mischen und Zusammenstellen von Farben. Online gibt es auf der Website auch einige kostenlose Bonbons:

- *http://colorschemer.com/online.html*
- *http://www.colorschemer.com/schemes/*

Ebenfalls einen Besuch wert sind die folgenden Sites:

- *http://colorsontheweb.com/*
- *http://colorlovers.com/*
- *http://degraeve.com/color-palette/* (Farbschema aus Foto)

20.4 Hilfreiche Sites zu CSS

Im Folgenden ein paar hilfreiche Onlinequellen.

Deutschsprachige Sites

Neben meiner eigenen Website (*http://infotekten.de*) und der Site zum Buch (*http://little-boxes.de/*) kann ich folgende CSS-Websites empfehlen:

- **The Styleworks:** *http://thestyleworks.de/*

  Referenz, Tutorials, Übersetzungen und vieles mehr. Präzise und ausführlich dank der unermüdlichen Arbeit von Klaus Langenberg.

- **XHTMLForum (auch für CSS):** *http://xhtmlforum.de/css/*

  Sie erhöhen die Chancen auf eine hilfreiche Antwort ganz enorm, wenn Sie zwei Dinge beachten: Lesen Sie die FAQ und posten Sie in Ihrem Beitrag einen Link zu einem Onlinebeispiel mit Ihrem Problem. Ein Onlinebeispiel ist viel besser als kilometerweise HTML und CSS direkt im Beitrag, denn es kann von den Experten mit Firebug und Co. direkt analysiert werden.

- **CSS4You:** *http://www.css4you.de/*

  Gute Referenz und viele Beispiele. Nicht mehr ganz aktuell, aber immer noch schön übersichtlich.

- **SelfHTML:** *http://de.selfhtml.org*

  Eine *der* deutschsprachigen Zentralen im Web. Referenzen, aktuelle Artikel, eine lebendige Community und vieles mehr. Auf jeden Fall eine Empfehlung.

Englische Sites

Sitepoint.com ist wohl eine der besten Sites zum Thema Webpublishing überhaupt. Spitzenautoren schreiben lesenswerte Artikel, es gibt Foren zu diversen Themen, und es gibt die Referenzen:

- *http://reference.sitepoint.com/html*
- *http://reference.sitepoint.com/css*

Last, not least gibt es bei Webdevout.net die im Kapitel über Patches bereits erwähnte akribisch gepflegte Tabelle darüber, welcher Browser welche CSS-Eigenschaft wie gut umsetzt:

- *http://webdevout.net/browser-support#css*

20.5 Interessante Bücher

Ich verbringe einen großen Teil meiner Tage im Web, lese aber ehrlich gesagt immer noch am liebsten Bücher aus Papier.

Und Bücher zu CSS gibt es inzwischen wie Sand am Meer, und wenn ein CSS-Buch hier nicht genannt wurde, heißt das nicht, dass es nicht gut ist. Die folgenden Bücher habe ich selbst gelesen (oder geschrieben) und glaube, dass sie für Sie nach der Lektüre dieses Buches interessant sein könnten:

- *Little Boxes, Teil 2* (ISBN: 978-3-8272-4307-2)

  Im zweiten Teil werden die Themen aus diesem Buch vertieft. Es geht um Zeichensätze, Inline-Elemente, Navigationen verschiedenster Art, Gestaltung von Inhalten und um das CSS-Framework YAML.

- *CSS-Layouts* von Dirk Jesse (ISBN: 978-3-8362-1135-2)

  Der YAML-Macher erzählt alles über Browser-Bugs, den Weg zu einem robusten CSS-Layout und wie YAML funktioniert. Auch wenn Sie nicht mit YAML arbeiten, finden Sie hier viel Wissenswertes.

- *CSS Mastery* von Andy Budd (ISBN: 978-3827324573)

  Wer bereits fundierte CSS-Grundlagenkenntnisse hat, findet in *CSS Mastery* eine gelungene Mischung aus Arbeitsbuch und Nachschlagewerk. Gut erklärt und illustriert. Bei der ISBN handelt es sich um die bei Addison-Wesley erschienene deutsche Ausgabe.

- *Bulletproof Webdesign* von Dan Cederholm (ISBN: 978-3827326294)

  In Farbe zeigt Dan Cederholm (*simplebits.com*), wie man mit CSS flexible *und* gut aussehende Lösungen erstellt. Das Buch ist die ideale Lektüre für alle, die noch Layouten mit HTML-Tabellen gelernt haben.

Damit ist diese Einführung in das Gestalten von Webseiten mit CSS auch schon beendet. Ich wünsche Ihnen viel Spaß und Erfolg bei der Gestaltung der »Little Boxes« auf Ihren Webseiten.

Stichwortverzeichnis

D

E

F

L

M

N

O

P

Q

R

S

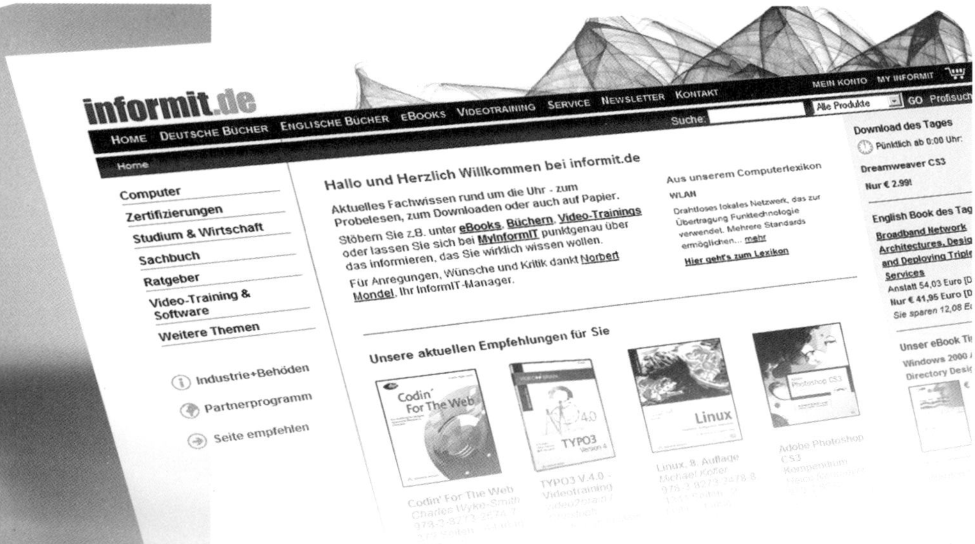
informit.de
Home Deutsche Bücher Englische Bücher eBooks Videotraining Service Newsletter Kontakt
Mein Konto My informIT
Suche:
Home
Computer
Zertifizierungen
Studium & Wirtschaft
Sachbuch
Ratgeber
Video-Training & Software
Weitere Themen
Industrie+Behöden
Partnerprogramm
Seite empfehlen
Hallo und Herzlich Willkommen bei informit.de
Aktuelles Fachwissen rund um die Uhr - zum Probelesen, zum Downloaden oder auch auf Papier.
Stöbern Sie z.B. unter eBooks, Büchern, Video-Trainings oder lassen Sie sich bei MyInformIT punktgenau über das informieren, das Sie wirklich wissen wollen.
Für Anregungen, Wünsche und Kritik dankt Norbert Mondel, Ihr InformIT-Manager.
Aus unserem Computerlexikon
WLAN
Hier geht's zum Lexikon
Unsere aktuellen Empfehlungen für Sie
Download des Tages
Dreamweaver CS3
English Book des Tag